KB208051

해커스
세법
FINAL
핵심지문 OX

해커스

▌이 책의 저자

원재훈

학력

서강대학교 경제학과 졸업

경력

2019 국회의장, 국세청장 표창

현 | 해커스 경영아카데미 교수
　　해커스금융 교수
　　국회 입법 자문위원(조세)
　　이촌회계법인 파트너

전 | 안진회계법인
　　신우회계법인

자격증

한국공인회계사, 세무사, 미국공인회계사

저서

해커스 세법 비기닝
해커스 세법엔딩 1/2
해커스 세무사 세법학개론 실전동형모의고사
해커스 회계사 세법개론 실전동형모의고사
해커스 세법 FINAL
해커스 세무회계연습 1/2
해커스 세무회계 기출문제집
해커스 세무사 세법학 기출문제집
해커스 판례세법
해커스 신용분석사 2부 이론 + 적중문제 + 모의고사
세법학 1/2/3
객관식 세법 1/2
세법플러스
월급전쟁

회계사·세무사 1위
해커스 경영아카데미

회계사
18개월*
동차 합격

회계사
**환승
합격***

세무사
최고령*
합격

세무사
최연소*
합격

[회계사 1위] 주간동아 2023 한국브랜드만족지수 회계사 부문 1위
[세무사 1위] 주간동아 선정 2022 올해의 교육 브랜드 파워 온·오프라인 세무사 부문 1위 해커스
*18개월 : 제56회 회계사 합격생 민*현/*환승 합격: 제 57회 회계사 합격생 김*운/*최고령: 제 59회 세무사 합격생 고*철/*최연소: 제 57회 세무사 합격생 신*환

해커스 회계사/세무사
인강 합격 프로그램

◀ 회계사 수강신청
바로가기

◀ 세무사 수강신청
바로가기

동기부여 UP! 해커스 수강료 환급반
*환급: 미션달성시/제세공과금 본인부담/유의사항 필독

"환급패스라는 **나름의 도전 욕구를
자극하는 시스템**도 있어서 슬럼프를
관리하기 좋았습니다."
-세무사 합격생 유*용-

합격자들의 생생 스토리 더 확인하기 ▶

무한 수강 가능! 해커스 평생수강반
*연장 방법: 유의사항 필독

합격할 때
까지 수강 ∞

커리큘럼별 집중 프로그램!
1차/2차 집중 수강 가능

1차합격!
1차
패스 상품

최종 합격!
2차
패스 상품

과목별 교수님 선택 수강 가능!
해커스 교수님 패스

실전 감각 UP!
최종 마무리 우편 모의고사

해커스 회계사
**실전
모의고사**

해커스 세무사
**실전
모의고사**

*비매품

회계사 · 세무사 · 경영지도사 단번에 합격! **해커스 경영아카데미** cpa.Hackers.com

머리말

공인회계사·세무사 시험의 세법 과목에 대비하여 세법 비기닝으로 세법용어에 대한 기초 지식을 중심으로 학습하고, 세법엔딩으로 학습한 내용을 다시 한 번 정리하였을 것이다. 시험 준비기간 동안 학습하고 정리한 내용을 시험 당일 실전에서 제대로 활용하기 위해서는, 양질의 문제를 충분히 풀어보며 학습한 내용이 어떤 형태의 문제로 구현될 수 있는지 확인하고 각자의 실력을 점검하여 부족한 점을 파악하고 보완할 필요가 있다.

세법 FINAL 핵심지문 OX는 공인회계사·세무사 1차 시험 대비를 위한 세법 이론 최종 정리서로, 본 교재의 특징은 다음과 같다.

1. 출제 가능성이 높은 주요 지문을 OX문제로 구성하였다.

세법 과목에서 고득점하기 위해서는 단순히 공식을 암기하는 것이 아닌, 공식이 만들어지게 된 배경과 상황별 활용 방안에 대한 이해가 필요하다. 또한 공인회계사·세무사 1차 시험에서 말문제의 비중도 적지 않다. 학습한 이론을 정확하게 기억하고 있는지를 점검하기 위한 가장 좋은 방법은 OX문제를 풀어보며 제시된 문구에서 틀린 부분이 있는지, 틀린 부분이 있다면 어떻게 고쳐야 옳은 문장인지 확인해보는 것이다. 세법 FINAL 핵심지문 OX에는 공인회계사·세무사 시험 최신 출제경향을 분석하여 출제될 가능성이 높은 지문을 OX문제로 구성하여 세법 핵심 내용을 효율적으로 정리할 수 있도록 하였다.

2. 최신 개정세법을 모두 반영하였다.

세법 과목을 학습할 때 중요한 부분 중 하나는 최신 개정세법 내용을 정확하게 파악하는 것이다. 다만, 수험생 입장에서는 모든 세법 개정사항을 일일이 확인하고 정리하는 것이 쉽지 않다. 본 교재는 수험생 입장에서 개정세법 내용을 따로 학습하지 않아도 되도록 개정세법을 모두 반영하였다.

이 책 교정에 도움을 준 김민규/김태영/박이슬/백승수/이경인/유창현/최주희/황지훈 세무사에게 감사의 뜻을 전한다.

원재훈

목차

공인회계사 · 세무사 1차 시험 출제경향

공인회계사 · 세무사 1차 시험의 최근 6개년(2024년 ~ 2019년) 출제경향을 분석하여 출제 포인트별로 출제된 문제 수를 이론형과 계산형으로 구분하여 정리하였습니다. 출제경향을 통해 빈출 포인트를 파악하여 전략적으로 학습할 수 있습니다.

1. 공인회계사 1차 세법개론 출제경향

구분	2024		2023		2022		2021		2020		2019		합계	
	이론	계산	이론	계산	이론	계산	이론	계산	이론	계산	이론	계산	이론	계산
부가가치세법	4	4	4	4	4	4	5	3	3	5	4	4	24	24
부가가치세 총설	1		1		1						1		4	0
과세거래	1				1	1	2		1	1		1	5	3
영세율과 면세	2		2		1				1		1		7	0
과세표준과 세액		3				2	1	1		1			1	7
세금계산서와 영수증			1						1		1		3	0
매입세액		1		3			1	2		1		2	1	9
신고와 납부					1					2	1		2	2
간이과세				1		1	1					1	1	3
소득세법	4	6	4	6	4	6	5	5	4	6	4	6	25	35
총칙	2				1				3		1		7	
이자·배당소득				1		1		1		1		1		6
사업소득			1	1				1		1			2	3
근로·연금·기타소득			2	1		2	1	1		1		2	2	10
소득금액 계산 특례				1				1			1		1	2
종합소득과세표준				1			1	1				1	1	4
종합소득세액	1					1	1	1		1			3	4
퇴직소득				1						1			1	1
양도소득세				1		1		1		1			1	5
소득세 납세절차	1		1		2		1		1		1		7	
비거주자와 외국법인의 납세의무														
상속세 및 증여세법	1	1	1	1	2		1	1	1	1	1	1	7	5
총칙			1						1				2	
상속세	1				1			1			1		3	1
증여세		1			1		1			1		1	2	3
재산의 평가				1										1

구분	2024		2023		2022		2021		2020		2019		합계	
	이론	계산	이론	계산	이론	계산	이론	계산	이론	계산	이론	계산	이론	계산
법인세법	6	8	7	7	6	8	6	8	6	8	6	8	37	47
총칙	1				1				1		1		4	
익금과 익금불산입		2		1		2		1	1	1			1	7
손금과 손금불산입		3	1	1		1	2	1		2		2	3	10
소득처분 및 결산조정					1		1		1		1		4	
손익귀속시기와 자산·부채 평가	2		2	1	1	1		1	1		1	1	7	4
감가상각비		1		1		1				1		1		5
충당금과 준비금	1		1	1		1		2		1	1	1	3	6
부당행위계산부인			1	1	1	1		1		1			2	4
과세표준과 세액계산 및 납세절차		1	1	1	1	1	1	2	1	3	2	3	6	11
합병과 분할	1				1								2	
그 밖의 법인세	1		1		1		2						5	
국세기본법	5		5		5		5		5		5		30	
총설	1								1				2	
국세부과와 세법적용					1						1		2	
납세의무의 성립, 확정 및 소멸	1		1		1		1				1		5	
조세채권 확보제도			1		1								2	
국세와 일반채권의 관계	1				1		1		1		1		5	
과세와 환급	1		1		1		1		1		1		6	
조세쟁송	1		1				1		1		1		5	
납세자의 권리 및 보칙			1				1		1				3	
지방세법·종합부동산세법	1		1		1		1		1		1		6	
총계	21	19	22	18	22	18	23	17	20	20	21	19	129	111

공인회계사 · 세무사 1차 시험 출제경향

2. 세무사 1차 세법학개론 출제경향

구분	2024		2023		2022		2021		2020		2019		합계	
	이론	계산	이론	계산	이론	계산	이론	계산	이론	계산	이론	계산	이론	계산
부가가치세법	5	3	4	4	4	4	4	4	4	4	5	3	26	22
부가가치세 총설	1		1		1		1				1		5	
과세거래	1		1		1	1	1	1	2	2	2	2	8	6
영세율과 면세	1		1		1		1				1		5	
과세표준과 세액		1		1		1		1						5
세금계산서와 영수증			1		1				1				3	
매입세액	1	1		1		1				1			1	7
신고와 납부		1					1		1		1		3	2
간이과세	1			1								1	1	2
소득세법	6	4	6.5	4	5	5	6	4	5	5	5	4.5	33.5	26.5
총칙	2		0.5		1						1		4.5	
이자 · 배당소득	1	1	1			1	1	1		1		1	3	6
사업소득		1			1			2	2		1	0.5	4	3.5
근로 · 연금 · 기타소득		1	1			1	2	1	2	1	1	1	6	6
소득금액 계산 특례	1						2		1				4	
종합소득과세표준											1			1
종합소득세액		1		1		1				1				4
퇴직소득					1					1			1	1
양도소득세	1		2			2	1			1	1	1	5	5
소득세 납세절차			2		2						1		5	
비거주자와 외국법인의 납세의무	1												1	

구분	2024		2023		2022		2021		2020		2019		합계	
	이론	계산	이론	계산	이론	계산	이론	계산	이론	계산	이론	계산	이론	계산
법인세법	6	4	5	5	5	5	5	5	5	5	6	4.5	32	28.5
총칙	1				1								2	
익금과 익금불산입		1	1			1	1			1		1	2	4
손금과 손금불산입	1	1	1	2	1	1	1	3	1	2	1	0.5	6	9.5
소득처분 및 결산조정	1	1							1				2	1
손익귀속시기와 자산·부채 평가					1		1				2		5	1
감가상각비			1				1			1	1	1	2	3
충당금과 준비금	1	1							1			1	2	2
부당행위계산부인				1							1		1	1
과세표준과 세액계산 및 납세절차	1		1	2	1	2	1	2					4	6
합병과 분할	1				1							1	4	1
그 밖의 법인세			1								1		2	
국세기본법	4	0	3.5		4		4		4		4		23.5	
총설							1		1		1		3	
국세부과와 세법적용													0	
납세의무의 성립, 확정 및 소멸	2		1				1		2		1		7	
조세채권 확보제도			0.5										0.5	
국세와 일반채권의 관계							1				1		2	
과세와 환급			1		1								2	
조세쟁송	1		1		1		1						4	
납세자의 권리 및 보칙	1				2				1		1		5	
국세징수법	4		4		4		4		4		4		24	
국제조세조정에 관한 법률	2		2		2		2		2		2		12	
조세범 처벌법	2		2		2		2		2		2		12	
총계	27	13	26	14	27	13	26	14	28	12	26	14	160	80

회계사·세무사·경영지도사 단번에 합격!
해커스 경영아카데미 cpa.Hackers.com

제1편

부가가치세법

1 부가가치세 총설

01 부가가치세 계산방법

01 「부가가치세법」상 과세표준인 재화 또는 용역의 공급에 대한 공급가액은 해당 거래단계에서 창출된 부가가치의 총액을 의미한다. (O, X)

02 「부가가치세법」상 납부세액을 산출함에 있어 매출세액에서 매입세액을 공제하는 이유는 이전 거래단계에서 창출된 부가가치에 대한 중복과세를 회피하기 위한 것이다. (O, X)

02 납세의무자

03 부가가치세 납세의무자인 사업자란 사업상 독립적으로 재화 또는 용역을 공급하는 자로서 그 사업목적은 영리인 경우에 한한다. (O, X)

04 사업자가 아닌 자가 부가가치세가 과세되는 재화를 개인적 용도로 사용하기 위해 수입하는 경우 부가가치세 납세의무가 없다. (O, X)

05 사업자등록 없이 부가가치세가 과세되는 용역을 공급하는 사업자의 경우에도 부가가치세를 신고·납부할 의무가 있다. (O, X)

06 사업자가 부가가치세가 과세되는 재화 또는 용역을 공급하는 경우 부가가치세를 거래징수하지 않았다면 부가가치세 납세의무가 없다. (O, X)

07 부가가치세의 납세의무자는 국가, 지방자치단체, 지방자치단체조합 및 법인격 없는 재단을 포함한다. (O, X)

정답 및 해설

01 X 해당 거래단계 → 전체 거래단계 **02** O **03** X 사업자란 사업목적이 영리이든 비영리이든 관계없이 사업상 독립적으로 재화 또는 용역을 공급하는 자를 말한다. **04** X 사업자가 아닐지라도 재화를 수입하는 경우에는 부가가치세 납세의무가 있다. **05** O **06** X 부가가치세의 거래징수 여부와 관계없이 납세의무자가 된다. **07** O

08 「법인세법」과 같이 「부가가치세법」에서도 국가와 지방자치단체는 납세의무자에 포함되지 않는데, 이것은 국가와 지방자치단체가 실질적으로 부가가치세 납세의무를 부담할 수 없기 때문이다. (O, ×)

09 「신탁법」에 따른 신탁재산과 관련된 재화 또는 용역을 공급하는 때에는 「신탁법」에 따른 수탁자가 수탁자의 고유재산으로 부가가치세를 납부할 의무가 있다. (O, ×)

10 신탁재산과 관련된 재화 또는 용역을 위탁자 명의로 공급하면 수탁자가 부가가치세를 납부할 의무가 있다. (O, ×)

11 신탁재산과 관련하여 수탁자가 납부하여야 하는 부가가치세(신탁설정일 이후 법정기일이 도래하는 것)를 체납한 경우로서, 신탁재산으로 충당하여도 부족할 때에는 그 부족한 금액에 대하여 그 신탁의 수익자가 물적납세의무를 진다. (O, ×)

12 신탁재산과 관련하여 위탁자가 납부하여야 할 부가가치세(신탁설정일 이후 법정기일이 도래하는 것)를 체납한 경우로서, 그 위탁자의 다른 재산에 대하여 강제징수를 하여도 징수할 금액에 미치지 못할 때에는 해당 신탁재산의 수익자는 그 신탁재산으로써 부가가치세를 부담한다. (O, ×)

13 신탁의 종료로 인하여 수탁자로부터 위탁자에게 신탁재산을 이전하는 경우 재화의 공급으로 보지 아니한다. (O, ×)

14 청산 중에 있는 내국법인은 「상법」의 규정에 의한 계속등기 여부에도 불구하고 사실상 사업을 계속하는 경우에는 납세의무가 있다. (O, ×)

15 소득세가 과세되지 아니하는 농어가부업은 사업을 구분할 때에 독립된 사업으로 보지 아니한다. 다만, 민박, 음식물 판매, 특산물 제조, 전통차 제조 및 그 밖에 이와 유사한 활동은 독립된 사업으로 본다. (O, ×)

16 농·어민이 부업으로 소득세가 과세되지 아니하는 민박, 음식물 판매, 특산물 제조, 전통차 제조 및 그 밖에 이와 유사한 활동을 하는 것은 부가가치세 납세의무가 있다. (O, ×)

17 「부가가치세법」상 일반과세자란 간이과세자가 아닌 사업자를 말한다. (O, ×)

정답 및 해설

08 × 「부가가치세법」상 국가와 지방자치단체는 납세의무자이다. **09** × 수탁자가 신탁재산별로 각각 별도의 납세의무자로서 부가가치세를 납부할 의무가 있다. **10** × 재화 또는 용역을 위탁자 명의로 공급하면 위탁자가 부가가치세를 납부할 의무가 있다. **11** × 수탁자가 체납한 경우 수익자가 제2차 납세의무를 진다. **12** × 위탁자가 체납한 경우 수탁자가 물적납세의무를 진다. **13** O **14** O **15** O **16** O **17** O

03 과세기간

18 신규로 사업을 시작하는 자가 사업개시일 이전에 사업자등록을 신청한 경우의 최초의 과세기간은 사업개시일로부터 신청일이 속하는 과세기간의 종료일까지로 한다. (O, ×)

19 일반과세자가 간이과세자로 변경되는 경우 일반과세자에 대한 규정이 적용되는 부가가치세 과세기간은 그 변경 이후 7월 1일부터 12월 31일까지로 한다. (O, ×)

20 간이과세자가 간이과세에 관한 규정의 적용을 포기함으로써 일반과세자로 되는 경우 일반과세자의 과세기간은 포기신고일이 속하는 달의 다음 달 1일부터 그 날이 속하는 과세기간의 종료일까지로 한다. (O, ×)

04 납세지

21 재화를 수입하는 자의 부가가치세 납세지는 수입재화를 보관하는 장소로서 신고된 장소로 한다. (O, ×)

22 각종 경기대회나 박람회 등 행사가 개최되는 장소에 개설한 임시사업장으로서 신고된 장소는 사업장으로 보지 않는다. (O, ×)

23 국내에 사업의 전부 또는 일부를 수행하는 고정된 장소를 가지고 있는 비거주자의 경우 해당 장소를 「부가가치세법」상 사업장으로 한다. (O, ×)

24 사업장은 원칙적으로 사업자 또는 그 사용인이 상시 주재하여 거래의 전부를 행하는 장소이므로 거래의 일부를 행하는 장소는 사업장이 아니다. (O, ×)

25 사업자가 사업장을 두지 아니하면 사업자의 주소 또는 거소를 사업장으로 한다. (O, ×)

26 사업장을 설치하지 아니하고 사업자등록도 하지 아니하는 경우에는 과세표준 및 세액을 결정하거나 경정할 당시의 사업자의 주소 또는 거소를 사업장으로 한다. (O, ×)

27 제조업은 최종제품을 완성하는 장소를 사업장으로 하며, 따로 제품 포장만을 하거나 용기에 충전만을 하는 장소와 「개별소비세법」에 따른 저유소는 사업장으로 보지 않는다. (O, ×)

28 건설업·운수업과 부동산매매업에 있어서는 사업자가 법인인 경우에는 그 법인의 등기부상의 소재지, 개인인 경우에는 그 업무를 총괄하는 장소를 납세지로 한다. (O, ×)

29 건설업을 영위하는 법인은 건설 대상 부동산의 등기부상 소재지를 사업장으로 한다. (O, ×)

정답 및 해설
18 × 사업개시일 이전에 사업자등록을 신청한 경우에 최초 과세기간은 그 신청한 날부터 그 신청일이 속하는 과세기간의 종료일까지로 한다. **19** × 일반과세자에 대한 규정이 적용되는 과세기간은 1월 1일부터 6월 30일까지이다. **20** O **21** × 재화를 수입하는 자의 부가가치세 납세지는 「관세법」에 따라 수입을 신고하는 세관의 소재지로 한다. **22** O **23** O **24** × 거래의 일부를 행하는 장소도 사업장으로 본다. **25** O **26** O **27** O **28** O **29** × 해당 법인의 등기부상 소재지(등기부상 지점 소재지 포함)로 한다.

30 부동산매매업을 영위하는 사업자가 개인인 경우 사업에 관한 업무를 총괄하는 장소를 사업장으로 한다.

(O, ×)

31 부동산임대업은 그 업무를 총괄하는 장소를 사업장으로 한다.　(O, ×)

32 사업자가 부동산상의 권리만을 대여하는 경우에는 그 부동산의 등기부상 소재지를 사업장으로 한다.

(O, ×)

33 「방문판매 등에 관한 법률」에 따른 다단계판매원이 상시 주재하여 거래의 전부 또는 일부를 하는 별도의 장소가 있는 경우에는 그 장소를 사업장으로 한다.　(O, ×)

34 국가·지방자치단체 또는 지방자치단체조합이 공급하는 부동산임대용역에 있어서 사업장은 그 부동산 등기부상의 소재지이다.　(O, ×)

35 「부가가치세법」상 사업장 이외의 장소도 사업자의 신청에 따라 추가로 사업장으로 등록할 수 있다. 다만, 무인자동판매기를 통하여 재화·용역을 공급하는 사업의 경우에는 그러하지 아니하다　(O, ×)

36 재화를 보관하고 관리할 수 있는 시설만 갖춘 장소로서 하치장으로 신고된 장소는 사업장으로 보지 않는다.

(O, ×)

37 무인자동판매기를 통하여 재화·용역을 공급하는 사업에 있어서 사업장은 그 사업에 관한 업무를 총괄하는 장소이다. 다만, 그 이외의 장소도 사업자의 신청에 의하여 추가로 사업장으로 등록할 수 있다.　(O, ×)

38 사업자가 자신의 사업과 관련하여 생산 또는 취득한 재화를 직접 판매하기 위하여 특별히 판매시설을 갖춘 장소는 사업장으로 보며, 사업자가 재화의 보관·관리시설만을 갖추고 하치장설치신고서를 하치장 관할 세무서장에게 제출한 장소는 사업장으로 보지 아니한다.　(O, ×)

39 임시사업장을 개설하는 경우에는 임시사업장의 사업개시일 10일 전까지 임시사업장의 관할 세무서장에게 임시사업장 개설신고서를 제출하여야 하지만, 임시사업장의 설치기간이 10일 이내인 경우에는 임시사업장 개설신고를 하지 아니할 수 있다.　(O, ×)

40 주사업장총괄납부를 신청한 경우에는 부가가치세를 주된 사업장에서 총괄하여 납부하지만, 신고는 각 사업장별로 해야 한다.　(O, ×)

41 사업자단위과세사업자는 본점 또는 주사무소에서 부가가치세를 총괄하여 신고·납부할 수 있다.　(O, ×)

42 사업자단위과세사업자는 각 사업장을 대신하여 그 사업자의 본점 또는 주사무소의 소재지를 부가가치세의 납세지로 한다.　(O, ×)

정답 및 해설
30 ○　**31** × 업무를 총괄하는 장소 → 부동산의 등기부상 소재지　**32** × 부동산의 등기부상 소재지 → 업무총괄장소　**33** ○　**34** × 부동산 등기부상의 소재지 → 업무총괄장소　**35** ○　**36** ○　**37** × 무인자동판매기 사업장은 추가 등록이 불가능하다.　**38** ○　**39** × 사업개시일 10일 전까지 → 사업개시일부터 10일 이내
40 ○　**41** ○　**42** ○

43 둘 이상의 사업장이 있는 사업자가 사업단위로 사업자등록을 신청한 경우에는 사업장단위로 부가가치세를 신고하고 사업자단위로 부가가치세를 납부할 수 있다. (O, ×)

44 법인이 주된 사업장에서 부가가치세를 총괄하여 납부하려는 경우, 지점을 주된 사업장으로 할 수 없다. (O, ×)

45 주사업장총괄납부사업자가 되려는 자는 그 납부하려는 과세기간 개시 후 20일 이내에 주사업장총괄납부 신청서를 제출하여야 한다. (O, ×)

46 신규로 사업을 시작하는 자가 주된 사업장의 사업자등록증을 받은 날부터 20일 이내에 주사업장총괄납부를 신청하는 경우 해당 신청일이 속하는 과세기간의 다음 과세기간부터 총괄하여 납부한다. (O, ×)

47 사업자단위과세의 포기는 사업자단위 과세사업자로 등록한 날로부터 3년이 되는 날이 속하는 과세기간의 다음 과세기간부터 할 수 있다. (O, ×)

48 주사업장총괄납부사업자가 종된 사업장을 신설하는 경우 주된 사업장 관할 세무서장에게 주사업장총괄납부 변경신청서를 제출하여야 한다. (O, ×)

49 주사업장총괄납부사업자가 종된 사업장을 주된 사업장으로 변경하려는 경우에는 기존의 주된 사업장 관할세무서장에게 총괄납부 변경신청서를 제출하여야 한다. (O, ×)

50 주사업장총괄납부사업자가 주사업장총괄납부를 포기할 때에는 주사업장총괄납부 포기신고서를 주된 사업장 관할 세무서장에게 제출하고 승인을 받아야 한다. (O, ×)

51 사업자단위과세 사업자가 사업자단위과세를 적법하게 포기한 경우 그 포기한 날이 속하는 과세기간의 다음 과세기간부터 각 사업장별로 신고 · 납부하거나 주사업장총괄납부를 해야 한다. (O, ×)

52 사업장단위로 등록한 사업자가 사업자단위과세사업자로 변경하려면 사업자단위과세사업자로 적용받으려는 과세기간 개시 20일 전까지 사업장 관할 세무서장에게 변경등록을 신청하여야 한다. (O, ×)

정답 및 해설
43 × 사업자단위로 부가가치세 신고 및 납부하여야 한다. **44** × 총괄납부 시 법인은 지점을 주된 사업장으로 할 수 있다. **45** × 과세기간 개시 후 20일 이내가 아니라, 과세기간 개시 전 20일 이내이다. **46** × 사업자등록증을 받은 날로부터 20일 이내에 총괄납부 신청을 하면, 해당 신청일이 속하는 과세기간부터 총괄납부를 적용한다. **47** × 3년의 기간제한이 없다. **48** × 종된 사업장을 신설하는 경우, 그 신설하는 종된 사업장 관할 세무서장에게 총괄납부 변경신청서를 제출한다. 신청서를 받은 종된 사업장의 관할 세무서장은 주된 사업장의 관할 세무서장에게 그 신청서를 지체 없이 보내야 한다. **49** × 주된 사업장으로 변경하려는 사업장 관할세무서장에게 신청하여야 한다. **50** × 총괄납부 포기는 승인사항이 아니다. **51** ○ **52** × 사업장단위로 등록한 사업자가 사업자단위과세사업자로 변경하려면 사업자단위과세사업자로 적용받으려는 과세기간 개시 20일 전까지 사업지의 본점 또는 주사무소 관할 세무서장에게 변경등록을 신청하여야 한다. 사업자단위과세사업자가 사업장단위로 등록을 하려는 경우에도 또한 같다. 따라서 사업장 관할 세무서장에게 변경등록을 신청한다는 것은 옳지 않다.

05 사업자등록

53 사업장 관할 세무서장이 사업자가 사업개시일 이전에 사업자등록신청을 하고 사실상 사업을 시작하지 아니하는 것을 알게 된 경우 해당 세무서장은 20일 이내에 사업자등록을 말소하여야 한다. (O, ✕)

54 신규로 사업을 시작하려는 자는 사업개시일 이전이라도 사업자등록을 신청할 수 있다. 다만, 해당 법인의 설립등기 전 또는 사업의 허가·등록이나 신고 전에는 사업자등록을 신청할 수 없다. (O, ✕)

55 사업자는 사업장마다 사업개시일로부터 20일 이내에 사업장 관할 세무서장에게 등록하여야 한다. 다만, 신규로 사업을 시작하려는 자는 사업개시일 전이라도 등록할 수 있다. (O, ✕)

56 사업자등록을 신청하기 전의 매입세액은 매출세액에서 공제하지 않는다. 다만, 공급시기가 속하는 과세기간의 신고기간 내에 등록을 신청한 경우 등록신청일부터 공급시기가 속하는 과세기간 기산일까지 역산한 기간 내의 것은 제외한다. (O, ✕)

57 사업자가 상호를 변경하는 경우에는 지체 없이 사업자의 인적사항, 사업자등록의 변경사항 및 그 밖의 필요한 사항을 적은 사업자등록 정정신고서를 관할 세무서장이나 그 밖에 신고인의 편의에 따라 선택한 세무서장에게 제출해야 한다. (O, ✕)

58 추가로 사업장을 개설하여 둘 이상의 사업장이 있는 사업자는 사업자단위로 해당 사업자의 본점 또는 주사무소 관할 세무서장에게 등록하여야 한다. (O, ✕)

59 사업장이 둘 이상인 사업자는 사업자단위로 해당 사업자의 본점 또는 주사무소 관할 세무서장에게 등록을 신청할 수 있다. (O, ✕)

60 사업자가 폐업하는 경우, 사업장 관할 세무서장은 지체 없이 그 등록을 말소하여야 한다. (O, ✕)

61 「부가가치세법」상 과세사업과 면세사업을 겸업하는 사업자는 「부가가치세법」에 따른 사업자등록을 하여야 하며, 이 경우 「소득세법」 및 「법인세법」에 따른 사업자등록을 별도로 하지 않는다. (O, ✕)

62 사업자단위로 등록신청을 한 사업자에게는 사업자단위과세 적용 사업장에 한 개의 등록번호를 부여한다. (O, ✕)

63 수탁자가 납세의무자가 되는 경우 수탁자(공동수탁자가 있는 경우 대표수탁자)는 해당 신탁재산을 사업장으로 보아 사업자등록을 신청하여야 한다. (O, ✕)

64 사업자등록의 신청을 받은 사업장 관할 세무서장은 신청자가 사업을 사실상 시작하지 아니할 것이라고 인정될 때에는 등록을 거부할 수 있다. (O, ✕)

정답 및 해설

53 ✕ 지체 없이 말소하여야 한다. **54** ✕ 해당 법인의 설립등기 전 또는 사업의 허가·등록이나 신고 전에 사업자등록을 할 때에는 법인 설립을 위한 사업허가신청서 사본, 사업등록신청서 사본, 사업신고서 사본 또는 사업계획서를 제출한다. **55** O **56** ✕ 공급시기가 속하는 과세기간이 끝난 후 20일 이내에 등록을 신청한 경우 등록신청일부터 공급시기가 속하는 과세기간 기산일까지 역산한 기간 내의 것은 제외한다. **57** O **58** ✕ 사업자단위과세 적용 여부는 선택사항이다. **59** O **60** O **61** O **62** O **63** O **64** O

2 과세거래

01 재화의 공급

01 사업자가 아닌 개인이 중고자동차를 사업자에게 판매하는 거래는 과세대상이지만, 사업자가 아닌 개인이 소형승용차를 외국으로부터 수입하는 거래는 과세대상이 아니다. (O, ×)

02 질권, 저당권 또는 양도담보의 목적이라고 하더라도 동산, 부동산 및 부동산상의 권리를 제공하는 것은 재화의 공급으로 본다. (O, ×)

03 골프장 경영자가 골프장 이용자로부터 일정기간 거치 후 반환하지 아니하는 입회금을 받은 경우 「부가가치세법」상 과세대상에 해당한다. (O, ×)

04 선주와 화주와의 계약에 따라 화주가 조기선적을 하고 선주로부터 조출료를 받은 경우 「부가가치세법」상 과세대상에 해당하지 아니한다. (O, ×)

05 선주와 하역회사 간의 계약으로 하역회사의 선적지연으로 인하여 선주가 하역회사로부터 체선료를 받는 것은 부가가치세 과세대상이다. (O, ×)

06 공동사업자 구성원이 각각 독립적으로 사업을 영위하기 위하여 공동사업의 사업용 유형자산인 건축물을 분할등기하는 경우 해당 건축물의 이전은 재화의 공급에 해당한다. (O, ×)

07 사업자가 현물출자에 따라 재화를 인도하는 것은 과세대상이다. (O, ×)

08 출자자가 자기의 출자지분을 타인에게 양도·상속·증여하거나 법인 또는 공동사업자가 출자지분을 현금으로 반환하는 경우는 재화의 공급으로 보지 않는다. (O, ×)

정답 및 해설

01 × 비사업자가 중고자동차를 판매하는 것은 과세대상이 아니고, 비사업자가 수입하는 것은 과세대상이다.
02 × 양도담보는 재화의 공급이 아니다. **03** ○ **04** ○ **05** × 선주가 하역회사로부터 받는 체선료는 손해배상금이므로 과세대상이 아니다. **06** ○ **07** ○ **08** ○

09 사업자 간에 상품·제품 등의 재화를 차용하여 사용하거나 소비하고 동종 또는 이종의 재화를 반환하는 소비대차의 경우의 해당 재화의 차용 또는 반환은 재화의 공급에 해당한다. (O, ×)

10 재화의 공급은 계약상 또는 법률상의 모든 원인에 의하여 재화를 인도 또는 양도하는 것으로 한다. (O, ×)

11 재화나 용역을 공급하는 사업의 구분은 통계청장이 고시하는 당해 과세기간 개시일 현재의 한국표준산업분류를 기준으로 한다. (O, ×)

12 사업자가 저작권을 양도하는 것은 용역의 공급으로 본다. (O, ×)

13 사업용 자산을 「상속세 및 증여세법」에 따라 물납하는 것은 재화의 공급으로 본다. (O, ×)

14 과세의 대상이 되는 행위 또는 거래의 귀속이 명의일 뿐이고 사실상 귀속되는 자가 따로 있는 경우라 하더라도 명의자에 대하여 「부가가치세법」을 적용한다. (O, ×)

15 전기, 가스, 열 등 관리할 수 있는 자연력은 재화로 보지 아니한다. (O, ×)

16 상대방으로부터 인도받은 재화에 주요자재를 전혀 부담하지 아니하고 단순히 가공만 하여 주는 것은 과세거래인 용역의 공급으로 본다. (O, ×)

17 자기가 주요자재의 전부를 부담하고 상대방으로부터 인도받은 재화에 공작을 가하여 새로운 재화를 만드는 가공계약에 의하여 재화를 인도하는 것은 재화의 공급이다. (O, ×)

18 건설업을 영위하는 사업자가 건설자재의 일부 또는 전부를 부담하고 용역을 공급한 경우 사업자가 부담한 건설자재는 용역의 공급으로 본다. (O, ×)

19 건설업의 경우 건설업자가 건설자재의 전부를 부담하는 경우 재화의 공급으로 본다. (O, ×)

20 재화의 인도대가로 다른 용역을 제공받는 교환계약에 따라 재화를 인도하는 것은 재화의 공급으로 보지 않는다. (O, ×)

21 사업자가 현물출자에 의하여 재화를 인도하는 경우에는 해당 재화가 과세대상에 해당하더라도 사업성이 없으므로 부가가치세 납세의무가 없다. (O, ×)

정답 및 해설

09 ○ **10** ○ **11** ○ **12** × 저작권의 양도는 권리의 양도에 해당하므로 재화의 공급으로 본다. 만일, 저작권을 대여한 것이라면 용역의 공급으로 본다. **13** × 물납하는 것은 재화의 공급으로 보지 아니한다. **14** × 사실상 귀속되는 자에 대하여 「부가가치세법」을 적용한다. **15** × 재화에 포함한다. **16** ○ **17** ○ **18** ○ **19** × 건설업의 경우 주요자재 부담 여부에 관계없이 용역의 공급으로 본다. **20** × 교환계약에 따라 공급하는 것도 재화의 공급으로 본다. 이때, 과세표준은 자기가 공급한 재화의 시가이다. **21** × 현물출자의 경우 과세대상이다. 사업자이므로 사업성이 없다고 할 수 없다.

22 개인 사업자가 법인설립을 위하여 그 사업에 관한 모든 권리와 의무를 포괄적으로 현물출자하는 경우에는 사업의 양도에 해당하여 재화의 공급으로 보지 않는다. (O, ×)

23 「공익사업을 위한 토지 등의 취득 및 보상에 관한 법률」에 따른 수용절차에 따라 건물의 보상금을 받은 것은 재화의 공급으로 본다. (O, ×)

24 「도시 및 주거환경정비법」에 따른 사업시행자의 매도청구에 따라 재화를 인도하거나 양도하는 것은 재화의 공급으로 보지 않는다. (O, ×)

25 사업자가 위탁가공을 위하여 원자재를 국외의 수탁가공 사업자에게 대가 없이 반출하는 것(영세율이 적용되는 것은 제외함)은 재화의 공급으로 보지 않는다. (O, ×)

26 사업자가 「민사집행법」에 따른 경매로 재화를 공급하는 경우는 과세대상이지만, 「국세징수법」에 따른 공매로 재화를 공급하는 경우는 과세대상이 아니다. (O, ×)

27 공급받을 자의 해약으로 인하여 공급할 자가 재화 또는 용역의 공급 없이 위약금 또는 이와 유사한 손해배상금을 받는 것은 부가가치세 과세대상이다. (O, ×)

02 재화의 공급 특례(간주공급)

28 사업자가 자기의 사업과 관련하여 취득한 재화를 자기의 과세사업과 관련한 수선비 등에 대체하여 사용하거나 소비하는 경우에는 재화의 공급으로 보지 않는다. (O, ×)

29 사업자가 자기의 과세사업과 관련하여 취득한 재화로서 매입세액이 공제된 재화를 자기의 면세사업 및 부가가치세 과세되지 아니하는 재화 또는 용역을 공급하는 사업을 위하여 직접 사용하는 것은 재화의 공급으로 본다. (O, ×)

30 운수업을 경영하는 사업자가 자기의 과세사업과 관련하여 취득한 재화(매입세액 공제받음) 중 배기량 2천cc를 초과하는 승용자동차를 운수업에 직접 영업으로 사용하지 않고 개인적 용도로 사용하는 경우에는 재화의 공급으로 본다. (O, ×)

31 유류판매업을 운영하는 사업자가 매입세액이 공제된 판매용 휘발유를 영업활동을 위해 사용하는 개별소비세 과세대상 소형승용자동차에 주유한 경우에는 과세한다. (O, ×)

32 운전학원업을 운영하는 사업자가 매입세액이 공제되었으며 개별소비세 과세대상인 운전교습용 소형승용자동차를 임직원의 업무출장용으로 전용한 경우에는 과세한다. (O, ×)

정답 및 해설

22 O　**23** × 재화의 공급으로 보지 않는다.　**24** O　**25** O　**26** × 「민사집행법」에 따른 경매로 재화를 공급하는 경우는 재화의 공급으로 보지 않으므로 과세대상이 아니다.　**27** × 위약금 또는 손해배상금은 재화나 용역의 반대급부로 수령한 것이 아니므로 재화의 공급에 해당하지 아니한다.　**28** O　**29** O　**30** O **31** O　**32** O

33 사업장별로 신고 및 납부를 하는 2 이상의 사업장이 있는 사업자가 자기사업과 관련하여 취득한 재화를 타인에게 직접 판매할 목적으로 다른 사업장에 반출하는 것은 재화의 공급이 아니다. (O, ×)

34 사업장이 둘인 사업자가 사업자단위과세사업자로 적용을 받는 과세기간에 자기의 사업과 관련하여 취득한 재화를 판매할 목적으로 자기의 다른 사업장으로 반출하는 경우에는 재화의 공급으로 본다. (O, ×)

35 주사업장총괄납부 사업자가 세금계산서 발급 없이 재화를 판매목적으로 자기의 다른 사업장에 반출한 경우 재화의 공급으로 본다. (O, ×)

36 사업자가 내국신용장에 의해 재화를 공급받아 영세율을 적용받은 재화를 자기의 면세사업등을 위하여 직접 사용하거나 소비하는 경우 재화의 공급으로 본다. (O, ×)

37 사업양도로 취득한 재화로서 사업양도자가 매입세액을 공제받은 재화를 사업양수인이 면세사업 등을 위하여 직접 사용하거나 소비하는 경우 재화의 공급으로 본다. (O, ×)

38 사업자가 사업을 위하여 대가를 받지 아니하고 다른 사업자에게 인도하는 견본품은 재화의 공급으로 보지 아니한다. (O, ×)

39 사업자가 매입세액이 공제되지 않는 재화를 사업과 직접적인 관계없이 대가를 받지 아니하고 사용인의 개인적 목적으로 사용·소비하는 것은 재화의 공급으로 보지 않는다. (O, ×)

40 사업자가 자기의 고객 중 추첨을 통하여 당첨된 자에게 자기가 취득한 재화(해당 경품 구입에 대한 매입세액이 불공제되는 경우는 제외)를 경품으로 제공하는 경우에는 과세되는 재화의 공급으로 본다. (O, ×)

41 사업자가 자기의 과세사업과 관련하여 생산하거나 취득한 재화로서 매입세액이 공제된 재화를 사업을 위하여 증여하는 것 중 「재난 및 안전관리 기본법」의 적용을 받아 특별재난지역에 공급하는 물품을 증여하는 것은 재화의 공급으로 보지 아니한다. (O, ×)

42 사업자가 자기적립마일리지로 일부 결제받고 공급하는 재화는 재화의 공급으로 보지 않는다. (O, ×)

43 사업자가 사업을 폐지하거나 사업자등록 후 사실상 사업을 개시하지 않게 되는 때에 잔존하는 재화는 자기에게 공급하는 것으로 본다. (O, ×)

44 동일사업장 내에서 2 이상의 사업을 겸영하는 사업자가 그 중 일부 사업을 폐지하는 경우, 폐지한 사업과 관련된 재고재화는 폐업 시 재고재화로서 과세하지 아니한다. (O, ×)

정답 및 해설

33 × 총괄납부사업자가 아닌 자의 직매장반출은 간주공급에 해당된다. **34** × 사업자단위과세사업자는 판매목적 타사업장 반출을 재화의 공급으로 보지 않는다. **35** × 주사업장총괄납부사업자는 판매목적 타사업장 반출을 재화의 공급으로 보지 않는다. **36** O **37** O **38** O **39** O **40** O **41** O **42** × 재화의 공급에 해당한다. 다만, 자기적립마일리지로 결제 받은 부분은 공급가액에 포함하지 아니한다. **43** O **44** O

03 용역의 공급

45 부동산의 매매 또는 그 중개를 사업목적으로 나타내어 부동산을 판매하는 것은 용역의 공급이다. (O, ×)

46 사업자가 자기의 사업과 관련하여 거래처에 경영컨설팅 용역을 무상으로 제공하는 경우에는 과세되는 용역의 공급으로 본다. (O, ×)

47 사업자가 자신의 용역을 자기의 사업을 위하여 대가를 받지 아니하고 공급함으로써 다른 사업자와의 과세형 평이 침해되는 경우에는 자기에게 용역을 공급하는 것으로 본다. (O, ×)

48 임야를 임대하고 그 대가를 받는 것은 용역의 공급으로 본다. (O, ×)

49 사업자가 자기 소유의 부동산을 타인의 채무에 대한 담보물로 제공하고 그에 대한 대가를 받는 것은 용역의 공급에 해당한다. (O, ×)

50 특수관계 없는 자에게 대가를 받지 아니하고 타인에게 용역을 공급하는 것은 용역의 공급이다. (O, ×)

51 사업자가 자기의 사업과 관련하여 생산하거나 취득한 재화를 자기의 과세사업과 관련한 사후 무료서비스를 제공하기 위하여 사용·소비하는 것은 부가가치세 과세대상이다. (O, ×)

52 사업자가 자기의 사업과 관련하여 사업장 내에서 그 사용인에게 음식용역을 무상으로 제공하는 경우에는 용역의 공급으로 보아 부가가치세를 과세한다. (O, ×)

53 사업자가 과학상의 지식·경험 또는 숙련에 관한 정보를 제공하는 것은 용역의 공급으로 본다. (O, ×)

54 사업자가 특수관계인에게 사업용 부동산의 임대용역을 시가보다 낮은 대가를 받고 공급하는 것은 과세대상이다. (O, ×)

55 부동산임대업을 운영하는 사업자가 사용인에게 대가를 받지 아니하고 사업용 부동산의 일부에 대하여 임대용역을 제공하는 경우에는 과세한다. (O, ×)

56 대학이 사업용 부동산을 그 대학의 산학협력단에 대가를 받지 않고 임대하는 것은 용역의 공급으로 보지 않는다. (O, ×)

57 「공공주택 특별법」에 따른 공공주택사업자와 부동산투자회사 간 사업용 부동산을 무상으로 임대하는 것은 용역의 공급으로 본다. 단, 공공주택사업자와 부동산투자회사는 특수관계인에 해당한다. (O, ×)

정답 및 해설

45 × 부동산의 매매 또는 그 중개를 사업목적으로 나타내어 부동산을 판매하는 것은 재화의 공급이다. **46** × 용역의 무상공급은 원칙적으로 과세하지 아니한다. **47** O 용역의 자가공급의 경우 그 용역의 범위는 대통령령으로 정한다(현재 대통령령에 열거된 것이 없다). **48** × 전·답·과수원·목장용지·임야 또는 염전 임대업은 용역의 범위에서 제외한다. **49** O **50** × 용역의 무상공급은 원칙적으로 과세하지 아니한다. **51** × 사후 무료서비스를 제공한 것은 해당 대가가 주된 재화 또는 용역의 공급에 대한 대가에 통상적으로 포함되어 공급되는 재화 또는 용역으로 본다. **52** × 음식용역의 무상공급은 과세하지 아니한다. **53** O **54** O **55** O **56** O **57** × 용역의 공급으로 보지 않는다.

04 재화의 수입

58 사업자가 아닌 자가 부가가치세가 과세되는 재화를 개인적 용도로 사용하기 위해 수입하는 경우 부가가치세 납세의무가 없다. (○, ×)

59 사업자가 외국으로부터 국내에 도착한 물품으로서 수입신고가 수리되기 전의 것을 국내에 반입하는 것은 과세대상이다. (○, ×)

60 수출신고가 수리된 물품으로서 선적되지 아니한 물품을 보세구역에서 반입하는 경우는 재화의 수입에 해당한다. (○, ×)

61 소매업을 운영하는 사업자가 외국의 소매업자로부터 구입한 운동화를 우리나라의 보세구역으로 반입한 경우 재화의 수입에 해당하지 아니한다. (○, ×)

62 외국 선박에 의하여 공해(公海)에서 잡힌 수산물을 국내로 반입하는 거래는 과세대상이 아니다. (○, ×)

63 수입신고 수리 전의 물품으로서 보세구역에 보관하는 물품을 국내 다른 사업자에게 인도하는 것은 재화의 수입에 해당한다. (○, ×)

05 부수재화·용역

64 면세되는 교육용역 제공 시 필요한 교재의 대가를 수강료에 포함하지 않고 별도로 받는 경우에는 주된 용역인 교육용역에 부수되는 재화로서 면세되지 않는다. (○, ×)

65 주된 사업과 관련하여 우연히 또는 일시적으로 공급되는 재화의 공급은 별도의 공급으로 보지 아니한다. (○, ×)

66 주된 사업에 부수된 거래로 주된 사업과 관련하여 우연히 또는 일시적으로 공급되는 재화 또는 용역의 공급은 별도의 공급으로 보며, 과세 및 면세 여부 등도 주된 사업과 별도로 판단하여야 한다. (○, ×)

67 주된 사업에 부수되는 주된 사업과 관련하여 주된 재화의 생산 과정에서 필연적으로 생기는 재화의 공급은 별도의 공급으로 보지 아니한다. (○, ×)

68 농민이 자기농지의 확장 또는 농지개량작업에서 생긴 토사석을 일시적으로 판매하는 것은 부가가치세 납세의무가 있다. (○, ×)

69 쌀을 공급하면서 쌀의 공급대가와 구분하여 별도로 받는 배송료는 과세한다. (○, ×)

정답 및 해설

58 × 재화의 수입은 사업자 여부에 무관하게 과세대상이다. **59** ○ **60** × 수입에 해당하지 않는다. **61** ○
62 × 재화의 수입에 해당하므로 과세대상 거래이다. **63** ○ **64** × 면세된다. **65** × 별도의 공급으로 본다.
66 × 주된 사업의 과세 및 면세 여부 등을 따른다. **67** × 별도의 공급으로 본다. **68** × 농민은 부가가치세 납세의무자가 아니다. **69** × 주된 재화인 쌀의 공급에 포함하여 하나의 거래로 본다. 배송료를 별도로 받더라도 면세한다.

06 공급시기

70 현금판매의 경우 재화가 인도되거나 이용가능하게 되는 때를 공급시기로 본다. (O, X)

71 상품권을 현금 또는 외상으로 판매하고 그 후 상품권에 의하여 현물과 교환하는 경우에는 상품권이 인도되는 때를 공급시기로 본다. (O, X)

72 재화의 공급으로 보는 가공의 경우에는 재화의 가공이 완료된 때를 재화의 공급시기로 한다. (O, X)

73 완성도기준지급조건부로 재화를 공급하는 경우 대가의 각 부분을 받기로 한 때를 재화의 공급시기로 보지만, 재화가 인도되거나 이용가능하게 되는 날 이후에 받기로 한 대가의 부분에 대해서는 재화가 인도되거나 이용가능하게 되는 날을 그 재화의 공급시기로 본다. (O, X)

74 기획재정부령이 정하는 장기할부판매의 경우에는 대가의 각 부분을 받기로 한 때를 공급시기로 본다. (O, X)

75 공급단위를 구획할 수 없는 재화를 계속적으로 공급하는 경우에는 대가의 각 부분을 받기로 한 때를 재화의 공급시기로 본다. (O, X)

76 전력이나 그 밖에 공급단위를 구획할 수 없는 재화를 계속적으로 공급하는 경우에는 예정신고기간 또는 과세기간의 종료일을 재화의 공급시기로 본다. (O, X)

77 기한부 판매의 경우에는 그 기한이 지나 판매가 확정되는 때를 재화의 공급시기로 본다. (O, X)

78 무인판매기를 이용하여 재화를 공급하는 경우 공급받는 자가 무인판매기에 현금을 투입한 때를 재화의 공급시기로 본다. (O, X)

79 반환조건부 판매, 동의조건부 판매, 그 밖의 조건부 판매 및 기한부 판매의 경우에는 그 조건이 성취되거나 기한이 지나 판매가 확정되는 때를 공급시기로 본다. (O, X)

80 납세의무가 있는 사업자가 「여신전문금융업법」에 따라 등록한 시설대여업자로부터 시설 등을 임차하고 그 시설 등을 공급자 또는 세관장으로부터 직접 인도받은 경우에는 시설대여업자가 공급자로부터 재화를 공급받거나 외국으로부터 재화를 수입한 것으로 보아 공급시기에 관한 규정을 적용한다. (O, X)

81 위탁매매 또는 대리인에 의한 매매에 있어서는 위탁자 또는 본인이 직접 재화를 공급하거나 공급받은 것으로 본다. 다만, 위탁자 또는 본인을 알 수 없는 경우에는 그러하지 아니하다. (O, X)

정답 및 해설

70 ○　**71** X 재화가 인도되는 때를 공급시기로 본다.　**72** X 가공된 재화를 인도하는 때를 공급시기로 한다.
73 ○　**74** ○　**75** ○　**76** X 전력·열·가스의 공급 등과 같이 공급단위를 구획할 수 없는 재화공급의 경우에는 대가의 각 부분을 받기로 한 때가 공급시기이다.　**77** ○　**78** X 사업자가 무인판매기에서 현금을 꺼내는 때를 공급시기로 본다.　**79** ○　**80** X 시설대여업자가 재화를 공급받는 것이 아니라, 해당 사업자가 공급자로부터 재화를 직접 공급받는 것으로 본다.　**81** ○

82 위탁매매에 의한 매매를 하는 해당 거래의 특성상 위탁자를 알 수 없는 경우에는 수탁자에게 재화를 공급하거나 수탁자로부터 재화를 공급받은 것으로 본다. (O, X)

83 사업자가 재화를 법인에 현물출자하는 경우에는 현물출자로서의 이행이 완료되는 때를 공급시기로 본다. (O, X)

84 선박을 이용하여 내국물품을 외국으로 수출하는 경우에는 수출재화의 선적일을 재화의 공급시기로 한다. (O, X)

85 재화를 위탁판매수출하는 경우에는 외국에서 해당 재화가 인도되는 때를 재화의 공급시기로 본다. (O, X)

86 사업자가 보세구역 안에서 보세구역 밖의 국내에 재화를 공급하는 경우가 재화의 수입에 해당할 때에는 수입신고수리일을 재화의 공급시기로 본다. (O, X)

87 재화의 수입시기는 당해 재화가 보세창고에 입고된 때로 한다. (O, X)

88 사업자가 둘 이상의 과세기간에 걸쳐 부동산임대용역을 공급하고 그 대가를 선불 또는 후불로 받는 경우 예정신고기간 또는 과세기간의 종료일을 용역의 공급시기로 본다. (O, X)

89 중간지급조건부로 용역을 공급하는 경우 역무의 제공이 완료되는 날 이후 받기로 한 대가의 부분에 대해서는 역무의 제공이 완료되는 날 이후 그 대가를 받는 때로 한다. (O, X)

90 사업자가 다른 사업자와 상표권 사용계약을 할 때 사용대가 전액을 일시불로 받고 상표권을 둘 이상의 과세기간에 걸쳐 계속적으로 사용하게 하는 경우 해당 용역의 공급시기는 예정신고기간 또는 과세기간 종료일이다. (O, X)

91 헬스클럽장 등 스포츠센터를 운영하는 사업자가 연회비를 미리 받고 둘 이상의 과세기간에 걸쳐 계속적으로 회원들에게 시설을 이용하게 하는 경우 해당 용역의 공급시기는 예정신고기간 또는 과세기간 종료일이다. (O, X)

92 사업자가 재화 또는 용역의 공급시기가 되기 전에 세금계산서를 발급하고 그 세금계산서 발급일부터 7일 이내에 대가를 받으면 해당 대가를 받은 때를 재화 또는 용역의 공급시기로 본다. (O, X)

93 사업자가 장기할부판매로 재화를 공급하는 경우 공급시기가 되기 전에 세금계산서를 발급하면 그 발급한 때를 그 재화의 공급시기로 본다. (O, X)

정답 및 해설

82 O **83** O **84** O **85** X 수출재화의 공급가액이 확정되는 때를 공급시기로 본다. **86** O **87** X 수입신고가 수리된 때로 한다. **88** O **89** X 역무의 제공이 완료되는 날을 공급시기로 한다. **90** O **91** O **92** X 세금계산서를 발급한 때를 공급시기로 본다. **93** O

94 재화의 공급시기가 세금계산서 발급일이 속하는 과세기간 내에 도래하고 같은 과세기간에 대가를 수령하는 경우에는 세금계산서를 발급한 때를 재화의 공급시기로 본다. 단, 공급받는 자가 조기환급을 받는 경우에 해당하지 아니한다. (O, ×)

95 재화 또는 용역의 공급시기 전에 세금계산서를 발급받았더라도 재화 또는 용역의 공급시기가 그 세금계산서의 발급일부터 6개월 이내에 도래하고 해당 거래사실이 확인되어 납세지 관할세무서장이 경정하는 경우에는 세금계산서를 발급한 때를 재화 또는 용역의 공급시기로 본다. (O, ×)

07 공급장소

96 사업자 A가 X 제품을 외국인도수출로 공급하는 경우 공급장소는 그 이동이 시작되는 장소이다. (O, ×)

97 역무를 제공하는 용역의 공급장소는 역무가 제공되는 장소이다. (O, ×)

98 국내 및 국외에 걸쳐 용역이 제공되는 국제운송의 경우 여객이 탑승하거나 화물이 적재되는 장소가 국내인 경우만 과세대상이 된다. (O, ×)

99 전자적 용역의 경우 용역을 공급하는 자의 사업장 소재지, 주소지 또는 거소지를 용역이 공급되는 장소로 한다. (O, ×)

정답 및 해설
94 × 같은 과세기간에 대가를 수령할 것으로 조건으로 하지 않는다. **95** × 공급시기는 본래의 공급시기로 한다. 다만, 사실과 다른 세금계산서임에도 불구하고 매입세액은 공제한다. **96** ○ 국외에서 재화를 공급하는 경우에 해당함에도 불구하고 국내 사업장에서 계약과 대가수령이 이루어진 경우에는 영세율을 적용한다. **97** ○ **98** × 사업자가 비거주자나 외국법인 경우에는 탑승지(적재지)를 공급장소로 본다. 사업자가 내국법인 또는 거주자인 경우는 여객의 탑승 또는 화물의 적재장소가 어느 곳인지를 불문하고 국내거래로 본다. **99** × 공급받는 자의 사업장 소재지, 주소지 또는 거소지를 공급장소로 한다.

3 영세율과 면세

01 영세율

01 「부가가치세법」은 주로 소비지국과세원칙을 구현하기 위해 영세율제도를 두고 있고, 부가가치세의 역진성을 완화하기 위해 면세제도를 두고 있다. (O, ×)

02 영세율 적용대상자는 과세사업자로서 「부가가치세법」상의 제반 의무를 수행하는 반면에 면세사업자는 이러한 의무를 수행하지 않는 것이 원칙이다. (O, ×)

03 면세는 면세사업자의 매입세액을 일부만 환급받을 수 있으므로 부분면세제도이다. (O, ×)

04 영세율은 영세율사업자의 매입세액을 전액 환급받을 수 있으므로 완전면세제도이다. (O, ×)

05 영세율을 적용할 때 사업자가 비거주자 또는 외국법인이면 그 해당 국가에서 대한민국 거주자 또는 내국법인에 대하여 동일하게 면세하는 경우가 아니라도 영세율을 적용한다. (O, ×)

06 영세율을 적용할 때 사업자가 비거주자 또는 외국법인(국내에 사업의 실질적인 관리장소가 소재하지 않음)인 경우에는 그 외국에서 대한민국의 거주자 또는 내국법인에게 우리나라의 부가가치세 또는 이와 유사한 성질의 조세를 면제하는 때와 그 외국에서 우리나라의 부가가치세 또는 이와 유사한 성질의 조세가 없는 때에만 영세율을 적용한다. (O, ×)

07 사업자가 국외에서 공급하는 용역은 대금수취방법에 관계없이 영세율 대상이다. (O, ×)

08 우리나라에 상주하는 외교공관 등에 재화 또는 용역을 공급하는 경우에는 면세한다. (O, ×)

09 비거주자인 사업자가 재화를 수출하는 경우, 비거주자의 해당 국가에서 대한민국의 거주자에 대하여 면세하는지 여부와 관계없이 영세율을 적용한다. (O, ×)

10 외화를 획득하기 위한 것으로서 우리나라에 상주하는 국제연합과 이에 준하는 국제기구(우리나라가 당사국인 조약과 그 밖의 국내법령에 따라 특권과 면제를 부여받을 수 있는 경우에 한함)에 재화 또는 용역을 공급하는 것에 대해서는 영세율을 적용한다. (O, ×)

11 간이과세자는 영세율을 적용받을 수 없다. (O, ×)

정답 및 해설

01 ○ **02** ○ **03** × 전액 환급받을 수 없다. **04** ○ **05** × 비거주자 또는 외국법인은 상호주의에 따른다.
06 ○ **07** ○ **08** × 면세한다. → 영세율을 적용한다. **09** × 상호주의에 따라 영세율을 적용한다. **10** ○
11 × 간이과세자로 영세율을 적용한다.

12 간이과세자는 간이과세를 포기하지 않는 한 영세율을 적용받을 수 없다. (O, ×)

13 대한민국 선박에 의하여 공해에서 잡힌 수산물을 외국으로 반출하는 것은 영세율이 적용되는 수출에 해당한다. (O, ×)

14 「관세법」에 따른 수입신고 수리 전의 물품으로서 보세구역에 보관하는 물품을 외국으로 반출하는 경우 영세율을 적용한다. (O, ×)

15 사업자가 자기사업을 위하여 대가를 받지 아니하고 국외의 사업자에게 견본품을 반출하는 경우에는 영세율을 적용하지 않는다. (O, ×)

16 사업자가 재화(견본품이 아님)를 국외로 무상으로 반출하는 경우에는 영의 세율을 적용한다. (O, ×)

17 사업자가 대한적십자사에 공급하는 재화(대한적십자사가 그 목적사업을 위하여 당해 재화를 외국으로 무상 반출하는 경우에 한함)는 영세율을 적용한다. (O, ×)

18 사업자가 자기의 명의와 계산으로 내국물품을 외국으로 유상반출하는 경우는 영세율 대상이며 세금계산서를 발급할 의무가 없다. (O, ×)

19 수출업자가 국내에서 수출품생산업자와의 계약에 따라 수출을 대행하고 수출대행수수료를 받는 경우에는 영세율을 적용한다. (O, ×)

20 사업자가 국내사업장이 없는 외국법인에게 공급한 컨테이너 수리용역은 대금수취방법에 관계없이 영세율 대상이다. (O, ×)

21 계약과 대가수령 등 거래가 국외사업장에서 이루어지는 중계무역방식의 수출은 영세율이 적용되는 수출에 속하는 것으로 본다. (O, ×)

22 「관세법」에 따른 수입신고 수리 전의 물품으로서 보세구역에 보관하고 있는 물품을 외국으로 반출하는 것으로서 국내사업장에서 계약과 대가수령 등 거래가 이루어지는 것은 영세율이 적용된다. (O, ×)

23 수탁자가 자기명의로 내국신용장을 개설받아 위탁자의 재화를 공급하는 경우에는 위탁자가 영의 세율을 적용받는다. (O, ×)

24 국내사업장만 있는 사업자가 가공임을 지급하는 조건으로 베트남 현지 가공업자에게 원재료를 반출하여 가공시킨 후 가공물품을 현지에서 중국에 인도하는 경우에는 영세율을 적용한다. (O, ×)

25 사업자가 위탁가공을 위하여 원자재를 국외의 수탁가공사업자에게 대가 없이 반출하는 것은 재화의 공급이다. (O, ×)

정답 및 해설

12 × 간이과세 포기에 관계없이 영세율을 적용받는다. **13** O **14** O **15** O **16** O **17** O **18** O **19** × 수출대행수수료는 10% 과세된다. **20** × 기타 외화획득용역에 해당하므로 대금을 외국환은행에서 원화로 받거나 기획재정부령으로 정하는 일정한 방법으로 수령하여야 한다. **21** × 국외사업장 → 국내사업장 **22** O **23** O **24** O **25** × 재화의 공급으로 보지 않는다.

26 사업자가 원료를 대가 없이 국외의 수탁가공 사업자에게 반출하여 가공한 재화를 양도하는 경우 그 원료의 반출은 영세율을 적용한다. (○, ×)

27 외국인도수출(수출대금을 국내에서 영수하지만 국내에서 통관되지 아니한 수출물품 등을 외국으로 인도하거나 제공하는 수출)로서 국내사업장에서 계약과 대가수령 등 거래가 이루어지는 것은 영세율을 적용하지 아니한다. (○, ×)

28 국내 사업장에서 계약과 대가 수령 등 거래가 이루어지는 것으로서 원료를 대가 없이 국외의 수탁가공 사업자에게 반출하여 가공한 재화를 양도하는 경우로서 그 원료의 반출은 수출에 포함한다. (○, ×)

29 「관광진흥법」에 따른 종합여행업자가 외국인 관광객에게 공급하는 관광알선용역은 대가수령방법과 관계없이 영세율을 적용한다. (○, ×)

30 항공기에 의하여 여객을 국내에서 국외로 수송하는 것에 대해서는 영세율이 적용되지만, 화물을 국내에서 국외로 수송하는 것은 영세율이 적용되지 않는다. (○, ×)

31 선박 또는 항공기에 의한 외국항행용역의 공급에 부수하여 외국항행사업자가 자기의 승객전용 여부에 관계없이 호텔에 투숙하는 것에 대하여 영세율을 적용한다. (○, ×)

32 외국을 항행하는 원양어선에 재화를 공급하고 부가가치세를 별도로 적은 세금계산서를 발급한 경우 영세율을 적용하지 않는다. (○, ×)

33 외국을 항행하는 선박 및 항공기에 부가가치세를 별도로 적은 세금계산서를 발급하지 않고 공급하는 재화는 영세율을 적용한다. (○, ×)

34 금지금을 내국신용장에 의하여 공급하는 것은 영세율이 적용되는 수출로 본다. (○, ×)

35 내국신용장의 개설을 전제로 하여 재화나 용역이 공급된 후 그 공급시기가 속하는 과세기간이 끝난 후 25일 (그 날이 공휴일 또는 토요일인 경우에는 바로 다음 영업일을 말한다) 이내에 내국신용장이 개설된 경우에도 영세율이 적용된다. (○, ×)

36 사업자가 내국신용장에 의해 공급하는 재화(금지금은 제외)는 영세율 대상이며 세금계산서를 발급할 의무가 있다. (○, ×)

정답 및 해설

26 ○ **27** × 영세율을 적용한다. **28** ○ **29** × 종합여행업자가 외국인 관광객에게 공급하는 관광알선용역은 ㉠ 외국환은행에서 원화로 받거나 ㉡ 외화 현금으로 받은 것 중 국세청장이 정하는 관광알선수수료명세표와 외화매입증명서에 의하여 외국인 관광객과의 거래임이 확인되는 것에 한하여 영세율을 적용한다. **30** × 여객뿐만 아니라 화물도 영세율이 적용된다. **31** × '자기의 승객만이 전용하는 호텔에 투숙하는 것'에 한하여 외국항행사업자가 자기의 사업에 부수하여 공급하는 것으로 본다. **32** ○ **33** ○ **34** × 영세율을 적용하지 않는다. **35** ○ **36** ○

37 사업자가 국외에서 건설공사를 도급받은 사업자로부터 해당 건설공사를 재도급받아 국외에서 건설용역을 제공하고 그 대가를 원도급자인 국내사업자로부터 받는 경우에는 영의 세율을 적용한다. (O, X)

38 사업자가 국외에서 건설용역을 제공하는 경우 해당 용역을 제공받는 자로부터 그 대가를 외국환은행에서 원화로 받는 경우에 한하여 영세율이 적용된다. (O, X)

39 사업자가 외국법인과의 계약에 의하여 국내에서 재화를 생산하여 외국법인 등이 지정하는 국내의 다른 사업자에게 공급하고 그 다른 사업자가 비거주자등과 계약에 따라 인도받은 재화를 그대로 반출하는 것은 영세율을 적용하나 제조·가공한 후 반출하는 경우는 10%의 세율을 적용한다. (O, X)

40 비거주자 또는 외국법인이 지정하는 국내사업자에게 인도되는 재화로서 해당 사업자의 면세사업에 사용되는 재화는 영세율을 적용한다. 다만, 그 대금을 해당 국외 비거주자 또는 외국법인으로부터 외국환은행에서 원화로 받는다. (O, X)

41 운송주선업자가 국제복합운송계약에 의하여 화주로부터 화물을 인수하고 자기 책임과 계산으로 타인의 선박 또는 항공기 등의 운송수단을 이용하여 화물을 운송하고 화주로부터 운임을 받는 국제운송용역은 영세율을 적용한다. (O, X)

42 다른 외국항행사업자가 운용하는 선박 또는 항공기의 탑승권을 판매하거나 화물운송계약을 체결하는 것은 영세율이 적용되는 외국항행용역 공급에 포함한다. (O, X)

43 국내에 주소를 둔 거주자 갑이 국내사업장이 없는 비거주자에게 법률자문(전문서비스)용역을 제공하는 경우 거래상대방의 해당 국가에서 우리나라의 거주자 또는 내국법인에 대하여 동일하게 면세하는 경우에만 영세율을 적용한다. (O, X)

44 사업자가 국내에서 국내사업장이 없는 비거주자에게 직접 재화를 공급하고 그 대가를 외국환은행에서 원화로 받는 것은 영세율이 적용된다. (O, X)

45 외국법인의 국내사업장이 있는 경우에 사업자가 국내에서 국외의 외국법인과 직접 계약하여 교육지원서비스업에 해당하는 용역을 공급하고 그 대금을 해당 외국법인으로부터 외국환은행에서 원화로 받는 경우에는 영세율을 적용한다. (O, X)

46 상품중개업을 영위하고 있는 내국법인이 국내에서 국내사업장이 없는 비거주자 또는 외국법인에게 상품중개용역을 제공하고 그 대가를 외국환은행에서 원화로 받는 경우에는 영세율을 적용한다. (O, X)

정답 및 해설

37 O **38** X 국외제공용역은 대가 수령 방법에 관계없이 영세율 적용한다. **39** X 그대로 반출하거나 제조·가공한 후 반출하는 것 모두 영세율을 적용한다. **40** X 면세사업 → 과세사업 **41** O **42** O **43** O **44** X 국내에서 국내사업장이 없는 비거주자에게 직접 재화를 공급하는 것은 국내거래에 불과하므로 영세율 적용 대상이 아니다. **45** O **46** O

47 국내에서 국내사업장이 없는 비거주자가 지정하는 국내 과세사업자에게 인도되고 해당 사업자의 과세사업에 사용되는 재화로서 그 대금을 해당 비거주자에게 지급할 금액에서 빼는 방법으로 결제하는 경우 영세율을 적용한다. (O, X)

48 사업자가 부가가치세를 별도로 적은 세금계산서를 발급하여 수출업자와 직접도급계약에 의한 수출재화 임가 공용역을 제공한 경우 영세율을 적용한다. (O, X)

49 수출업자(A)에게 내국신용장으로 재화를 공급하는 사업자(B)와 직접 도급계약에 의하여 수출재화 임가공용역을 제공하는 사업자(C)의 수출재화 임가공용역은 영세율을 적용한다. (O, X)

50 「항공사업법」에 따른 상업서류 송달용역은 영세율이 적용된다. (O, X)

51 국내사업장이 없는 비거주자 또는 외국법인에게 공급하는 재화 또는 용역에 대해 영세율이 적용되는 경우는 상대방이 세금계산서 발급을 요구하더라도 세금계산서를 발급할 수 없다. (O, X)

02 면세

52 우리나라에서 생산되어 식용으로 제공되지 아니하는 관상용의 새에 대하여는 면세하지 아니한다. (O, X)

53 외국에서 생산되어 식용으로 제공되지 아니하는 수산물로서 원생산물의 수입에 대해서는 면세를 적용한다. (O, X)

54 김치를 거래단위로서 포장하여 최종소비자에게 그 포장의 상태로 직접 공급하는 것에 대하여는 면세하지 아니한다. (O, X)

55 「약사법」에 규정하는 약사가 조제하지 않은 의약품을 판매하는 경우 면세되는 의료보건용역에 해당하지 않는다. (O, X)

정답 및 해설

47 O **48** X 10% 세율을 적용한다. **49** X 수출업자와 직접 도급계약에 따라 수출재화임가공용역을 제공하는 경우에는 영세율을 적용하나, 수출업자에게 재화를 공급하는 사업자에게 수출재화임가공용역을 제공하는 경우는 영세율을 적용하지 아니한다. 다만, 사업자(C)가 내국신용장으로 사업자(B)에게 수출재화임가공용역을 공급하는 경우에는 영세율을 적용한다. 즉, 수출재화임가공용역을 공급하는 사업자는 수출업자와 직접 도급계약을 체결한 경우나 내국신용장에 따라 임가공용역을 공급하는 경우에 한하여 영세율을 적용한다. **50** O **51** X 국내사업장이 없는 비거주자 또는 외국법인이 해당 외국의 개인사업자 또는 법인사업자임을 증명하는 서류를 제시하고 세금계산서 발급을 요구하는 경우는 세금계산서를 발급하여야 한다. **52** X 수입산 비식용 농·축·수·임산물은 과세하고, 국내산 비식용 농·축·수·임산물은 면세한다. **53** X 식용으로 제공되지 아니하는 농·축·수·임산물 등으로서 수입하는 것은 과세한다. **54** X 2023. 7. 1. ~ 2025. 12. 31.까지 공급하는 김치 등은 판매목적으로 관입·병입 등의 형태로 포장하여 공급하는 경우에도 면세한다. **55** O

56 「의료법」에 따른 의사가 「의료법」상 업무범위를 벗어나서 제공하는 의료용역은 과세한다. (O, ×)

57 관광 또는 유흥 목적의 운송수단에 의한 여객운송 용역은 과세한다. (O, ×)

58 「모자보건법」에 따른 산후조리원에서 분만 직후의 임산부에게 제공하는 급식 용역은 면세한다. (O, ×)

59 피부과의원에 부설된 피부관리실에서 제공하는 피부관리용역은 면세한다. (O, ×)

60 「여객자동차 운수사업법」에 따른 여객자동차 운수사업 중 관광용 전세버스 운송사업을 영위하는 내국법인은 부가가치세 납세의무를 부담하지 아니한다. (O, ×)

61 「항공사업법」에 따른 항공기에 의한 여객운송용역은 면세한다. (O, ×)

62 항공기로 여객을 운송하는 것은 면세한다. 단, 국내노선이다. (O, ×)

63 항공기로 화물을 운송하는 것은 면세한다. 단, 국내노선이다. (O, ×)

64 발표회·연구회·경연대회 등의 예술행사는 영리목적으로 하지 않는 경우에 면세대상이다. (O, ×)

65 지방자치단체에 무상으로 공급하는 재화에 대하여는 부가가치세가 면제된다. (O, ×)

66 공익사업을 위하여 주무관청의 승인을 받아 금품을 모집하는 단체에 무상 또는 유상으로 공급하는 재화 또는 용역에 대해서는 부가가치세를 면제한다. (O, ×)

67 지방자치단체조합이 그 소속 직원의 복리후생을 위하여 구내에서 식당을 직접 경영하여 공급하는 음식용역은 면세한다. (O, ×)

68 도서관이나 과학관에 입장하는 것에는 면세가 적용된다. (O, ×)

69 「철도건설법」에 규정하는 고속철도에 의한 여객운송용역은 면세한다. (O, ×)

70 가공되지 아니한 식료품으로서 곡류, 서류 및 특용작물류는 면세대상에 해당된다. (O, ×)

71 「음악산업진흥에 관한 법률」의 적용을 받는 전자출판물의 공급에 대해서는 부가가치세를 과세한다. (O, ×)

72 미술창작품의 공급에 대해서는 부가가치세를 면제한다. (O, ×)

73 면세되는 도서·신문·잡지 등의 인쇄·제본 등을 위탁받아 인쇄·제본 등의 용역을 제공하는 것에 대하여는 면세한다. (O, ×)

정답 및 해설

56 ○ **57** ○ **58** ○ **59** × 과세한다. **60** × 과세사업이므로 납세의무가 있다. **61** × 과세한다.
62 × 항공여객운송용역은 과세되는 여객운송용역에 포함된다. **63** × 과세한다. **64** ○ **65** ○ **66** ×
국가, 지방자치단체, 지방자치단체조합 또는 대통령령으로 정하는 공익단체에 무상으로 공급하는 재화 또는 용역에 한하여 면세한다. **67** ○ **68** ○ **69** × 과세한다. **70** ○ **71** ○ **72** ○ **73** × 도서는 면세이나 인쇄용역 등은 과세한다.

74 도서, 신문, 잡지, 관보, 「뉴스통신 진흥에 관한 법률」에 따른 뉴스통신, 방송 및 광고에 대해서는 부가가치세를 면제한다. (O, ×)

75 도서는 면세되는 재화에 해당하나 실내 도서열람 용역은 과세되는 용역에 해당한다. (O, ×)

76 「영화 및 비디오물의 진흥에 관한 법률」에 따른 전자출판물을 공급하는 것은 면세되는 재화에 해당한다. (O, ×)

77 면세되는 신문, 잡지는 「신문 등의 진흥에 관한 법률」에 따른 신문 및 인터넷 신문과 잡지 등 「정기간행물의 진흥에 관한 법률」에 따른 정기간행물로 한다. (O, ×)

78 유연탄의 공급은 면세되지만 무연탄의 공급은 과세된다. (O, ×)

79 부가가치세가 면세되는 미가공 식료품에는 김치, 두부 등 기획재정부령으로 정하는 단순가공식료품이 포함된다. (O, ×)

80 가공하지 않은 비식용 농산물은 국산과 수입산 모두 부가가치세 면세대상이다. (O, ×)

81 거주자가 수취하는 소액물품으로서 관세가 면제되는 재화의 수입에 대하여는 부가가치세를 면제한다. (O, ×)

82 수입하는 상품의 견본과 광고용 물품으로서 관세가 면제되는 재화의 수입에 대해서는 면세를 적용한다. (O, ×)

83 「은행법」에 의한 은행업은 부가가치세 면제대상이다. (O, ×)

84 집합투자업자가 투자자로부터 자금 등을 모아서 실물자산에 운용하는 경우에는 면세가 적용된다. (O, ×)

85 국가나 지방자치단체가 공급하는 재화 또는 용역이라고 하여 모두 부가가치세가 면세되는 것은 아니다. (O, ×)

86 금융회사가 국가·지방자치단체에 제공하는 금고대행용역에 대해서는 부가가치세를 면제한다. (O, ×)

87 전자상거래와 관련한 지급대행용역은 면세되는 금융·보험 용역에 해당한다. (O, ×)

88 은행이 금지금에 관한 대행용역을 제공하는 것은 면세한다. (O, ×)

89 금융업자의 수익증권 판매대행용역은 과세한다. (O, ×)

90 면세를 포기하고 일반과세를 적용받으려는 자는 과세기간 개시 10일 전까지 납세지 관할 세무서장에게 신고하여야 한다. (O, ×)

정답 및 해설
74 × 광고는 과세한다. **75** × 실내 도서열람 용역도 면세되는 용역에 해당한다. **76** × 「음악산업진흥에 관한 법률」, 「영화 및 비디오물의 진흥에 관한 법률」 및 「게임산업진흥에 관한 법률」의 적용을 받는 전자출판물은 과세한다. **77** ○ **78** × 유연탄은 과세, 무연탄은 면세이다. **79** ○ **80** × 국산만 면세대상이다. **81** ○ **82** ○ **83** ○ **84** × 과세대상이다. **85** ○ **86** ○ **87** ○ **88** × 과세한다. **89** × 복권, 입장권, 상품권, 지금형주화 또는 금지금에 관한 대행용역은 과세하지만, 금융상품 판매대행용역은 면세한다. **90** × 면세포기에는 시기의 제한이 없다.

91 음악발표회는 영리를 목적으로 하지 않아야 부가가치세가 면제되는 예술행사가 된다. (○, ×)

92 은행업에 관련된 소프트웨어의 판매·대여 용역은 부가가치세가 면제된다. (○, ×)

93 「도로교통법」에서 규정하는 자동차운전학원에서 가르치는 것은 면세되는 교육용역에서 제외된다. (○, ×)

94 사업 목적 이외의 상시주거용 주택 임대용역의 공급(주택부수토지는 「부가가치세법 시행령」 관련 규정 한도 내 면적임)에 대해서는 부가가치세가 면제된다. (○, ×)

95 법인이 물적 시설 없이 근로자를 고용하여 작곡용역을 공급한 후 대가를 받는 용역은 면세대상이다. (○, ×)

96 국내에서 열리는 영화제에 출품하기 위하여 무상으로 수입하는 물품으로서 관세가 면제되는 재화의 수입에 대하여는 부가가치세가 면제된다. (○, ×)

97 사업자가 면세농산물을 원재료로 하여 제조한 재화의 공급에 대하여 부가가치세가 과세되는 경우(면세를 포기하고 영세율을 적용받는 경우 포함)에는 면세농산물을 공급받을 때 매입세액이 있는 것으로 보아 의제매입세액을 공제한다. (○, ×)

98 부가가치세가 면제되는 재화 또는 용역의 공급이 영세율의 적용 대상이 되는 것인 경우 면세의 포기를 신고하여 부가가치세의 면제를 받지 아니할 수 있다. (○, ×)

99 면세재화의 공급이 영세율 적용의 대상이 되는 경우 면세포기가 가능하나 면세포기를 신고한 날부터 3년간 부가가치세를 면제받지 못한다. (○, ×)

100 부가가치세의 면세포기를 적용받기 위해서는 그 적용을 받으려는 달의 마지막 날까지 사업장 관할 세무서장에게 신고하여야 한다. (○, ×)

101 면세되는 2 이상의 사업을 영위하는 사업자는 면세포기대상이 되는 재화 또는 용역의 공급 중 면세포기를 하고자 하는 재화 또는 용역의 공급만을 구분하여 면세포기를 할 수 있다. (○, ×)

102 면세포기신고를 한 사업자는 다음 과세기간부터 3년간 부가가치세 면제를 받지 못한다. (○, ×)

103 부가가치세의 면세포기신고를 한 사업자가 다시 부가가치세의 면제를 받고자 하는 때에는 면세적용신고서와 함께 발급받은 사업자등록증을 제출하여야 하며, 면세적용신고서를 제출하지 아니한 경우에는 계속하여 면세를 포기한 것으로 본다. (○, ×)

104 수입신고한 물품으로서 수입신고 수리 전에 변질된 것에 대해서는 관세가 경감되는 비율만큼 부가가치세를 면제한다. (○, ×)

정답 및 해설

91 ○   **92** × 과세대상이다.   **93** ○   **94** ○   **95** × 법인 → 개인, 근로자를 고용 → 고용하지 않고
96 ○   **97** × 면세를 포기하고 영세율을 적용받는 경우는 제외한다.   **98** ○   **99** ○   **100** × 언제든지 포기 가능하다.   **101** ○   **102** × 신고한 날부터 3년간은 면세를 적용받지 못한다.   **103** ○   **104** ○

4 과세표준과 세액

01 일반적인 과세표준

01 부가가치세 과세표준에는 거래상대자로부터 받은 대금·요금·수수료 기타 명목 여하에 불구하고 대가관계에 있는 모든 금전적 가치 있는 것을 포함한다. (○, ×)

02 사업자가 재화 D를 3월 20일(기준환율: 1,100원/$)에 인도하고 4월 20일(기준환율: 1,050원/$)에 $1,000를 대금으로 수령하였다. 이 경우 재화 D의 공급가액은 1,100,000원이다. (○, ×)

03 사업자가 재화 또는 용역을 공급하고 그 대가로 받은 금액에 부가가치세가 포함되어 있는지가 분명하지 아니한 경우에는 그 대가로 받은 금액에 110분의 100을 곱한 금액을 공급가액으로 한다. (○, ×)

04 사업자가 특수관계인이 아닌 자에게 재화 B(시가 1,000,000원)를 공급하고 재화 C(시가 900,000원)를 대가로 받았다. 이 경우 재화 B의 공급가액은 1,000,000원이다. (○, ×)

05 사업자가 그와 특수관계 있는 자에게 시가보다 낮은 대가를 받거나 대가를 받지 않고 제공하는 용역(사업용 부동산임대용역은 아님)의 경우 자기가 공급한 용역의 시가를 과세표준으로 한다. (○, ×)

06 사업자가 시가 1,000,000원인 재화 F를 매출에누리 100,000원을 차감한 900,000원에 외상판매하였다. 이 경우 재화 F의 공급가액은 900,000원이다. (○, ×)

07 판매목적 타사업장 반출에 대한 공급의제에 따라 재화를 공급하는 것으로 보는 경우에는 취득가액(취득세 및 부가가치세가 과세되지 않은 부대비용은 제외)을 공급가액으로 한다. (○, ×)

08 사업자가 자기가 생산한 재화를 자기의 고객에게 사업을 위하여 증여한 것으로서 법령에 따른 자기적립마일리지로만 전부를 결제받은 경우 재화의 공급으로 본다. (○, ×)

09 사업자가 고객에게 매출액의 2%에 해당하는 마일리지를 적립해 주고 향후 고객이 재화를 공급받고 그 대가의 일부를 적립된 마일리지로 결제하는 경우 해당 마일리지 상당액은 과세표준에 포함한다. (○, ×)

10 사업자가 시가 1,000,000원인 재화 A를 판매하고 제3자 적립마일리지 300,000원(제3자와 마일리지 결제액을 보전받지 않기로 약정함에 따라 제3자로부터 보전받은 금액은 없음)과 현금 700,000원을 결제받았다. 이 경우 재화 A의 공급가액은 700,000원이다. (○, ×)

정답 및 해설

01 ○ **02** ○ **03** ○ **04** ○ **05** × 대가를 받지 않고 용역을 제공한 경우에는 과세하지 아니한다.
06 ○ **07** × 「소득세법」 또는 「법인세법」에 따른 취득가액으로 한다. 따라서 부가가치세가 과세되지 않은 금액도 포함한다. **08** × 재화의 공급이 아니다. **09** × 포함하지 않는다. **10** × 사업상 증여에 해당하여 시가인 1,000,000원을 공급가액으로 한다.

11 공급에 대한 대가의 지급이 지체되었음을 이유로 받는 연체이자는 공급가액에 포함하지 아니한다.

(O, ×)

12 재화 또는 용역의 공급과 직접 관련되지 아니하는 국고보조금은 과세표준에 포함하지 아니한다. (O, ×)

13 공급받는 자에게 도달하기 전에 파손, 훼손 또는 멸실된 재화의 가액은 과세표준에 포함하지 아니한다.

(O, ×)

14 통상적으로 용기를 당해 사업자에게 반환할 것을 조건으로 그 용기대금을 공제한 금액으로 공급하는 경우에는 그 용기대금은 과세표준에 포함하지 아니한다.

(O, ×)

15 재화의 공급에 대한 대가를 미국 달러화로 받고 「부가가치세법」상의 공급시기 도래 전에 전액 원화로 환가한 경우에는 그 환가한 금액을 과세표준으로 한다.

(O, ×)

16 완성도기준지급조건부 또는 중간지급조건부로 재화나 용역을 공급하는 경우에는 계약에 따라 받기로 한 대가의 각 부분을 공급가액으로 한다.

(O, ×)

17 과세사업과 면세사업에 공통으로 사용되는 재화를 공급하는 경우에 재화를 공급하는 날이 속하는 과세기간의 총공급가액 중 면세공급가액의 비율이 5% 미만인 경우 당해 재화의 공급가액을 과세표준으로 한다.

(O, ×)

18 사업자가 재화 E를 시가인 1,000,000원에 외상으로 판매하고 거래상대방에 대한 판매장려금 지급액 300,000원을 차감한 나머지 금액 700,000원을 약정된 상환일에 수령하였다. 이 경우 재화 E의 공급가액은 1,000,000원이다.

(O, ×)

19 위탁가공무역 방식으로 수출하는 경우 완성된 제품의 인도가액을 과세표준으로 한다.

(O, ×)

20 기부채납의 경우 해당 기부채납의 근거가 되는 법률에 따라 기부채납된 가액을 과세표준으로 하되 기부채납된 가액에 부가가치세가 포함된 경우 그 부가가치세는 제외한다.

(O, ×)

21 재화나 용역을 공급할 때 그 품질이나 수량, 인도조건 또는 공급대가의 결제방법이나 그 밖의 공급조건에 따라 통상의 대가에서 일정액을 직접 깎아 주는 금액은 공급가액에 포함하지 아니한다.

(O, ×)

22 부동산을 일괄하여 공급한 경우로서 건물 또는 구축물의 실지거래가액을 구분할 수 없는 경우라도 총공급가액은 실지거래가액으로 한다.

(O, ×)

23 토지와 건물 등을 함께 공급받은 후 건물 등을 철거하고 토지만 사용하는 경우는 사업자가 구분한 실지거래가액이 분명한 것으로 본다.

(O, ×)

24 재화의 수입에 대한 부가가치세의 과세표준을 그 재화에 대한 관세의 과세가격과 관세, 개별소비세, 주세, 교육세, 농어촌특별세 및 교통·에너지·환경세, 취득세를 합한 금액으로 한다.

(O, ×)

정답 및 해설

11 O **12** O **13** O **14** O **15** O **16** O **17** × 직전 과세기간의 면세공급가액이 5% 미만이어야 한다. **18** O **19** O **20** O **21** O **22** O **23** O **24** × 취득세는 포함하지 않는다.

25 사업자가 보세구역 내에 보관된 재화를 다른 사업자에게 공급하고, 그 재화를 공급받은 자가 그 재화를 보세구역으로부터 반입하는 경우에 해당 재화를 공급한 자의 공급가액은 그 재화의 공급가액에서 세관장이 부가가치세를 징수하고 발급한 수입세금계산서에 적힌 공급가액을 뺀 금액으로 한다. (O, X)

26 세관장이 부가가치세를 징수하기 전에 같은 선하증권이 양도되는 경우에는 선하증권의 양수인으로부터 받은 대가를 공급가액으로 해야 한다. (O, X)

02 대손세액공제

27 대손세액공제는 과세사업자와 면세사업자에 대하여 모두 적용할 수 있다. (O, X)

28 세금계산서를 발급하는 간이과세자는 대손세액공제를 적용할 수 있다. (O, X)

29 일반과세자만 대손세액공제를 적용받을 수 있으며, 간이과세자는 대손세액공제를 적용받을 수 없다. (O, X)

30 수표 또는 어음의 부도발생일로부터 6월이 된 경우에는 사업자가 채무자의 재산에 대하여 저당권을 설정하고 있더라도 대손세액공제를 받을 수 있다. (O, X)

31 「채무자 회생 및 파산에 관한 법률」에 따른 법원의 회생계획인가 결정에 따라 채무를 출자전환하는 경우는 「법인세법」상 대손 사유에는 해당하지 않으나, 「부가가치세법」상 대손세액공제 사유에 해당한다. (O, X)

32 거래처 파산으로 매출채권의 전부를 회수할 수 없는 사업자가 대손금액이 발생한 사실을 증명하는 서류를 제출하지 못하면 대손세액공제를 적용받을 수 없다. (O, X)

33 사업자가 부가가치세가 과세되는 재화 또는 용역을 공급하는 경우 공급을 받는 자의 파산이나 강제집행의 사유로 그 재화 또는 용역의 공급에 대한 외상매출금의 전부 또는 일부가 대손되어 회수할 수 없는 경우에는 대손금액에 110분의 10을 곱한 금액을 그 대손이 확정된 날이 속하는 과세기간의 매출세액에서 뺄 수 있다. (O, X)

34 재화 또는 용역의 공급자가 대손세액을 매출세액에서 차감한 경우 공급자의 관할 세무서장은 대손세액공제사실을 공급받는 자의 관할 세무서장에게 통지하여야 한다. (O, X)

35 공급받은 자가 대손세액 상당액을 차감하여 신고하지 않아 공급받은 사업자의 관할 세무서장이 이를 경정하는 경우 과소신고·초과환급신고가산세와 납부지연가산세를 적용하지 않는다. (O, X)

36 대손세액을 매입세액에서 차감한 당해 사업자가 대손금의 전부 또는 일부를 변제한 경우에는 변제한 대손금액에 관련된 대손세액을 변제한 날이 속하는 예정신고기간 또는 확정신고기간의 매입세액에 가산한다. (O, X)

정답 및 해설

25 O **26** X 해야 한다. → 할 수 있다. **27** X 면세사업자는 대손세액공제를 받을 수 없다. **28** X 간이과세자는 대손세액공제를 적용받을 수 없다. **29** O **30** X 저당권이 설정된 경우 대손세액공제를 받을 수 없다. **31** O **32** O **33** O **34** O **35** O **36** X 예정신고기간에는 적용하지 아니한다.

5 세금계산서와 영수증

01 세금계산서

01 모든 일반과세자는 세금계산서를 발급하여야 하며, 영수증을 발급할 수 없다.　　　　　　　(O, X)

02 직전 연도의 공급대가의 합계액이 4천 800만원 미만인 간이과세자가 부가가치세가 과세되는 재화를 공급하는 경우에는 재화의 공급시기에 그 공급을 받은 자에게 영수증 또는 세금계산서를 발급할 수 있다.

　　　　　　　(O, X)

03 수입되는 재화에 대하여는 국세청장이 세금계산서를 수입업자에게 교부한다.　　　　　　　(O, X)

04 사업자가 재화 또는 용역을 공급하는 때에 과세표준에 10%의 세율을 적용하여 계산한 부가가치세를 그 공급을 받는 자로부터 징수하는 것을 거래징수라고 한다.　　　　　　　(O, X)

05 전자세금계산서 발급일의 다음 날까지 국세청장에게 전송한 경우에도 세금계산서를 5년간 보존하여야 한다.

　　　　　　　(O, X)

06 관할 세무서장은 개인사업자가 전자세금계산서 의무발급 개인사업자에 해당하는 경우에는 전자세금계산서를 발급하여야 하는 기간이 시작되기 전까지 그 사실을 해당 개인사업자에게 통지하여야 한다.　　　(O, X)

07 전자세금계산서를 발급하였을 때에는 전자세금계산서 발급일에 지체 없이 전자세금계산서 발급명세를 국세청장에게 전송하여야 한다.　　　　　　　(O, X)

08 법인사업자가 전자세금계산서를 발급하였을 때에는 전자세금계산서 발급일의 다음 달 10일까지 전자세금계산서 발급명세를 국세청장에게 전송하여야 한다.　　　　　　　(O, X)

정답 및 해설

01 X 주로 최종소비자에게 재화나 용역을 공급하는 사업자는 영수증을 발급한다.　**02** X 세금계산서를 발급하는 대신 영수증을 발급하여야 한다.　**03** X 국세청장 → 세관장　**04** O　**05** X 전송한 경우에는 보관의무가 없다.　**06** X 전자세금계산서를 발급해야 하는 날이 시작되기 1개월 전까지 그 사실을 해당 개인사업자에게 통지하여야 한다.　**07** X 발급일에 지체 없이 → 발급일의 다음 날까지　**08** X 전자세금계산서를 발급하였을 때에는 발급일의 다음 날까지 전송하여야 한다.

09 전자세금계산서 의무발행 사업자가 전자세금계산서를 공급시기인 10월 25일 발행하고, 전자세금계산서 발급 명세를 다음 달 25일 국세청장에게 전송한 경우에도 매출처별 세금계산서합계표를 제출하여야 한다.

(O, ×)

10 대리인에 의한 판매의 경우에 대리인이 재화를 인도하는 때에는 대리인이 본인의 명의로 세금계산서를 발급 하며, 본인이 직접 재화를 인도하는 때에는 본인이 세금계산서를 발급할 수 있다. 이 경우에 대리인의 등록번 호를 부기하여야 한다.

(O, ×)

11 원료를 대가 없이 국외의 수탁가공 사업자에게 반출하여 가공한 재화를 양도하는 경우에 그 원료의 반출로서 국내사업장에서 계약과 대가수령 등 거래가 이루어지는 경우에는 세금계산서 발급의무가 면제된다.

(O, ×)

12 위탁매입의 경우에는 공급자가 위탁자를 공급받는 자로 하여 세금계산서를 발급하며, 이 경우에는 수탁자의 등록번호를 부기하여야 한다.

(O, ×)

13 위탁에 의하여 재화를 공급하는 위탁판매의 경우에는 수탁자가 수탁자의 명의로 세금계산서를 발급하며, 이 경우 위탁자의 등록번호를 덧붙여 적어야 한다.

(O, ×)

14 위탁판매에 있어서 위탁판매자가 직접 재화를 인도하는 때에는 위탁자가 세금계산서를 발급할 수 있다. 이 경우 수탁자의 등록번호를 덧붙여 적어야 한다.

(O, ×)

15 수용으로 인하여 재화가 공급되는 경우에는 위탁판매의 경우를 준용하여 해당 수탁자가 세금계산서를 발급할 수 있다.

(O, ×)

16 전력을 공급받는 명의자와 전력을 실제로 소비하는 자가 서로 다른 경우에 그 전기사업자가 전력을 공급받는 명의자를 공급받는 자로 하여 세금계산서를 발급하고 그 명의자는 발급받은 세금계산서에 적힌 공급가액의 범위에서 전력을 실제로 소비하는 자를 공급받는 자로 하여 세금계산서를 발급하였을 때는 그 전기사업자가 명의자에게 세금계산서를 발급한 것으로 본다.

(O, ×)

17 2025년 공급가액이 과세 7천만원, 면세 4천만원이며 사업장이 하나인 개인사업자가 2025년 제2기 과세기간 부터 세금계산서를 발급하려면 전자세금계산서로 발급하여야 한다.

(O, ×)

18 공급가액이 8천만원 이상인 개인사업자(그 이후 직전 연도의 사업장별 재화 및 용역의 공급가액이 8천만원 미만이 된 개인사업자 제외)는 전자세금계산서를 다음 해 제2기 과세기간이 시작되는 날부터 발급하여야 한다.

(O, ×)

정답 및 해설

09 × 전자세금계산서를 발급하거나 발급받고 전자세금계산서 발급명세를 해당 재화 또는 용역의 공급시기가 속하는 과세기간(예정신고의 경우에는 예정신고기간) 마지막 날의 다음 달 11일까지 국세청장에게 전송한 경우에 는 예정신고 또는 확정신고 시 매출·매입처별 세금계산서합계표를 제출하지 아니할 수 있다. **10** ○ **11** × 국내사업자에게 공급하므로 발급하여야 한다. **12** ○ **13** × 위탁자 명의로 세금계산서를 발급하며, 수탁자의 등록번호를 덧붙여 적어야 한다. **14** ○ **15** × 수탁자 → 사업시행자 **16** × 그 전기사업자가 전력을 실제 로 소비하는 자를 공급받는 자로 하여 세금계산서를 발급한 것으로 본다. **17** ○ **18** × 8천만원 미만이 된 개인사업자 제외 → 포함

19 세금계산서를 발급한 후 세금계산서의 필요적 기재사항이 착오로 잘못 기재된 것을 발견한 경우에는 세무서장이 경정하여 통지하기 전까지는 세금계산서를 수정하여 발급할 수 있다. (O, ×)

20 세금계산서의 필요적 기재사항이 착오 외의 사유로 잘못 적힌 경우에는 관할 세무서장이 부가가치세의 과세표준과 납부세액을 경정하여 통지하기 전까지 세금계산서를 수정하여 발급할 수 있다. (O, ×)

21 전자세금계산서를 발급하여야 하는 사업자가 아닌 사업자는 전자세금계산서를 발급하거나 전자세금계산서 발급명세를 전송할 수 없다. (O, ×)

22 전자세금계산서 발급의무가 없는 사업자도 전자세금계산서를 발급할 수 있으며 필요적 기재사항을 착오로 잘못 적은 경우에는 수정전자세금계산서를 발급할 수 있다(단, 해당 사업자가 과세표준 또는 세액이 경정될 것을 미리 알고 있는 경우 제외). (O, ×)

23 일반과세자에서 간이과세자로 과세유형이 전환된 후 과세유형 전환 전에 공급한 재화 또는 용역에 수정세금계산서 발급사유가 발생한 경우에는 당초 세금계산서 작성일자를 수정세금계산서의 작성일자로 적고 수정세금계산서를 발급할 수 있다. (O, ×)

24 6월 25일에 재화를 공급하고 공급대가 1,000,000원의 전자세금계산서를 발행하였으나 공급한 재화가 10월 15일에 환입된 경우에는, 10월 15일자로 공급대가 △1,000,000원의 수정전자세금계산서를 발행하여 제2기 과세기간의 과세표준에 포함하여 신고한다. (O, ×)

25 세금계산서를 발급한 후 처음 공급한 재화가 환입된 경우, 재화를 처음 공급한 날을 작성일로 적고 비고란에 환입일을 덧붙여 적은 후 붉은색 글씨로 쓰거나 음의 표시를 하여 수정세금계산서를 발급한다. (O, ×)

26 일반과세자에서 간이과세자로 과세유형이 전환된 후 처음 공급한 재화가 환입된 경우에는 환입된 날을 작성일자로 적어 수정세금계산서를 발급한다. (O, ×)

27 세금계산서를 발급한 후 계약의 해제로 재화가 공급되지 않아 수정세금계산서를 작성하고자 하는 경우 그 작성일에는 처음 세금계산서 작성일을 기입한다. (O, ×)

28 합병에 따라 소멸하는 법인이 합병계약서에 기재된 실제 합병을 할 날부터 합병등기가 이루어지는 날까지의 기간에 재화 또는 용역을 공급하거나 공급받는 경우에는 합병 이후 존속하는 법인 또는 합병으로 신설되는 법인이 세금계산서를 발급하거나 발급받을 수 있다. (O, ×)

정답 및 해설

19 ○   **20** × 해당 과세기간에 대한 확정신고기한 다음 날부터 1년까지 수정세금계산서 발급이 가능하다. **21** × 전자세금계산서를 발급하여야 하는 사업자가 아닌 사업자도 전자세금계산서를 발급하고 전자세금계산서 발급명세를 전송할 수 있다. **22** ○ **23** ○ **24** ○ **25** × 재화를 처음 공급한 날 → 환입된 날, 환입일 → 처음 세금계산서 작성일 **26** × 과세유형이 변경된 경우에는 처음에 발급한 날을 작성일자로 하여 수정세금계산서를 발급한다. **27** × 처음 세금계산서 작성일 → 계약 해제일 **28** ○

29 소매업 또는 미용, 욕탕 및 유사 서비스업을 경영하는 일반과세자는 공급받는 자가 세금계산서의 발급을 요구하더라도 세금계산서의 발급의무가 면제된다. (O, ×)

30 숙박업을 하는 일반과세자가 「여신전문금융업법」에 따른 신용카드매출전표를 이미 교부한 경우에도 공급받은 사업자가 사업자등록증을 제시하고 세금계산서의 발급을 요구하는 때에는 세금계산서를 발급할 수 있다. (O, ×)

31 택시운송 사업자, 노점 또는 행상을 하는 자가 공급하는 재화나 용역의 경우 세금계산서 발급의무가 면제된다. (O, ×)

32 소매업을 영위하는 일반과세사업자의 경우는 세금계산서 발급의무가 면제되기 때문에 공급받는 사업자가 사업자등록증을 제시하고 세금계산서 발급을 요구하더라도 세금계산서를 발급할 의무가 없다. (O, ×)

33 자동차운전학원 사업을 하는 일반과세자가 감가상각자산을 공급하는 경우에 그 공급받는 사업자가 사업자등록증을 제시하고 세금계산서의 발급을 요구하면 세금계산서를 발급해야 한다. (O, ×)

34 미용업을 영위하는 일반과세자가 미용용역을 제공하는 경우에 세금계산서 발급의무가 면제되지만 공급받은 자가 사업자등록증을 제시하고 세금계산서 발급을 요구하는 경우에는 세금계산서를 발급할 수 있다. (O, ×)

35 간주임대료에 대한 부가가치세는 이를 임대인과 임차인 중 누가 부담하는지를 불문하고 세금계산서를 교부하거나 교부받을 수 없다. (O, ×)

36 전자서명인증사업자가 인증서를 발급하는 용역을 제공하는 경우에는 공급받는 사업자가 세금계산서의 발급을 요구하더라도 세금계산서를 발급할 수 없다. (O, ×)

37 간편사업자등록을 한 사업자가 국내에 전자적 용역을 공급하는 경우에는 세금계산서 발급의무를 면제한다. (O, ×)

38 외교공관에 부동산임대용역을 제공하고 그 대가를 금전으로 받는 경우에는 세금계산서를 발급하여야 한다. (O, ×)

정답 및 해설

29 × 소매업의 경우 공급받는 자가 요구하면 세금계산서를 발급하여야 한다. **30** × 신용카드매출전표를 교부한 경우에는 이중공제를 방지하기 위해 세금계산서를 발급할 수 없다. **31** ○ **32** × 소매업 등의 경우 공급받는 사업자가 요구하는 경우에는 세금계산서를 발급하여야 한다. **33** ○ **34** × 미용업은 공급받는 자가 요구해도 세금계산서를 발급할 수 없는 업종이다. **35** ○ **36** × 세금계산서 발급의무가 면제되는 것이 원칙이나, 상대방(사업자에 한함)이 세금계산서 발급을 요구하면 발급하여야 한다. **37** ○ **38** × 외교공관에 공급하는 재화나 용역에 대해서는 세금계산서 발급의무 면제대상이다.

39 사업자가 한국국제협력단에 공급하는 재화(한국국제협력단이 외국에 무상으로 반출하는 재화로 한정함)는 영세율을 적용하므로 세금계산서 발급의무도 면제된다. (O, ×)

40 사업자가 자기의 사업과 관련하여 생산하거나 취득한 재화를 자기의 고객이나 불특정 다수인에게 증여함으로써 공급으로 의제되는 경우에 그 재화의 공급에 대하여는 세금계산서를 교부할 의무가 없다. (O, ×)

41 부동산임대에 따른 간주임대료에 대한 부가가치세를 임대인이 부담하는 경우에는 임차인이 임대인에게 동 간주임대료에 대한 세금계산서를 발급해야 한다. (O, ×)

42 내국신용장에 의하여 영세율이 적용되는 재화의 공급은 세금계산서 발급의무가 있다. (O, ×)

43 필요적 기재사항이 모두 기재된 신용카드매출전표와 현금영수증은 세금계산서로 본다. (O, ×)

03 세금계산서 발급시기

44 사업자가 재화 또는 용역의 공급시기가 도래하기 전에 세금계산서를 발급하고 그 세금계산서 발급일부터 7일 이내에 대가를 지급받는 경우에는 적법하게 세금계산서를 교부한 것으로 본다. (O, ×)

45 관계증빙서류 등에 따라 실제거래사실이 확인되는 경우로서 해당 거래일자를 작성연월일로 하여 재화의 공급일이 속하는 달의 다음 달 10일까지 세금계산서를 교부한 경우에는 적법하게 세금계산서를 발급한 것으로 본다. (O, ×)

46 사업자는 거래처별로 달의 1일부터 말일까지의 공급가액을 합하여 해당 달의 말일을 작성연월일로 하여 세금계산서를 발급할 수 있다. (O, ×)

47 공급시기가 2025년 8월 25일인 재화의 공급대가를 2025년 7월 25일에 수령한 경우 2025년 7월 20일자로 세금계산서를 발급할 수 있다. (O, ×)

48 사업자가 재화 또는 용역의 공급시기가 도래하기 전에 세금계산서를 발급하고 그 세금계산서 발급일부터 10일 이내에 대가를 지급받는 경우에는 정당한 세금계산서를 발급한 것으로 본다. (O, ×)

49 사업자는 15일 단위로 거래처별 공급가액을 합하여 그 기간이 속하는 달의 말일을 작성연월일로 하여 세금계산서를 발급할 수 있다. (O, ×)

정답 및 해설

39 × 국내거래에 해당하므로 세금계산서 발급하여야 한다. **40** ○ **41** × 간주임대료는 세금계산서 발급대상이 아니다. **42** ○ **43** × 영수증으로 본다. 다만, 특정 요건을 갖춘 경우 매입세액공제가 가능하다. **44** ○ **45** ○ **46** ○ **47** ○ **48** × 10일 → 7일 **49** × 그 기간이 속하는 달의 말일 → 그 기간의 종료일

50 세금계산서 교부의무가 있는 일반과세자로부터 재화를 공급받은 간이과세자는 공급하는 자가 세금계산서를 발급하지 아니한 경우 매입자발행 세금계산서를 발급할 수 없다. (O, ×)

51 여객운송(전세버스 제외)사업자로부터 여객운송용역을 제공받은 자가 세금계산서를 발급받지 아니한 경우 매입자발행 세금계산서를 발급할 수 있다. (O, ×)

52 공급대가 5만원인 거래에 대하여 매입자발행세금계산서를 발행하려는 자는 해당 재화 또는 용역의 공급시기가 속하는 과세기간의 종료일부터 1년 이내에 자기의 관할 세무서장에게 거래사실 확인을 신청해야 한다. (O, ×)

53 매입자발행세금계산서를 발행하려는 자는 해당 재화 또는 용역의 공급시기가 속하는 과세기간의 종료일부터 6개월 이내에 거래사실확인신청서에 거래사실을 객관적으로 입증할 수 있는 서류를 첨부하여 신청인 관할 세무서장에게 거래사실의 확인을 신청하여야 한다. (O, ×)

54 소매업을 영위하는 사업자로부터 재화를 공급받은 자는 세금계산서를 발급받지 아니한 경우라도 매입자발행 세금계산서를 발급할 수 없다. (O, ×)

정답 및 해설

50 × 발급할 수 있다. **51** × 여객운송(전세버스 제외)사업자는 세금계산서 의무발급자가 아니다. **52** O **53** × 해당 재화 또는 용역의 공급시기가 속하는 과세기간의 종료일부터 1년 이내에 거래사실확인신청서에 거래사실을 객관적으로 입증할 수 있는 서류를 첨부하여 신청인 관할 세무서장에게 거래사실의 확인을 신청하여야 한다. **54** × 소매업자는 세금계산서 발급의무가 면제되나 상대방이 요구하면 세금계산서를 발급할 의무가 있다.

6 매입세액

01 공제하는 매입세액

01 사업자가 자기의 사업을 위하여 사용하였거나 사용할 목적으로 공급받은 재화 또는 용역에 대한 부가가치세액은 매출세액에서 공제한다. (○, ×)

02 사업자가 자기의 사업을 위하여 사용할 목적으로 공급받은 재화에 대한 부가가치세액은 재화가 사용되는 시기가 속하는 과세기간의 매출세액에서 공제한다. (○, ×)

03 사업자가 일반과세자로부터 재화를 공급받고 부가가치세액이 별도로 구분되는 신용카드매출전표를 발급받은 경우 법정요건을 모두 갖추면 매입세액을 공제할 수 있다. (○, ×)

04 신용카드매출전표 등 수령명세서를 「국세기본법」에 따른 기한후과세표준신고서와 함께 제출하여 관할 세무서장이 결정하는 경우의 매입세액은 매출세액에서 공제한다. (○, ×)

05 사업자는 매입세액이 공제되지 아니한 면세사업 등을 위한 감가상각자산을 과세사업에 사용하거나 소비하는 경우 일정한 금액을 그 과세사업에 사용하거나 소비하는 날이 속하는 과세기간의 매입세액으로 공제할 수 있다. (○, ×)

02 공제하지 아니하는 매입세액

06 과세표준과 납부세액을 추계결정하는 경우에는 그 기재내용이 분명한 세금계산서를 발급받아 관할 세무서장에게 제출하더라도 매입세액을 공제할 수 없다. (○, ×)

07 부가가치세를 추계결정·경정할 때, 재해 기타 불가항력으로 인하여 교부받은 세금계산서가 소멸됨으로써 이를 제출하지 못하는 때에는 납부세액에서 공제하는 매입세액은 당해 사업자에게 공급한 거래상대자가 제출한 세금계산서에 의하여 확인되는 것으로 한다. (○, ×)

정답 및 해설

01 ○ **02** × 구입시기에 매입세액공제 가능하다. **03** ○ **04** ○ **05** ○ **06** × 추계방법에 따라 부가가치세 납부세액을 계산할 때 공제하는 매입세액은 「부가가치세법」에 따라 적법하게 발급받은 세금계산서를 관할 세무서장에게 제출하고 그 기재내용이 분명한 부분으로 한정한다. **07** ○

08 매입처별세금계산서합계표를 제출하지 아니한 경우의 매입세액은 매출세액에서 공제하지 아니한다. 다만, 교부받은 세금계산서에 대한 매입처별세금계산서합계표를 경정청구서와 함께 제출하여 경정기관이 경정하는 경우의 매입세액은 매출세액에서 공제한다. (○, ×)

09 공급하는 자의 주소, 공급품목, 단가와 수량, 작성연월일이 기재되지 않은 세금계산서라도 그 매입세액은 매출세액에서 공제한다. (○, ×)

10 법인사업자로부터 전자세금계산서를 발급받았으나 그 전자세금계산서가 국세청장에게 전송되지 아니한 경우 발급한 사실이 확인되더라도 매입세액을 공제할 수 없다. (○, ×)

11 「부가가치세법」상 전자세금계산서 의무발급 사업자로부터 재화 또는 용역의 공급시기가 속하는 과세기간에 대한 확정신고기한까지 전자세금계산서 외의 세금계산서를 발급받았더라도 그 거래사실이 확인된 경우라면 매입세액공제를 받을 수 있다. (○, ×)

12 사업자가 면세되거나 비과세되는 재화 또는 용역을 공급받고 과세거래로 오인하여 부가가치세를 부담하고 발급받은 세금계산서의 매입세액은 매출세액에서 공제하지 아니한다. (○, ×)

13 3월 25일 재화를 인도하고, 6월 25일 대금을 수령하면서 6월 25일자로 세금계산서가 발행된 경우, 해당 세금계산서는 잘못된 세금계산서이므로 공급받는 자는 해당 세금계산서로 매입세액을 공제받을 수 없다. (○, ×)

14 공급시기가 속하는 과세기간이 끝난 후 20일 이내에 사업자등록을 신청한 경우 등록신청일부터 공급시기가 속하는 과세기간 기산일까지 역산한 기간 내의 매입세액은 매출세액에서 공제할 수 있다. (○, ×)

15 재화 또는 용역의 공급시기 이후에 발급받은 세금계산서라 하더라도 해당 공급시기가 속하는 과세기간에 대한 확정신고기한까지 세금계산서를 발급받는다면 당해 매입세액은 매출세액에서 공제한다. (○, ×)

16 재화의 공급시기 전에 세금계산서를 발급받았더라도 재화의 공급시기가 그 세금계산서의 발급일부터 6개월 이내에 도래하고 해당 거래사실이 확인되어 납세지 관할 세무서장이 경정하는 경우 매입세액을 공제할 수 있다. (○, ×)

17 재화의 공급시기가 속하는 과세기간에 대한 확정신고기한이 지난 후 세금계산서를 발급받았더라도 그 세금계산서의 발급일이 확정신고기한 다음 날부터 1년 이내이고 과세표준수정신고서와 함께 세금계산서를 제출하는 경우 매입세액을 공제할 수 있다. (○, ×)

정답 및 해설

08 ○ **09** × 필요적 기재사항의 전부 또는 일부가 적히지 아니하였거나 사실과 다르게 적힌 경우의 매입세액은 공제하지 아니한다. **10** × 전자세금계산서 발급규정에 따라 발급받은 전자세금계산서로서 국세청장에게 전송되지 아니하였으나 발급한 사실이 확인되는 경우에는 매입세액을 공제한다. **11** ○ **12** ○ **13** × 지연수취 세금계산서는 공제 가능하다. **14** ○ **15** ○ **16** ○ **17** ○

18 사업자가 그 업무와 관련 없는 자산을 취득 시 부담한 매입세액은 매출세액에서 공제하지 아니한다.

(O, ×)

19 기업업무추진비 및 이와 유사한 비용으로서 대통령령으로 정하는 비용의 지출에 관련된 매입세액은 매출세액에서 공제하지 아니한다.

(O, ×)

20 면세재화를 제조·공급하는 사업자가 구입한 원재료 관련 부가가치세는 매입세액으로 공제받을 수 없다.

(O, ×)

21 부가가치세 과세사업에 사용하기 위하여 면세재화를 구입하면서 발생한 부대비용 관련 매입세액은 자기의 매출세액에서 공제된다.

(O, ×)

22 제조업을 운영하는 사업자가 자신의 사업을 위하여 직접 사용하는 「개별소비세법」에 따른 소형승용차의 유지에 관한 매입세액은 매출세액에서 공제한다.

(O, ×)

23 개별소비세법에 따른 자동차(운수업에 직접 영업으로 사용되는 것을 포함)의 구입에 관한 매입세액은 매출세액에서 공제하지 아니한다.

(O, ×)

24 토지의 가치를 현실적으로 증가시켜 토지의 취득원가를 구성하는 비용에 관련된 매입세액은 매출세액에서 공제한다.

(O, ×)

25 건축물이 있는 토지를 구입하여 건축물을 철거하고 토지만을 사용하는 경우 철거비용 관련 부가가치세는 매입세액으로 공제받을 수 없다.

(O, ×)

26 토지와 구분되는 감가상각자산인 구축물(옹벽, 석축, 하수도, 맨홀 등) 공사 관련 매입세액은 공제하지 아니한다.

(O, ×)

27 골프장 토지 소유자가 골프코스를 조성하기 위해 지출한 정지비에 대한 부가가치세는 매입세액으로 공제받을 수 없다.

(O, ×)

28 주무관청으로부터 허가·인가 또는 등록·신고하지 않은 학원의 경우 건물임차료에 대한 부가가치세는 매입세액으로 공제받을 수 없다.

(O, ×)

29 세무사사무소 직원이 업무용으로 사용하는 개별소비세 과세대상 소형승용자동차의 수리 관련 부가가치세는 매입세액으로 공제받을 수 없다.

(O, ×)

정답 및 해설

18 O **19** O **20** O **21** O **22** × 공제 불가하다. **23** × 운수업에 직접 사용하는 것은 매입세액을 공제한다. (영업용에 해당) **24** × 공제 불가하다 **25** O **26** × 토지 관련 매입세액으로 보지 않는다.
27 O **28** × 주무관청으로부터 허가·인가 또는 등록·신고하지 않은 학원의 경우 면세사업자가 아니므로 매입세액 공제가 가능하다. **29** O

30 2025년 6월 25일에 사업을 개시하고 2025년 7월 15일 사업자등록 신청을 한 도매업자가 2025년 6월 28일에 매입한 상품에 대한 매입세액은 공제받을 수 없다. (○, ×)

31 과세사업에만 사용하던 감가상각대상 재화를 면세사업에만 사용하게 된 경우에는 불공제되는 매입세액을 계산하여 납부세액에 가산한다. (○, ×)

03 의제매입세액(면세농산물 등 의제매입세액공제 특례)

32 면세농산물을 공급받아 과세재화와 면세재화를 공급하는 사업자가 당기 중에 매입하였으나 사용하지 않은 면세농산물은 의제매입세액공제를 적용하지 아니한다. (○, ×)

33 수입되는 면세농산물 등에 대하여 의제매입세액을 계산함에 있어서의 그 수입가액은 관세의 과세가격과 관세를 합한 금액으로 한다. (○, ×)

34 매입세액으로서 공제한 면세농산물 등을 그대로 양도하는 때에는 그 공제한 금액을 납부세액에 가산하여야 한다. (○, ×)

35 매입세액을 공제받고자 하는 제조업을 영위하는 사업자가 농·어민으로부터 면세농산물 등을 직접 공급받는 경우에는 의제매입세액 공제신고서만을 제출한다. (○, ×)

36 의제매입세액공제는 면세원재료를 사용하여 과세재화·용역을 공급하는 경우에 발생하는 누적효과를 제거하거나 완화시키기 위한 취지에서 마련된 제도이다. (○, ×)

37 의제매입세액은 면세농산물 등을 공급받은 날이 속하는 과세기간이 아니라, 그 농산물을 이용하여 과세대상 물건을 생산한 후 공급하는 날이 속하는 과세기간의 매출세액에서 공제한다. (○, ×)

정답 및 해설

30 × 매입세액은 공제받을 수 있다.   **31** × 납부세액에 가산한다. → 공급가액에 가산한다.   **32** × 기말 재고자산에 포함된 의제매입세액은 공급가액 비율에 따라 안분한 금액을 공제할 수 있다.   **33** × 관세의 과세가격으로 한다.   **34** ○   **35** ○   **36** ○   **37** × 의제매입세액은 구입시점이 속하는 과세기간의 매출세액에서 공제한다.

7 신고와 납부

01 신고와 납부

01 예정신고를 하는 사업자가 예정신고와 함께 매출·매입처별 세금계산서합계표를 제출하지 못하는 경우 해당 예정신고기간이 속하는 과세기간의 확정신고를 할 때 함께 제출할 수 있다. (O, ×)

02 개인사업자의 경우 관할 세무서장은 제1기 예정신고기간분 예정고지세액에 대해서 4월 1일부터 4월 25일까지의 기간 이내에 납부고지서를 발부해야 한다. (O, ×)

03 신규로 사업을 시작하는 자에 대한 최초의 예정신고기간은 사업개시일(사업개시일 이전에 사업자등록을 신청한 경우 그 신청일)부터 그 날이 속하는 예정신고기간의 종료일까지로 한다. (O, ×)

04 천재지변 그 밖에 기한연장사유로 인하여 예정신고기한까지 예정신고를 할 수 없다고 인정하는 때에는 정부는 그 기한을 연장할 수 있다. (O, ×)

05 사업자는 각 과세기간에 대한 과세표준과 납부세액 또는 환급세액을 그 과세기간이 끝난 후 25일(폐업하는 경우에는 폐업일이 속한 달의 다음 달 25일) 이내에 각 사업장 관할 세무서장에게 신고·납부하여야 한다. (O, ×)

06 법인의 합병으로 인한 소멸법인의 최종과세기간분에 대한 확정신고는 합병 후 존속하는 법인 또는 합병으로 인하여 설립된 법인이 소멸법인을 해당 과세기간의 납세의무자로 하여 소멸법인의 사업장 관할 세무서장에게 신고하여야 한다. (O, ×)

07 일반과세자 중 모든 법인사업자는 예정신고기간이 끝난 후 25일 이내에 각 예정신고기간에 대한 과세표준과 납부세액 또는 환급세액을 납세지 관할 세무서장에게 신고하여야 한다. (O, ×)

08 개인사업자에 대하여는 각 예정신고기간마다 직전 과세기간 납부세액의 50퍼센트에 상당하는 금액을 결정하여 징수함이 원칙이다. (O, ×)

09 사업장 관할 세무서장이 개인사업자에 대하여 각 예정신고마다 직전 과세기간에 대한 납부세액의 2분의 1에 해당하는 금액을 결정하여 고지하고 징수할 때 징수하여야 할 금액이 50만원 미만인 경우에는 이를 징수하지 아니한다. (O, ×)

정답 및 해설

01 O   **02** × 제1기 예정신고기간분은 4월 1일부터 4월 10일까지 납부고지서를 발부하여야 한다.   **03** O
04 O   **05** O   **06** O   **07** × 직전 과세기간 공급가액의 합계액이 1억 5천만원 미만인 법인사업자는 예정신고하지 않고 고지하여 징수한다.   **08** O   **09** O

10 간이과세자에서 해당 과세기간 개시일 현재 일반과세자로 변경된 경우에는 「부가가치세법」 제48조 제3항에 의한 예정고지세액을 징수하지 않는다. (O, ×)

11 일반과세자인 개인사업자는 예정신고기간에 대하여 예정신고함을 원칙으로 하지만, 해당 과세기간 개시일 현재 일반과세자로 변경된 경우에는 관할 세무서장이 납부고지한다. (O, ×)

12 면세포기하여 일반과세자가 된 사업자는 예정신고의무가 있다. (O, ×)

13 예정신고를 한 사업자는 확정신고 및 납부 시 예정신고한 과세표준과 납부한 납부세액 또는 환급받은 환급세액도 포함하여 신고하여야 한다. (O, ×)

14 일반과세자인 개인사업자가 사업부진으로 인하여 예정신고기간의 공급가액이 직전 과세기간 공급가액의 3분의 1에 미달하여 예정신고납부를 한 경우에는 예정고지세액의 결정은 없었던 것으로 본다. (O, ×)

15 납세지 관할 세무서장 등은 예정신고를 하지 아니하거나 그 내용에 오류 또는 탈루가 있는 경우 해당 예정신고기간에 대한 부가가치세 과세표준과 납부세액 또는 환급세액을 조사하여 결정 또는 경정한다. (O, ×)

02 재화의 수입에 대한 부가가치세 납부유예

16 재화의 수입에 대한 부가가치세는 세관장이 「관세법」에 따라 징수한다. (O, ×)

17 재화를 수입하는 자가 재화의 수입에 대하여 「관세법」에 따라 관세를 세관장에게 신고·납부하는 경우 재화의 수입에 대한 부가가치세를 함께 신고·납부하여야 한다. (O, ×)

18 세관장은 수입되는 재화에 대하여 부가가치세를 징수할 때(「부가가치세법」 제50조의2에 따라 부가가치세의 납부가 유예되는 때를 포함)에는 수입된 재화에 대한 세금계산서를 법령으로 정하는 바에 따라 수입하는 자에게 발급하여야 한다. (O, ×)

19 사업자가 물품을 제조하기 위한 원재료를 수입하면서 부가가치세의 납부유예를 미리 신청하는 경우에는 관할 세무서장은 해당 재화를 수입할 때 부가가치세의 납부를 유예할 수 있다. (O, ×)

정답 및 해설

10 O **11** × 해당 과세기간 개시일 현재 일반과세자로 변경된 경우에는 예정고지세액을 징수하지 아니한다.
12 O **13** × 포함하지 아니한다. **14** O **15** O **16** O **17** O **18** O **19** × 관할 세무서장 → 관할 세관장

03 국외사업자가 공급한 용역 등에 대한 부가가치세 징수

20 대리납부의무자는 사업자에 한한다. (O, ×)

21 부가가치세 면세사업자가 국내사업장이 없는 외국법인으로부터 면세사업을 위하여 과세용역을 공급받고 대가를 지급하는 때에는 부가가치세 대리납부의무가 있다. (O, ×)

22 과세사업자인 내국법인이 국내사업장이 없는 외국법인으로부터 매입세액공제대상인 용역을 국내에서 제공받아 과세사업에 사용하는 경우 용역을 제공받은 내국법인은 대리납부의무를 부담하지 아니한다. (O, ×)

23 국내사업장이 없는 외국법인으로부터 재화를 공급받은 면세사업자는 그 대가를 지급하는 때에 부가가치세를 징수하여야 한다. (O, ×)

24 비거주자 또는 외국법인으로부터 국내에서 용역 또는 권리를 공급받아 매입세액을 공제받고 과세사업에 사용하는 자는 대리납부의무가 있다. (O, ×)

25 국내사업장이 없는 외국법인으로부터 「부가가치세법」상 매입세액이 공제되지 아니하는 용역을 공급받는 과세사업자는 대리납부의무가 있다. (O, ×)

26 사업양도로 사업을 양수받는 자는 그 대가를 지급하는 때에 부가가치세를 징수하여, 그 대가를 지급하는 날이 속하는 과세기간의 말일까지 관할 세무서장에게 납부할 수 있다. (O, ×)

27 국내사업장이 없는 외국법인으로부터 용역을 공급받는 자의 대리납부시기는 용역제공이 완료되는 때이다. (O, ×)

28 「소득세법」상 국내사업장이 없는 비거주자로부터 권리를 공급받는 경우 공급받는 자의 국내사업장 소재지 또는 주소지를 해당 권리의 공급장소로 본다. (O, ×)

29 국내사업장이 없는 비거주자 또는 외국법인으로부터 국외에서 용역을 공급받는 자가 당해 용역을 면세사업에 제공하는 경우에는 「부가가치세법」상 대리납부의무가 있다. (O, ×)

30 국외사업자로부터 권리를 공급받는 경우에는 공급받는 자의 국내에 있는 사업장의 소재지 또는 주소지를 해당 권리가 공급되는 장소로 본다. (O, ×)

31 국외사업자로부터 국내에서 용역을 공급받는 자(공급받은 그 용역을 과세사업에 제공하는 경우는 제외하되, 매입세액이 공제되지 않은 용역을 공급받는 경우는 포함)는 그 대가를 지급하는 때에 그 대가를 받은 자로부터 부가가치세를 징수하여야 한다. (O, ×)

정답 및 해설

20 × 사업자에 한한다. → 면세사업자, 비사업자 및 매입세액 불공제되는 용역을 공급받는 과세사업자이다.
21 O **22** O **23** × 재화 → 용역 **24** × 과세사업에 제공하지 아니하는 경우에 한하여 대리납부의무가 있다. **25** O **26** × 과세기간의 말일까지 → 달의 다음 달 25일까지 **27** × 용역제공이 완료되는 때 → 대가를 지급하는 때 **28** O **29** × 국외 → 국내 **30** O **31** O

32 국외사업자가 「부가가치세법」에 따른 사업자등록의 대상으로서 위탁매매인을 통하여 국내에서 용역을 공급하는 경우에는 국외사업자가 해당 용역을 공급한 것으로 본다. (○, ×)

33 국외사업자가 전자적 용역을 국내에 제공하는 경우(사업자등록을 한 자의 과세사업 또는 면세사업에 대하여 용역을 공급하는 경우는 제외)에는 사업의 개시일부터 20일 이내에 간편사업자등록을 하여야 한다. (○, ×)

04 환급

34 개인사업자의 경우 각 예정신고기간분에 대해 조기환급을 받으려는 자는 예정신고할 수 있다. (○, ×)

35 사업장 관할 세무서장은 각 과세기간별로 해당 과세기간에 대한 환급세액을 그 확정신고기한 경과 후 30일 내(조기환급 제외)에 사업자에게 환급하여야 한다. (○, ×)

36 납세지 관할 세무서장은 일반과세자가 예정신고기간에 대한 환급세액을 예정신고기한까지 신고하면 조기환급대상이 아닌 경우에도 예정신고기한이 지난 후 15일 이내에 부가가치세를 환급하여야 한다. (○, ×)

37 사업장 관할 세무서장은 결정·경정에 의하여 추가로 발생한 환급세액을 지체 없이 사업자에게 환급하여야 한다. (○, ×)

38 사업장 관할 세무서장은 사업자가 영세율을 적용하는 경우 또는 사업설비를 신설·취득·확장 또는 증축하는 경우에 환급세액을 사업자에게 조기환급할 수 있다. (○, ×)

39 조기환급신고를 받은 세무서장은 각 조기환급기간별로 해당 조기환급신고기한이 지난 후 25일 이내에 사업자에게 환급하여야 한다. (○, ×)

40 조기환급세액은 영세율이 적용되는 공급분에 관련된 매입세액, 시설투자에 관련된 매입세액 또는 국내공급분에 대한 매입세액을 구분하여 사업장별로 해당 매출세액에서 매입세액을 공제하여 계산한다. (○, ×)

41 부가가치세 조기환급세액은 사업장별로 당해 매출세액에서 영세율이 적용되는 공급분에 관련된 매입세액과 시설투자에 관련된 매입세액을 공제하여 계산한다. 다만, 국내공급분에 대한 매입세액은 조기환급세액을 계산할 때 매출세액에서 공제하지 않는다. (○, ×)

42 조기환급신고를 한 부분은 예정신고 및 확정신고의 대상에서 제외하며, 조기환급신고에 있어서 매출·매입처별 세금계산서합계표를 제출한 것은 예정신고 또는 확정신고와 함께 이를 제출한 것으로 본다. (○, ×)

정답 및 해설
32 × 위탁매매인이 공급한 것으로 본다. **33** ○ **34** ○ **35** ○ **36** × 조기환급대상자만 신고기한 경과 후 15일 이내 환급한다. **37** ○ **38** ○ **39** × 25일 → 15일 **40** × 구분하지 않는다. **41** × 사업장별로는 구분하지만, 영세율이 적용되는 분, 시설투자에 관련된 분, 국내공급분을 구분하지 아니한다. **42** ○

05 가산세

43 3월 25일에 사업을 개시하고, 6월 24일에 사업자등록을 신청한 경우 가산세는 3월 25일부터 6월 23일까지의 공급가액에 1%를 곱한 금액이다. (O, ×)

44 3월 25일에 타인의 명의로 사업자등록을 하여 사업을 하다가 4월 25일에 그 사실이 확인된 경우 가산세는 3월 25일부터 4월 24일까지의 공급가액에 1%를 곱한 금액이다. (O, ×)

45 재화를 공급하고 실제로 재화를 공급하는 자가 아닌 자의 명의로 세금계산서를 발급한 경우 가산세는 그 공급가액에 2%를 곱한 금액이다. (O, ×)

46 ㈜A가 생산한 제품인 보온병을 직원에게 기념품으로 무상 지급하고 세금계산서를 발급하지 아니한 경우에도 세금계산서 불성실가산세가 적용되지 아니한다. (O, ×)

47 사업자단위과세, 총괄납부 시 사업자가 납부기한까지 자신의 A사업장에 대한 부가가치세를 자신의 다른 B사업장에 대한 부가가치세에 더하여 신고·납부한 경우 A사업장의 과소납부한 금액에 대해 납부지연가산세가 부과된다. (O, ×)

48 예정신고·납부 시 신용카드매출전표 발급 등에 대한 세액공제 및 전자세금계산서 발급·전송에 대한 세액공제는 적용하고 가산세는 적용하지 않는다. (O, ×)

정답 및 해설

43 O   **44** × 1% → 2% [개정]   **45** O   **46** O   **47** × 납부지연가산세는 부과되지 아니한다.   **48** O

8 간이과세

01 간이과세 적용범위

01 간이과세는 직전 연도의 재화와 용역의 공급대가(부가가치세 포함)가 10,400만원에 미달하는 개인사업자를 대상으로 적용한다. 다만, 간이과세가 적용되지 아니하는 다른 사업장을 보유하고 있는 사업자 또는 업종, 규모, 지역 등을 고려하여 법령으로 정하는 사업자의 경우에는 간이과세자로 보지 아니한다.   (O, ×)

02 「중소기업기본법」상 중소기업 중 소비성서비스업 이외의 법인사업자의 경우 직전 연도의 공급대가의 합계액이 대통령령으로 정하는 금액(이하 "간이과세 기준금액"이라 함)에 미달하면 간이과세 대상이다.   (O, ×)

03 간이과세자도 「부가가치세법」상 사업개시일부터 20일 이내에 사업자등록의무가 있다.   (O, ×)

04 광업 또는 부동산매매업을 영위하는 개인사업자의 경우에는 직전 연도 공급대가의 합계액에 관계없이 간이과세를 적용받을 수 없다.   (O, ×)

05 부동산임대업 또는 「개별소비세법」에 따른 과세유흥장소를 경영하는 사업자로서 해당 업종의 직전 연도의 공급대가의 합계액이 4천만원인 사업자는 간이과세 대상이 아니다.   (O, ×)

06 ×3년 1월 음식점을 개업한 개인사업자 A(타사업장 없음)는 사업자등록을 하면서 간이과세 적용신고서를 제출하였다. A는 매출금액에 관계없이 ×3년은 간이과세자 규정을 적용받는다.   (O, ×)

07 일반과세를 적용받는 식료품판매업 사업장을 단독명의로 보유하는 개인사업자가 다른 장소에 의류판매업 사업장을 단독명의로 추가 개설하는 경우 그 신규사업장에 대하여 1역년의 공급대가의 합계액이 간이과세 기준금액에 미달할 것으로 예상되는 경우에는 간이과세가 적용된다.   (O, ×)

정답 및 해설

01 O   **02** × 간이과세는 개인사업자에 한한다.   **03** O   **04** O   **05** × 부동산임대업 등 기준금액은 4,800만원이다.   **06** O   **07** × 일반과세자는 간이과세자 규정을 적용받을 수 없다.

08 소매업을 영위하는 사업자가 일반과세자에서 간이과세자로 변경될 경우 과세관청의 과세유형전환사실에 대한 통지가 없으면 간이과세자로 전환되지 않는다.   (O, X)

09 화장품소매업을 운영하는 간이과세자의 1역년의 공급대가의 합계액이 간이과세 기준금액 이상이 되는 해의 다음 해의 1월 1일부터 12월 31일까지는 일반과세를 적용받는다.   (O, X)

10 음식업을 운영하는 간이과세자에 대한 결정 또는 경정한 공급대가의 합계액이 간이과세 기준금액 이상이 되는 경우 그 결정 또는 경정한 날이 속하는 과세기간까지 간이과세자로 본다.   (O, X)

11 과세유형이 변경되는 경우에 당해 사업자의 관할 세무서장은 그 변경되는 과세기간 개시 20일 전까지 그 사실을 통지하여야 하며, 사업자등록증을 정정하여 과세기간 개시 당일까지 발급하여야 한다.   (O, X)

12 간이과세자에서 일반과세자로 변경되어 간이과세가 적용되지 않게 되는 사업자에 대하여는 그 통지를 받은 날이 속하는 과세기간까지는 간이과세를 적용한다.   (O, X)

정답 및 해설

08 X 통지가 없어도 전환된다.　**09** X 다음 해 7월 1일부터 그 다음 해의 6월 30일까지 일반과세를 적용받는다.　**10** ○　**11** ○　**12** ○

03 간이과세자의 과세표준과 세액

13 간이과세자가 다른 사업자로부터 세금계산서를 발급받아 매입처별 세금계산서합계표를 사업장 관할 세무서
장에게 제출하는 경우에는 해당 과세기간에 발급받은 세금계산서에 적힌 매입세액(매출세액에서 공제하지 않
는 매입세액은 제외함)에 해당 업종의 부가가치율을 곱하여 계산한 금액을 납부세액에서 공제한다.

(○, ×)

14 간이과세자가 부가가치세가 과세되는 재화 또는 용역을 공급하고 신용카드매출전표, 현금영수증을 발급하거
나 또는 전자적 결제수단에 의하여 대금을 결제받는 경우에는 그 발급금액·결제금액의 1.3%에 해당하는 금
액(연간 1,000만원 한도)을 납부세액에서 공제한다.

(○, ×)

15 간이과세자가 부가가치세가 과세되는 재화·용역을 공급하고 신용카드매출전표를 발급한 경우에는 업종에
구분 없이 그 발급금액에 동일한 공제율을 곱하여 계산한 금액을 공제한다.

(○, ×)

16 과세사업만을 영위하는 간이과세자가 매입세액공제대상 재화를 매입하면서 정상적인 세금계산서를 발급받아
당해 과세기간 신고를 하면서 매입처별 세금계산서합계표를 제출하였다. 이 경우 매입세금계산서상 매입세액
에 업종별 부가가치율을 곱한 금액을 납부세액에서 공제한다.

(○, ×)

정답 및 해설

13 × 공급대가의 0.5%를 공제한다. **14** ○ **15** ○ **16** × 세금계산서 등을 발급받은 매입액(공급대가)의
0.5%를 공제한다.

04 간이과세자의 신고와 납부

17 간이과세자는 사업부진으로 인하여 예정부과기간의 공급대가의 합계액이 직전 과세기간의 공급대가 합계액의 3분의 1에 미달하여도 예정부과기간의 과세표준과 납부세액을 예정부과 기한까지 사업장 관할 세무서장에 신고할 수 없다. (O, ×)

18 사업개시일부터 간이과세를 적용받고 있는 간이과세자는 ×3년 과세기간에 대한 공급대가의 합계액이 4,800만원인 경우 ×3년 부가가치세 납부세액의 납부의무를 면제받는다. (O, ×)

19 간이과세자의 직전 과세기간에 대한 공급대가의 합계액이 4,800만원 미만이면 납부의무를 면제한다. (O, ×)

20 ×4년 납부의무가 면제되는 간이과세자는 ×4년 부가가치세 23,000원을 납부하였다. 이 경우 관할 세무서장은 납부금액에 대한 환급의무를 지지 아니한다. (O, ×)

정답 및 해설

17 × 신고할 수 있다. **18** × 4,800만원에 미달하는 경우 납부의무를 면제한다. **19** × 직전 과세기간 →
당해 과세기간 **20** × 환급의무가 있다.

05 간이과세 포기

21 간이과세자는 간이과세를 포기하지 않으면 수출에 대하여 영세율을 적용받을 수 없다. (○, ×)

22 일반과세자만 영세율을 적용받을 수 있으며, 간이과세자는 영세율을 적용받을 수 없다. (○, ×)

23 간이과세자가 간이과세를 포기하고 일반과세자에 관한 규정을 적용받으려는 경우 간이과세포기신고서를 납세지 관할 세무서장에게 제출하면 된다. (○, ×)

24 간이과세포기신고서를 제출한 개인사업자가 3년이 지난 후 다시 간이과세를 적용받으려면 그 적용받으려는 과세기간 개시 20일 전까지 간이과세적용신고서를 관할 세무서장에게 제출하여야 한다. (○, ×)

25 간이과세자가 간이과세포기신고서를 제출한 경우 제출일이 속하는 달의 다음 달 1일부터 일반과세자에 관한 규정을 적용받게 된다. (○, ×)

26 간이과세적용을 포기한 신규사업자의 경우 사업 개시일이 속하는 달의 1일부터 3년이 되는 날이 속하는 과세기간까지는 간이과세자에 관한 규정을 적용받을 수 없다. (○, ×)

27 간이과세를 포기한 개인사업자 중 직전 연도의 공급대가의 합계액이 4,800만원 이상 1억 4백만원 미만인 개인사업자로서 간이과세 적용을 포기할 당시의 직전 연도 공급대가의 합계액이 4,800만원 이상인 자는 3년이 경과하기 이전이라도 다시 간이과세를 적용받을 수 있다. (○, ×)

정답 및 해설

21 × 간이과세자도 영세율 적용 가능하다.   **22** × 간이과세자도 영세율 적용 가능하다.   **23** ○   **24** × 10일 전까지 제출한다.   **25** ○   **26** × 간이과세를 포기할 당시 직전 연도의 공급대가의 합계액이 4,800만원에 미달하고, 직전 연도의 공급대가의 합계액이 4,800만원 이상 1억 4백만원 미만인 경우에는 3년이 경과하기 전이라도 간이과세를 다시 적용할 수 있다.   **27** × 포기할 당시의 직전 연도 공급대가의 합계액이 4,800만원 이상 → 미만

회계사·세무사·경영지도사 단번에 합격!
해커스 경영아카데미 cpa.Hackers.com

제2편

소득세법

1 총칙

01 납세의무

01 비거주자는 국내에 주소를 둔 날에 거주자로 된다. (O, ×)

02 비거주자는 국내에 주소를 둔 기간이 183일이 되는 날에 거주자로 된다. (O, ×)

03 「소득세법」에 따른 거소는 국내에 생계를 같이하는 가족 및 국내에 소재하는 자산의 유무 등 생활관계의 객관적 사실에 따라 판정한다. (O, ×)

04 비거주자는 원천징수한 소득세를 납부할 의무를 진다. (O, ×)

05 비거주자로서 국내원천소득이 있는 개인은 소득세를 납부할 의무를 진다. (O, ×)

06 거주자는 주소 또는 거소의 국외 이전을 위하여 출국하는 날에 비거주자로 된다. (O, ×)

07 거주기간을 계산할 경우 국내에 거소를 둔 기간은 입국하는 날의 다음 날부터 출국하는 날까지로 한다. (O, ×)

08 거주자가 사망한 경우의 과세기간은 1월 1일부터 사망한 날까지로 한다. (O, ×)

09 내국법인의 국외사업장에 파견된 직원은 비거주자로 본다. (O, ×)

10 비거주자의 국내원천 퇴직소득이란 비거주자가 국내에서 제공하는 근로의 대가로 받는 퇴직소득을 말한다. (O, ×)

11 미국국적인 A는 내국법인 ㈜한국 IT에 네트워크 관련 기술자로 근무하고 있으며, 해당 과세기간 종료일 10년 전부터 서울에 주소나 거소를 둔 기간의 합계는 3년이다. 이 경우 A는 국내·외 원천소득에 대하여 납세의무를 진다. (O, ×)

12 국내에 거소를 두고 있으면서 서울과 미국 LA에서 부동산임대업을 영위하고 있는 한국국적의 乙은 2025. 1. 1.에 질병 치료차 일시적으로 미국으로 출국하였다가 2025. 10. 10.에 다시 입국하였다. 乙은 2025년 과세연도의 경우 서울 및 LA에서 발생한 부동산임대소득 모두에 대해서 국내에서 소득세 납세의무를 진다. (O, ×)

정답 및 해설

01 O **02** × 주소 → 거소 **03** × 거소 → 주소 **04** O **05** O **06** × 출국하는 날 → 출국한 날의 다음 날 **07** O **08** O **09** × 거주자로 본다. **10** O **11** × 국내원천소득에 대해 납세의무를 지나, 국외원천소득은 국내 지급되거나 국내로 송금된 경우에만 납세의무를 지게 된다. **12** O

13 해당 과세기간 종료일 10년 전부터 국내에 주소나 거소를 둔 기간의 합계가 5년 이하인 외국인 거주자(동업기업의 동업자 아님)에게는 과세대상 소득 중 국외에서 발생한 소득의 경우 국내에서 지급되거나 국내로 송금된 소득에 대해서만 과세한다. (O, ×)

14 미국 국적 야구선수 A는 한국의 프로야구팀과 연봉 계약을 하고, 2025년 3월 3일 생애 최초로 한국에 입국하였다. A가 프로야구 시즌이 끝난 2025년 10월 1일 출국한 경우 A의 2025년 국외원천소득은 국내에서 지급되거나 국내로 송금된 것에 대해서만 과세된다. (O, ×)

15 영국국적인 B가 2025년 5월 3일에 영국국적을 포기하고 한국국적을 취득하여 거주자로 된 경우에는 2025년 5월 2일까지는 국내원천소득에 대해서만 납세의무를 지고, 2025년 5월 3일부터는 국내·외 원천소득에 대하여 납세의무를 진다. (O, ×)

16 한국 국적 갑은 국내에 주소가 있는 유명 가수이다. 갑이 월드투어 콘서트 차 2025년 6월 19일 출국하여 2025년 12월 29일 입국한 경우 갑은 2025년의 국내·외 원천소득에 대해서 소득세 납세의무를 진다. (O, ×)

17 미국국적인 Tom은 2024년과 2025년에 걸쳐서 2024년에 90일, 2025년에 100일을 국내에 거소를 두고 있다. 이 경우 Tom은 2025년도의 소득세 납세의무를 국내원천소득에 대해서만 진다. (O, ×)

18 프랑스 국적 B는 교량 설계용역을 제공하기 위하여 2025년 4월 4일 한국에 입국하여 2025년 9월 19일 출국하였다. B는 2025년의 국내원천소득에 대해서만 소득세 납세의무를 진다. (O, ×)

19 한국국적인 갑은 외교부 공무원으로 영국에서 국외근무하고 있으며, 영국에 거소를 둔 기간은 1년을 넘고 있다. 이 경우 갑은 국내·외 원천소득에 대하여 납세의무를 진다. (O, ×)

20 한국국적인 을은 외국법인 L.A. Ltd.에서 외국을 항행하는 선박 승무원으로 근무하며, 생계를 같이하는 가족과 함께 인천에 살고 있다. 이 경우 을은 국내·외 원천소득에 대하여 납세의무를 진다. (O, ×)

21 한국 국적 병은 2025년 5월 7일 미국 소재 IT 회사에 근무하기 위하여 가족과 함께 같은 날 출국하고 거소를 국외로 이전하였다. 병은 2025년 5월 7일부터 국내원천소득에 대해서만 소득세 납세의무를 진다. (O, ×)

22 미국국적인 C는 주한 미국대사관에 외교관으로 근무하고 있으며, 생계를 같이하는 가족(대한민국 국민이 아님)과 함께 서울에 살고 있다. 이 경우 C는 국내원천소득에 대해서만 납세의무를 진다. (O, ×)

정답 및 해설

13 O **14** O 해당 과세기간 종료일 10년 전부터 국내에 주소나 거소를 둔 기간의 합계가 5년 이하인 외국인 거주자에게는 과세대상 소득 중 국외에서 발생한 소득의 경우 국내에서 지급되거나 국내로 송금된 소득에 대해서만 과세한다. **15** O **16** O 국내 주소가 있는 경우 국내 거주기간에 관계없이 거주자에 해당한다. **17** O **18** O **19** O **20** O **21** × 과세기간 중에 거주자가 비거주자가 경우에는 출국한 날까지는 「소득세법」에 규정하는 모든 소득에 대하여 소득세를 과세하며 출국한 날의 다음 날 이후에는 국내원천소득에 대하여만 과세한다. **22** O

23 내국법인인 ㈜서울의 직원인 한국국적의 甲은 ㈜서울이 100% 출자한 미국 현지법인 Seoul Ltd.에 파견되어 근무하고 있으며, 甲은 미국에서 1년 이상 거소를 두고 있다. 이러한 경우 甲은 국내원천소득에 대해서만 납세 의무를 진다. (○, ×)

24 한미행정협정에 규정된 합중국군대에서 군무원으로 근무하고 있는 미국국적인 Jane은 가족과 함께 서울에 살고 있으며 거소지 선정과 관련하여 조세회피목적은 없다. 이 경우 국내 「소득세법」상 Jane은 비거주자로 본다. (○, ×)

25 내국법인인 ㈜한국항공에서 승무원으로 근무하기 위하여 입국한 미국국적인 Smith는 가족이 없는 미혼이고, 근무시간 외에는 ㈜한국항공에서 제공한 서울시 마포구 소재 기숙사에서 통상 생활하고 있다. 이 경우 Smith 는 비거주자로 본다. (○, ×)

26 국외에서 근무하는 공무원 또는 거주자나 내국법인의 국외사업장에 파견된 임원 또는 직원은 거주자로 본다. (○, ×)

27 국외에 근무하는 자가 외국법령에 의하여 그 외국의 영주권을 얻은 자로서 국내에 생계를 같이하는 가족이 없고 그 직업 및 자산상태에 비추어 다시 입국하여 주로 국내에 거주하리라고 인정되지 아니하는 때에는 국내 에 주소가 없는 것으로 본다. (○, ×)

28 「국세기본법」상 법인으로 보는 단체 외의 법인 아닌 단체는 국내에 주사무소 또는 사업의 실질적 관리장소 를 두었는지 여부를 불문하고 거주자로 보아 「소득세법」을 적용한다. (○, ×)

29 거주자 또는 비거주자로 보는 법인 아닌 단체 중에서 구성원 간 이익의 분배방법이나 분배비율이 정하여져 있거나 사실상 이익이 분배되는 것으로 확인되는 경우에는 해당 구성원이 공동으로 사업을 영위하는 것으로 보아 구성원별로 소득세를 과세한다. (○, ×)

30 「국세기본법」상 법인으로 보는 단체 외의 법인 아닌 단체가 국내에 주사무소를 둔 경우 구성원 간 이익의 분배비율이 정하여져 있지 않고 사실상 구성원별로 이익이 분배되지 않는 것으로 확인되면 1거주자로 본다. (○, ×)

31 소득세의 납세의무자 중 1거주자로 보는 법인 아닌 사단 및 재단에 대하여는 인적공제를 적용하지 아니한다. (○, ×)

32 법인으로 보는 법인 아닌 사단으로서 그 사단의 대표자가 선임되어 있고, 이익의 분배방법이나 분배 비율이 정하여져 있는 경우에는 그 사단을 1거주자로 보아 「소득세법」을 적용한다. (○, ×)

정답 및 해설

23 × 거주자에 해당하므로, 국내·외 모든 소득에 대해 납세의무를 진다. **24** ○ **25** × 근무 외 시간에 통상 거주하는 장소가 국내인 경우에는 거주자로 본다. **26** ○ **27** ○ **28** × 국내에 주사무소 또는 사업의 실질적 관리장소를 둔 경우에는 1거주자로 그 밖의 경우에는 1비거주자로 보아 「소득세법」을 적용한다. **29** ○ **30** ○ **31** ○ **32** × 공동사업으로 본다.

2-4 회계사·세무사·경영지도사 단번에 합격! **해커스 경영아카데미** cpa.Hackers.com

02 납세의무의 범위

33 우리나라는 개인별 과세주의를 원칙으로 하되 예외적으로 친족 등 특수관계에 있는 자 간의 공동사업소득에 대하여 손익분배 비율을 허위로 정하는 등의 법령이 정하는 사유가 있는 때에는 합산과세주의를 채택하고 있다. (O, X)

34 공동으로 소유한 자산에 대한 양도소득금액을 계산하는 경우에는 해당 자산을 공동으로 소유하는 거주자가 연대하여 납세의무를 진다. (O, X)

35 피상속인의 소득금액에 대한 소득세로서 상속인에게 과세할 것과 상속인의 소득금액에 대한 소득세는 구분하여 계산하여야 한다. (O, X)

36 상속의 경우 소득금액의 구분계산규정에 의하여 피상속인의 소득금액에 과세하는 때에는 그 상속인이 납세의무를 진다. (O, X)

37 거주자가 특수관계인에게 자산을 증여한 후 그 자산을 증여받은 자가 그 증여일부터 10년 이내에 다시 타인에게 양도하여 증여자가 그 자산을 직접 양도한 것으로 보는 경우 그 양도소득에 대해서는 증여자가 납세의무를 지며 증여받은 자는 납세의무를 지지 아니한다. (O, X)

38 원천징수되는 소득으로서 종합소득과세표준에 합산되지 아니하는 소득이 있는 자는 그 원천징수되는 소득세에 대해서 납세의무를 진다. (O, X)

03 신탁재산 귀속 소득에 대한 납세의무의 범위

39 신탁재산에 귀속되는 소득은 그 신탁의 위탁자가 신탁재산을 실질적으로 통제하는 등의 요건을 충족하는 신탁의 경우에는 위탁자에게 당해 소득이 귀속되는 것으로 보아 소득금액을 계산한다. (O, X)

40 신탁재산 원본을 받을 권리에 대한 수익자는 위탁자로, 수익을 받을 권리에 대한 수익자는 위탁자와 같은 주소에서 생계를 같이하는 직계비속으로 설정한 경우 신탁재산에서 발생한 소득에 대한 납세의무자는 직계비속이다. (O, X)

정답 및 해설

33 O **34** X 연대납세의무가 없다. **35** O **36** O **37** X 증여받은 자는 연대납세의무를 진다. **38** O
39 O **40** X 신탁재산의 소득은 위탁자에게 귀속되는 것으로 본다.

41 거주자의 소득세 납세지는 그 주소지로 하되, 주소지가 없는 경우에는 그 거소지로 한다. (O, ×)

42 비거주자의 소득세 납세지는 국내사업장(국내사업장이 둘 이상 있는 경우에는 주된 국내사업장)의 소재지로 하되, 국내사업장이 없는 경우에는 그 비거주자의 거류지 또는 체류지로 한다. (O, ×)

43 비거주자의 국내사업장이 둘 이상 있는 경우 소득세의 납세지는 각각의 사업장 소재지로 한다. (O, ×)

44 소득세 납세의무가 있는 거주자의 납세지가 불분명한 경우로서 주소지나 거소지가 2 이상인 때에는 생활관계가 보다 밀접한 곳을 납세지로 한다. (O, ×)

45 국내에 주소가 없는 공무원의 소득세 납세지는 그 가족의 생활근거지 또는 소속기관의 소재지로 한다. (O, ×)

46 비거주자는 법령에 따른 납세지가 변경된 경우 변경된 날부터 15일 이내에 그 변경 전의 납세지 관할 세무서장에게 신고하여야 한다. (O, ×)

47 거주자는 납세지가 변경된 경우 변경된 날부터 15일 이내에 그 변경 후의 납세지 관할 세무서장에게 신고하여야 하나, 주소지 변경으로 사업자등록정정을 한 경우에는 그 변경 전의 납세지 관할 세무서장에게 신고하여야 한다. (O, ×)

48 국내사업장이 있는 비거주자가 납세관리인을 둔 경우 그 비거주자의 소득세 납세지는 그 국내사업장의 소재지 또는 그 납세관리인의 주소지나 거소지 중 납세관리인이 그 관할 세무서장에게 납세지로서 신고하는 장소로 한다. (O, ×)

49 원천징수하는 자가 비거주자인 경우 원천징수하는 소득세의 납세지는 그 비거주자의 주된 국내사업장 소재지로 하되, 주된 국내사업장 외의 국내사업장에서 원천징수를 하는 경우에는 그 국내사업장의 소재지로 하며, 국내사업장이 없는 경우에는 국세청장 또는 관할지방국세청장이 지정하는 장소로 한다. (O, ×)

50 원천징수하는 거주자가 주된 사업장 외의 사업장에서 원천징수를 하는 경우에는 그 거주자의 주소지 또는 거소지를 원천징수하는 소득세의 납세지로 한다. (O, ×)

정답 및 해설
41 O **42** × 거주지 또는 체류지 → 국내원천소득 발생장소 **43** × 각각의 사업장 소재지 → 주된 국내사업장 소재지 **44** × 주소지가 2 이상인 때에는 「주민등록법」에 의하여 등록된 곳을 납세지로 한다. **45** O **46** × 변경 후 납세지 관할 세무서장 **47** × 「부가가치세법」에 따른 사업자등록정정 시 「소득세법」상 납세지 변경 신고가 불필요하다. **48** O **49** × 비거주자의 국내사업장이 없는 경우에는 비거주자의 거류지 또는 체류지를 납세지로 한다. **50** × 주된 사업장 외의 사업장이 납세지이다.

51 거주자의 사업소득에 대한 소득세 납세지는 주된 사업장 소재지로 한다. (O, ×)

52 납세조합이 그 조합원의 사업소득에 대한 소득세를 징수하는 경우 그 소득세의 납세지는 그 납세조합의 소재지로 한다. (O, ×)

53 사업소득이 있는 거주자가 사업장 소재지를 소득세의 납세지로 신청한 경우에 관할지방국세청장은 해당 사업장 소재지를 납세지로 지정할 수 있다. (O, ×)

54 납세지 지정사유가 소멸한 경우 국세청장 또는 관할지방국세청장은 납세의무자가 요청하는 경우에 한하여 납세지의 지정을 취소할 수 있다. (O, ×)

해커스 세법 FINAL 핵심지문 OX

정답 및 해설

51 × 거주자는 사업소득이 있더라도 주소지를 납세지로 하는 것을 원칙으로 한다. 다만, 사업소득이 있는 자는 사업장 소재지를 납세지로 신청할 수 있다. **52** ○ **53** ○ **54** × 국세청장 또는 관할지방국세청장은 납세의무자의 요청이 없더라도 납세지의 지정을 취소하여야 한다.

1. 총칙 **2-7**

01 이자소득

01 국외에서 받는 예금의 이자는 이자소득에 해당된다. (O, X)

02 국가가 발행한 채권이 원금과 이자가 분리되는 경우 원금에 해당하는 채권의 할인액은 이자소득에 해당된다. (O, X)

03 거주자가 내국법인이 발행한 채권에서 발생하는 이자를 지급받거나 해당 채권을 매도하는 경우에는 그 보유기간별로 거주자에게 귀속되는 이자상당액을 해당 거주자의 이자소득으로 보아 소득금액을 계산한다. (O, X)

04 근로자를 수익자로 하여 사업자가 보험료를 불입한 확정급여형 퇴직연금제도의 보험차익은 당해 사업자의 이자소득으로 본다. (O, X)

05 「신용협동조합법」에 따른 조합이 환매기간에 따른 사전약정이율을 적용하여 환매수하는 조건으로 매매하는 증권의 매매차익은 이자소득에 해당된다. (O, X)

06 국가가 발행한 채권이 원금과 이자가 분리되는 경우에는 원금에 해당하는 채권 및 이자에 해당하는 채권의 할인액은 이자소득에 포함된다. (O, X)

07 국채를 공개시장에서 통합발행하는 경우 그 매각가액과 액면가액과의 차액은 이자소득에 해당된다. (O, X)

08 국가가 발행한 채권으로서 그 원금이 물가에 연동되는 채권의 경우 해당 채권의 원금 증가분은 이자소득에 해당된다. (O, X)

09 거주자가 채권을 내국법인에게 매도하는 경우에는 당해 거주자가 자신의 보유기간 이자 등 상당액을 이자소득으로 보아 소득세를 원천징수하여야 한다. (O, X)

정답 및 해설

01 O **02** O **03** O **04** X 사업소득으로 본다. **05** O **06** O 단, 통합발행되는 경우에는 이자소득에 포함되지 않는다. **07** X 이자소득에 포함되지 아니한다. **08** O **09** X 거주자가 채권을 내국법인에게 매도하는 경우 보유기간 이자 상당액은 이자소득으로 본다. 이때 이자소득에 대한 원천징수의무는 소득을 지급하는 자인 내국법인이 부담한다. 참고로 내국법인이 원천징수대상 채권 등을 타인에게 매도하는 경우 해당 내국법인을 원천징수의무자로 본다.

10 내국법인이 법령이 정한 채권 등(법인세 비과세, 면제, 그 밖의 법령에 정하는 채권 등 제외)에서 발생하는 이자 등의 계산기간 중에 당해 채권 등을 타인에게 매도하는 경우 채권 등의 보유기간에 따른 이자 등은 당해 법인이 원천징수의무자를 대리하여 원천징수하여야 한다. (O, X)

11 비영업대금의 이익의 총수입금액을 계산할 때 해당 과세기간에 발생한 비영업대금의 이익에 대하여 소득세과세표준확정신고 전에 해당 비영업대금이「법인세법 시행령」제19조의 2 제1항 제8호에 따른 채권에 해당하여 채무자 또는 제3자로부터 원금 및 이자의 전부 또는 일부를 회수할 수 없는 경우에는 회수한 금액에서 원금을 먼저 차감하여 계산한다. (O, X)

12 직장공제회 초과반환금은 분리과세하는 것이 원칙이나 기준금액을 초과하는 경우에는 종합소득과세표준에 합산한다. (O, X)

13 「과학기술인공제회법」에 따라 지급받는 과학기술발전장려금은 무조건 분리과세하는 이자소득이다. (O, X)

14 과세대상이 되는 직장공제회 초과반환금에는 반환금에서 납입공제료를 뺀 금액인 '납입금 초과이익'만이 아니라 반환금 분할지급 시 발생하는 '반환금 추가이익'도 포함된다. (O, X)

15 직장공제회 '납입금 초과이익'에 대한 산출세액은「소득세법」제63조 제1항에서 규정하는 방식(연분연승 방식)에 따른다. (O, X)

16 직장공제회 '반환금 추가이익'에 대한 산출세액은 해당 추가이익에 금융소득에 대한 원천징수세율인 14%의 세율을 적용하여 계산한다. (O, X)

17 내국법인이 발행한 기명식 채권의 이자와 할인액은 약정에 의한 지급일을 수입시기로 한다. (O, X)

18 내국법인이 발행한 무기명채권의 이자와 할인액은 그 지급을 받은 날을 수입시기로 한다. (O, X)

19 통지예금의 이자소득 수입시기는 인출일이다. (O, X)

20 직장공제회 초과반환금의 수입시기는 약정에 의한 공제회 반환금의 지급일이다. (O, X)

21 환매조건부 채권을 기일 전에 환매수 또는 환매도하는 경우의 수입시기는 약정에 의한 환매수일 또는 환매도일이다. (O, X)

22 비영업대금의 이익을 약정에 의한 이자지급일 전에 지급받는 경우 그 수입시기는 약정일이다. (O, X)

23 이자소득이 발생하는 상속재산이 상속되는 경우 수입시기는 상속개시일이다. (O, X)

정답 및 해설

10 ○ **11** ○ **12** × 무조건 분리과세한다. **13** × 퇴직소득에 해당한다. **14** ○ **15** ○ **16** × 14% → 기본세율 **17** ○ **18** ○ **19** ○ **20** ○ **21** × 실제 환매수 또는 환매도일이다. **22** × 실제로 지급받은 날이다. **23** ○

02 배당소득

24 법인으로 보는 단체로부터 받는 분배금은 배당소득에 해당하지 않는다. (O, X)

25 외국법인으로부터 받는 이익이나 잉여금의 배당은 배당소득에 해당하지 않는다. (O, X)

26 합병으로 소멸한 법인의 주주가 합병 후 존속하는 법인으로부터 그 합병으로 취득한 주식의 가액과 금전의 합계액이 그 합병으로 소멸한 법인의 주식을 취득하기 위하여 사용한 금액을 초과하는 금액은 배당소득에 해당하지 않는다. (O, X)

27 공동사업에서 발생하는 소득금액 중 공동사업에 성명 또는 상호를 사용하게 한 자에 대한 손익분배 비율에 상당하는 금액은 배당소득으로 보고 종합과세한다. (O, X)

28 국외에서 설정된 집합투자기구로부터의 이익은 해당 집합투자기구의 설정일부터 매년 1회 이상 결산·분배할 것이라는 요건을 갖추지 않아도 배당소득에 해당한다. (O, X)

29 거주자가 일정기간 후에 같은 종류로서 같은 양의 주식을 반환받는 조건으로 주식을 대여하고 해당 주식의 차입자로부터 지급받는 해당 주식에서 발생하는 배당에 상당하는 금액은 이자소득에 포함된다. (O, X)

30 무기명주식의 이익이나 배당의 경우 수입시기는 그 지급을 받은 날로 한다. (O, X)

31 잉여금의 처분에 의한 배당은 당해 법인의 잉여금처분결의일을 수입시기로 한다. (O, X)

32 법인의 해산으로 인한 의제배당은 해산결의일이다. (O, X)

33 「법인세법」에 의한 인정배당의 수입시기는 배당하는 법인의 사업연도 종료일이다. (O, X)

34 내국법인이 법인세 과세표준을 신고하는 때 「법인세법」에 따라 처분되는 배당에 대하여는 그 신고일에 그 배당소득을 지급한 것으로 보아 소득세를 원천징수한다. (O, X)

35 출자공동사업자의 배당소득 원천징수세율은 14%이다. (O, X)

36 출자공동사업자의 배당소득 수입시기는 그 배당을 지급받는 날이다. (O, X)

37 주식의 소각이나 자본의 감소로 인하여 주주가 취득하는 금전이 주주가 그 주식을 취득하기 위하여 사용한 금액을 초과하는 금액은 배당으로 보고 이중과세 조정을 위해 배당세액공제를 적용한다. (O, X)

38 법인으로 보는 단체 외의 단체 중 수익을 구성원에게 배분하지 아니하는 단체로서 단체명을 표기하여 금융거래를 하는 단체가 수령하는 배당소득은 종합소득과세표준에 합산하지 아니한다. (O, X)

정답 및 해설
24 X 배당소득에 해당한다.　**25** X 배당소득에 해당한다.　**26** X 의제배당으로 배당소득에 해당한다.
27 X 출자공동사업자가 아니므로 사업소득에 해당한다.　**28** O　**29** X 이자소득 → 배당소득　**30** O
31 O　**32** X 해산결의일 → 잔여재산가액 확정일　**33** X 사업연도 종료일 → 결산확정일　**34** O　**35** X
14% → 25%　**36** X 지급받는 날 → 과세기간 종료일　**37** X 유상감자 시 주식 취득가액 초과 금액은 배당세액공제를 적용하지 아니한다. (개정)　**38** O

3 사업소득

01 사업소득의 범위

01 부동산 양도로 인한 소득의 경우 부동산매매가 지속적·반복적으로 이루어진 것은 사업소득으로 과세되지만, 개인적으로 보유하고 있던 부동산을 매각하는 비반복적 양도의 경우에는 양도소득으로 과세된다. (O, ×)

02 고용됨이 없이 독립된 자격으로 일정한 고정보수를 받지 아니하고 타인으로부터 상품 등의 구매신청을 받아 그 실적에 따라 지급받는 대가는 사업소득으로 본다. (O, ×)

03 작물재배업(농업) 중 곡물재배업에서 발생하는 소득은 사업소득으로 과세된다. (O, ×)

04 사업과 관련하여 사업용 자산의 손실로 취득하는 보험차익은 사업소득이다. (O, ×)

05 계약에 따라 그 대가를 받고 연구 또는 개발용역을 제공하는 것을 제외한 연구개발업은 사업소득으로 과세하지 않는다. (O, ×)

06 복식부기의무자가 사업용 유형자산 및 무형자산을 양도함으로써 발생하는 소득은 사업소득에 포함한다. (O, ×)

07 사업의 범위에 관하여는 「통계법」에 따라 통계청장이 고시하는 한국표준산업분류가 「소득세법」에 우선한다. (O, ×)

08 연예인 및 직업운동선수 등이 사업활동과 관련하여 받는 전속계약금은 사업소득으로 한다. (O, ×)

정답 및 해설

01 O **02** O **03** × 곡물재배업은 과세하지 아니한다. **04** O **05** O **06** × 무형자산의 양도로 발생하는 소득은 사업소득에 포함하지 않는다. 기타소득으로 과세될 수는 있다. **07** × 「소득세법」에 특별한 규정이 있는 경우에는 「소득세법」에 따른다. **08** O

02 비과세 사업소득

09 거주자와 생계를 같이하는 가족이 각각 주택을 소유하고 있는 경우에는 세대단위로 주택 수를 합산하여 비과세 여부를 판단한다. (O, X)

10 타인으로부터 전세받은 주택을 전전세하는 경우에 전세받은 자가 소유하는 주택의 수를 계산함에 있어서는 그 전세받은 주택도 이에 합산한다. (O, X)

11 1개의 주택을 소유하는 자의 주택임대소득(고가주택의 임대소득을 제외)은 비과세되지만, 국외에 소재하는 주택의 임대소득은 주택 수에 관계없이 과세한다. (O, X)

12 부동산임대소득계산과 관련하여 주택 수의 계산에 있어서 다가구주택은 1개의 주택으로 보되, 구분 등기된 경우에는 각각을 1개의 주택으로 계산한다. (O, X)

13 주택임대소득이 과세되는 고가주택이라 함은 과세기간종료일 또는 당해 주택의 양도일 현재 실지거래가액이 12억원을 초과하는 주택을 말한다. (O, X)

14 1개의 주택을 소유하는 자(부부 합산 제외)의 주택임대소득은 소득세를 과세하지 아니하지만, 과세기간 종료일 또는 해당 주택의 양도일 현재 기준시가가 12억원을 초과하는 주택 및 국외에 소재하는 주택의 임대소득은 제외한다. (O, X)

15 조림기간 5년 이상인 임지의 임목의 벌채 또는 양도로 발생하는 소득으로서 연 600만원 이하의 금액은 비과세 사업소득에 해당한다. (O, X)

16 전통주를 수도권 밖의 읍·면지역에서 제조함으로써 발생하는 소득으로서 소득금액의 합계액이 연 1,500만원인 경우 300만원을 사업소득으로 과세한다. (O, X)

17 농·어민이 경영하는 축산활동에서 발생하는 소득으로서 「소득세법 시행령」에 규정하는 사육두수 이내의 가축을 사육함으로써 발생하는 소득은 그 소득금액에 제한 없이 전액 비과세된다. (O, X)

18 축산활동에서 발생하는 소득으로서 「소득세법」에서 규정하는 사육두수를 초과하는 부분에서 발생한 소득과 고공품제조·민박·음식물판매·특산물제조·전통차제조 및 그 밖에 이와 유사한 활동에서 발생한 소득을 합산한 소득금액의 합계액이 4천만원인 경우 사업소득으로 1천만원을 과세한다. (O, X)

19 양식어업에서 발생하는 소득으로서 해당 과세기간의 소득금액의 합계액이 6천만원인 경우 전액 사업소득으로 과세한다. (O, X)

정답 및 해설

09 X 배우자 이외의 가족 소유 주택은 주택 수 계산 시 합산하지 않는다. **10** O **11** O **12** O **13** X 실지거래가액 → 기준시가 **14** O **15** O **16** X 1,200만원을 초과하면 전액 사업소득으로 과세한다. **17** O **18** O **19** X 5천만원까지는 비과세한다.

03 사업소득금액 계산

20 거주자가 각 과세기간의 소득금액을 계산할 때 총수입금액 및 필요경비의 귀속연도와 자산·부채의 취득 및 평가에 대하여 일반적으로 공정·타당하다고 인정되는 기업회계의 기준을 적용하거나 관행을 계속 적용하여 온 경우에는 「소득세법」 및 「조세특례제한법」에서 달리 규정하고 있는 경우 외에는 그 기업회계의 기준 또는 관행에 따른다. (O, X)

21 거주자의 사업소득금액을 계산할 때 이전 과세기간으로부터 이월된 소득금액은 해당 과세기간의 소득금액을 계산할 때 총수입금액에 산입하지 않는다. (O, X)

22 사업자금을 은행에 예금함으로써 발생된 이자는 사업소득금액 계산 시 총수입금액에 산입하지 않는다. (O, X)

23 건설업을 경영하는 거주자가 자기가 생산한 물품을 자기가 도급받은 건설공사의 자재로 사용한 경우 그 사용된 부분에 상당하는 금액은 해당 과세기간의 소득금액을 계산할 때 총수입금액에 산입하지 아니한다. (O, X)

24 거래상대방으로부터 받는 장려금 기타 이와 유사한 성질의 금액은 「소득세법」상 사업소득금액 계산 시 필요경비에서 차감한다. (O, X)

25 당해 사업과 관계없이 무상으로 받은 자산의 가액은 총수입금액에 산입한다. 다만, 이월결손금의 보전에 충당된 금액은 그러하지 아니하다. (O, X)

26 거주자의 각 과세기간 총수입금액의 귀속연도는 총수입금액이 확정된 날이 속하는 과세기간으로 한다. (O, X)

27 제품의 위탁판매는 수탁자가 그 위탁품을 판매한 날을 수입시기로 한다. (O, X)

28 무인판매기에 의한 판매는 당해 사업자가 무인판매기에서 현금을 인출하는 때를 수입시기로 한다. (O, X)

29 한국표준산업분류상의 금융보험업에서 발생하는 이자는 결산을 확정할 때 이자를 수익으로 계상한 날을 수입시기로 한다. (O, X)

정답 및 해설

20 O **21** O **22** O **23** O **24** X 총수입금액에 산입한다. **25** X 사업과 관계없이 무상으로 받은 자산은 사업소득에 포함하지 아니한다. **26** O **27** O **28** O **29** X 한국표준산업분류상의 금융보험업에서 발생하는 이자 및 할인액의 수입시기는 실제로 수입된 날로 한다.

30 어음의 할인은 그 어음의 만기일로 하되, 만기 전에 그 어음을 양도하는 때에는 그 양도일을 수입시기로 한다.

(O, ×)

31 거주자가 장기할부조건에 따라 수입하였거나 수입하기로 약정한 날이 속하는 과세기간에 당해 수입금액과 이에 대응하는 필요경비로 신고한 경우에는 그 회계처리에 관계없이 장기할부조건에 따라 수입하였거나 수입하기로 약정된 날을 수입시기로 한다.

(O, ×)

32 연예인이 계약기간 1년을 초과하는 일신전속계약에 대한 대가를 일시에 받는 경우에는 용역대가를 지급받기로 한 날 또는 용역의 제공을 완료한 날 중 빠른 날을 수입시기로 한다.

(O, ×)

33 총수입금액을 계산할 때 금전 이외의 것은 그 거래 당시의 가액에 의하여 수입금액을 계산한다. (O, ×)

34 사업소득의 총수입금액은 해당 과세기간에 수입하였거나 수입할 금액의 합계액에 의한다. 따라서 소매업 등 영수증을 교부할 수 있는 사업자로서 금전등록기를 설치·사용하는 사업자의 경우에도 총수입금액은 당해 연도에 수입하였거나 수입할 금액으로 하여야 한다.

(O, ×)

35 사업소득금액을 계산할 때, 해당 과세기간 전의 총수입금액에 대응하는 비용으로서 그 과세기간에 확정된 것에 대해서는 그 과세기간 전에 필요경비로 계상하지 아니한 것만 그 과세기간의 필요경비로 본다.

(O, ×)

36 업무와 관련하여 중대한 과실로 타인의 권리를 침해한 경우에 지급되는 손해배상금은 사업소득금액을 계산할 때 확정되는 과세기간의 필요경비에 산입한다.

(O, ×)

37 사업소득금액 계산 시 필요경비에 산입할 금액은 해당 과세기간의 총수입금액에 대응하는 비용으로서 일반적으로 용인되는 통상적인 것의 합계액으로 한다.

(O, ×)

38 반출하였으나 판매하지 아니한 제품에 대한 개별소비세 미납액(제품가액에 그 세액 상당액을 더하지 않음)은 사업소득금액을 계산할 때 필요경비에 산입하지 아니한다.

(O, ×)

39 도소매업을 영위하는 거주자의 사업소득 총수입금액에 대응하는 필요경비에는 상품 또는 제품 판매와 관련하여 사전약정 없이 지급하는 판매장려금 및 판매수당도 포함된다.

(O, ×)

40 사업자가 유형자산의 멸실로 인하여 보험금을 지급받아 그 멸실한 유형자산을 대체하여 같은 종류의 자산을 취득한 경우 해당 자산의 가액 중 그 자산의 취득에 사용된 보험차익 상당액을 보험금을 받은 날이 속하는 과세기간의 소득금액을 계산할 때 필요경비에 산입할 수 있다.

(O, ×)

정답 및 해설

30 ○   **31** × 「소득세법」은 장기할부판매에 대해 결산에 반영하는 것을 조건으로 회수기일도래기준을 인정한다.   **32** × 계약기간에 따라 균등 안분한다.   **33** ○   **34** × 하여야 한다. → 할 수 있다.   **35** ○   **36** × 필요경비 불산입한다.   **37** ○   **38** ○   **39** ○   **40** ○

41 거주자가 사업용 계좌에서 인출한 금전을 그의 자녀에게 대여한 경우 가지급금 인정이자를 계산하여 총수입금액에 산입한다. (O, ×)

42 거주자의 필요경비 귀속연도는 그 필요경비가 발생된 날이 속하는 과세기간으로 한다. (O, ×)

43 거주자가 사업소득금액 계산 시 해당 과세기간에 납부한 법령상 직장가입자로서 부담하는 자신의 건강보험료는 필요경비에 산입되는 반면, 법령상 부담하는 자신의 연금보험료는 필요경비에 산입되지 아니한다. (O, ×)

44 지급일 현재 주민등록표등본에 의하여 그 거주사실이 확인된 채권자가 차입금을 변제받은 후 소재불명이 된 경우 그 차입금의 이자는 사업소득금액을 계산할 때 필요경비에 산입하지 아니한다. (O, ×)

45 천재지변으로 파손 또는 멸실된 유형자산은 법령으로 정하는 방법에 따라 그 장부가액을 감액할 수 있다. (O, ×)

46 「소득세법」은 개인의 과세대상 소득의 범위를 원칙적으로 소득원천설에 따라 정하지만, 「법인세법」은 영리법인의 과세대상 소득의 범위를 순자산증가설에 따라 정하고 있다. (O, ×)

47 거주자가 보유하는 유·무형자산의 장부가액을 증액한 경우 그 평가일이 속하는 과세기간 및 그 후의 과세기간의 소득금액을 계산할 때 해당 자산의 장부가액은 평가한 후의 가액으로 한다. (O, ×)

48 「소득세법」은 개인의 사업소득금액 계산에서 유가증권처분손익을 총수입금액 또는 필요경비에 산입하지 않지만, 「법인세법」은 유가증권처분손익을 법인의 각사업연도소득금액 계산에서 익금 또는 손금에 산입한다. (O, ×)

49 업무와 관련하여 당해 사업용 자산의 손실로 인하여 취득하는 보험차익은 총수입금액에 산입한다. 그러나 보험차익의 범위 내에서 동일종류의 고정자산을 대체하여 취득 또는 개량함에 소요되는 금액은 세무조정계산서에 일시상각충당금을 기재하고 필요경비에 산입할 수 있다. (O, ×)

50 무신고가산세와 장부의 기록·보관 불성실가산세가 동시에 적용되는 경우에는 그 중 가산세액이 큰 가산세만을 적용한다. (O, ×)

정답 및 해설

41 × 개인사업자의 인출금은 가지급금 인정이자 계산대상이 아니다. **42** × 총수입금액과 필요경비가 확정된 날이 속하는 과세기간으로 한다(권리의무 확정주의). **43** ○ **44** × 거주사실이 확인된 경우는 필요경비에 산입한다. **45** ○ **46** ○ **47** × 자산의 임의평가증은 총수입금액불산입한다. **48** ○ **49** × 「소득세법」상 일시상각충당금은 신고조정 대상이 아니다. **50** ○

04 부동산임대업의 소득금액

51 주택을 대여하고 보증금 등을 받은 경우에는 3주택(법령에 정한 요건을 충족한 주택 제외) 이상을 소유하고 해당 주택의 보증금 등의 합계액이 3억원을 초과하는 경우에는 총수입금액 계산의 특례가 적용된다.
(O, X)

52 주택임대소득과 관련하여 주택 수를 산정할 때 공유하는 주택은 지분이 가장 큰 사람의 소유로 하는 것이 원칙이다.
(O, X)

53 주택임대소득 관련하여 주택 수를 산정할 때 1세대당 40㎡ 이하인 주택은 기준시가에 관계없이 주택수에 포함하지 않는다.
(O, X)

54 주택임대소득 관련하여 주택 수를 산정할 때 본인과 배우자가 각각 주택을 소유하는 경우 이를 합산하여 계산한다. 다만, 본인과 배우자가 공동으로 소유하는 주택은 본인과 배우자 중 1명이 소유하는 주택으로 보아 합산한다.
(O, X)

05 소득금액 추계

55 납세지 관할 세무서장 또는 지방국세청장은 과세표준확정신고를 하여야 할 자가 그 신고를 하지 아니한 경우에는 해당 거주자의 해당 과세기간 과세표준과 세액을 결정한다.
(O, X)

56 신규사업자는 해당 과세기간의 수입금액 규모에 관계없이 소득금액 추계 시 단순경비율을 적용한다.
(O, X)

정답 및 해설

51 O **52** O **53** X 40㎡ 이하로서 기준시가 2억원 이하인 주택을 소형주택으로 본다. **54** O **55** O
56 X 신규사업자라도 해당 과세기간의 수입금액이 간편장부대상자 수입금액 기준에 미달하는 경우에 한하여 단순경비율을 적용할 수 있다.

4 근로·연금·기타소득

01 근로소득

01 「법인세법」에 따라 상여로 처분된 금액은 근로소득으로 한다. (O, ×)

02 퇴직함으로써 받는 소득으로서 퇴직소득에 속하지 아니하는 소득은 근로소득으로 한다. (O, ×)

03 근로를 제공하고 받은 대가라 하더라도 독립된 지위에서 근로를 제공하였다면 그 대가는 근로소득으로 보지 않는다. (O, ×)

04 퇴직급여로 지급되기 위하여 사용자가 적립한 급여 중 근로자가 적립금액 등을 선택할 수 없는 것으로서 기획재정부령으로 정하는 방법에 따라 적립되는 급여는 근로소득에 포함된다. (O, ×)

05 만기에 종업원에게 귀속되는 단체환급부보장성보험의 환급금은 근로소득에 포함된다. (O, ×)

06 판공비 명목으로 받는 것으로서 업무를 위하여 사용된 것이 분명하지 아니한 급여는 근로소득으로 과세한다. (O, ×)

07 사원이 업무와 관계없이 독립된 자격으로 사내에서 발행하는 사보 등에 원고를 게재하고 받는 대가는 근로소득에 포함된다. (O, ×)

08 종교인소득에 대하여 근로소득으로 원천징수한 경우에는 해당 소득을 근로소득으로 본다. (O, ×)

09 국가로부터 근로소득을 지급받는 공무원이 국가 소유사택을 무상으로 제공받음으로써 얻는 이익은 근로소득으로 과세된다. (O, ×)

10 중소기업의 종업원(지배주주의 자녀)이 전세자금을 저리로 대여받음으로써 얻은 이익은 근로소득으로 비과세소득이다. (O, ×)

11 근로자 또는 그 배우자의 출산 시 그 출산과 관련하여 자녀의 출생일 이후 2년 이내 지급하는 급여는 월 20만원까지 과세하지 않는다. (O, ×)

12 중소기업의 소액주주임원이 주택과 그 부수토지의 구입에 소요되는 자금을 무상으로 대여받음으로써 얻는 이익은 근로소득으로 비과세한다. (O, ×)

정답 및 해설

01 O **02** O **03** O **04** × 적립 시 과세되지 않고 수령 시 퇴직소득 또는 연금소득으로 과세된다. **05** O
06 O **07** × 기타소득이다. **08** O **09** × 복리후생적 급여로서 비과세된다. **10** × 지배주주와 친족관계 있는 자는 제외한다. **11** × 전액 비과세한다. [개정] **12** × 과세한다.

13 대기업의 종업원이 주택의 구입에 소요되는 자금을 무상으로 대여받음으로써 얻는 이익은 근로소득에 포함된다. (O, ×)

14 사내급식 등의 방법으로 식사 기타 음식물을 제공받는 근로자가 받는 월 20만원 이하의 식사대는 근로소득으로 비과세소득이다. (O, ×)

15 「산업재해보상보험법」에 따라 수급권자가 받는 휴업급여는 비과세소득이지만, 「고용보험법」에 따라 받는 육아휴직급여는 과세대상 근로소득이다. (O, ×)

16 「국민건강보험법」에 따라 사용자가 부담하는 보험료는 근로소득으로 비과세소득이다. (O, ×)

17 공무원이 공무수행과 관련하여 국가로부터 받는 상금과 사기업체 종업원이 법에 따라 받는 직무발명보상금은 연 700만원까지 비과세한다. (O, ×)

18 거주자 甲(일용근로자 아님)의 근로소득금액을 계산할 때 총급여액에서 공제되는 근로소득공제액의 한도는 2천만원이다. (O, ×)

19 근로소득 중 잉여금처분에 의한 상여의 수입시기는 당해 법인의 잉여금처분결의일이다. (O, ×)

20 「법인세법」에 따라 처분된 인정상여의 귀속시기는 그 법인의 결산확정일이 아닌 근로자가 해당 사업연도 중 근로를 제공한 날로 한다. (O, ×)

21 근로소득에 해당하는 퇴직위로금의 수입시기는 현실적으로 퇴직한 날이다. (O, ×)

22 일용근로자 乙의 근로소득은 종합소득과세표준을 계산할 때 합산하지 아니한다. (O, ×)

23 일용근로자의 근로소득에 대한 원천징수세율은 100분의 6으로 한다. (O, ×)

24 외국법인의 국내사업장 국내원천소득을 계산할 때 손금으로 계상되지 않는 급여는 원천징수대상이 아니다. (O, ×)

25 원천징수의무자는 해당 과세기간의 다음 연도 1월분의 근로소득을 지급할 때 연말정산에 의하여 소득세를 원천징수한다. (O, ×)

26 원천징수의무자는 퇴직자가 퇴직하는 달의 근로소득을 지급할 때 연말정산에 의하여 소득세를 원천징수한다. (O, ×)

27 국외 근로소득이 있는 자가 조직한 납세조합이 그 조합원에 대한 매월분의 소득세를 원천징수할 때에는 그 세액의 5%에 해당하는 금액을 공제하고 징수한다. (O, ×)

정답 및 해설

13 O **14** × 식사를 제공받는 경우의 식사대는 전액 과세된다. **15** × 육아휴직급여는 비과세이다. **16** O
17 × 공무원이 국가로부터 받는 상금은 240만원까지 비과세한다. **18** O **19** O **20** O **21** × 지급받거나 지급받기로 한 날이다. **22** O **23** O **24** × 국내 근로소득으로서 원천징수대상이다. **25** × 2월분 근로소득을 지급할 때 **26** O **27** × 3% [개정]

28 공적연금소득을 지급하는 자가 연금소득의 일부 또는 전부를 지연하여 지급하면서 지연지급에 따른 이자를 함께 지급하는 경우 해당 이자는 기타소득으로 본다. (○, ×)

29 연금계좌의 운용실적에 따라 증가된 금액을 그 소득의 성격에도 불구하고 연금저축계좌 또는 퇴직연금계좌에서 법령상 정하는 연금형태로 인출하는 경우의 그 연금은 연금소득에 해당한다. (○, ×)

30 「산업재해보상보험법」에 따라 받는 각종 연금은 비과세소득이다. (○, ×)

31 공적연금 관련법에 따라 받는 유족연금은 비과세소득이다. (○, ×)

32 연금수령이 개시되기 전에 연금저축계좌에서 퇴직연금계좌로 일부가 이체되는 경우 이를 인출로 본다. (○, ×)

33 공적연금소득의 수입시기는 공적연금 관련 법에 따라 연금을 지급받기로 한 날로 한다. (○, ×)

34 공적연금소득은 2002년 1월 1일 이후에 납입된 연금 기여금 및 사용자 부담금을 기초로 하거나 2002년 1월 1일 이후 근로 제공을 기초로 하여 받는 연금소득으로 한다. (○, ×)

35 공적연금의 경우 2002. 1. 1.(과세기준일) 이후부터 과세로 전환되었으므로 연금수령액 중 과세연금액은 '과세기준일 이후 기여금 납입월수'가 '총 기여금 납입월수'에서 차지하는 비율에 따라서 분할하여 계산한다. (○, ×)

36 종합소득이 있는 거주자가 공적연금 관련 법에 따른 기여금 또는 개인부담금을 납입한 경우에는 해당 과세기간의 종합소득금액에서 그 과세기간에 납입한 연금보험료를 공제한다. (○, ×)

37 연금계좌에서 인출된 금액이 연금수령한도를 초과하는 경우에는 연금수령분이 먼저 인출되고 그 다음으로 연금외수령분이 인출되는 것으로 본다. (○, ×)

38 연금계좌에서 일부 금액이 인출되는 경우 인출순서는 이연퇴직소득 → 과세제외금액 → 연금계좌세액공제를 받은 납입액과 운용수익 순서로 인출되는 것으로 한다. (○, ×)

39 연금계좌세액공제를 받은 연금계좌 납입액과 연금계좌의 운용실적에 따라 증가된 금액을 그 소득의 성격에 불구하고 연금계좌에서 연금수령하면 연금소득으로, 연금외수령하면 퇴직소득으로 과세한다. (○, ×)

정답 및 해설

28 × 공적연금소득으로 본다. **29** ○ **30** ○ **31** ○ **32** ○ **33** ○ **34** ○ **35** × 공적연금 중 국민연금은 환산소득 누계액을 기준으로 안분한다. **36** ○ **37** ○ **38** × 과세제외금액 → 이연퇴직소득 → 연금계좌세액공제를 받은 납입액과 운용수익 순서로 인출되는 것으로 한다. **39** × 연금계좌세액공제를 받은 연금계좌 납입액과 연금계좌의 운용실적에 따라 증가된 금액을 그 소득의 성격에 불구하고 연금계좌에서 연금수령하면 연금소득으로, 연금외수령하면 기타소득으로 과세한다.

40 연금소득이 있는 거주자의 해당 과세기간에 받은 총연금액(분리과세연금소득은 제외함)에서 공제하는 연금소득공제액이 900만원을 초과하는 경우에는 900만원을 공제한다. (○, ×)

41 연금계좌에서 인출하는 금액이 연금수령요건을 충족한 경우 퇴직연금계좌 인출액이든 연금저축계좌 인출액이든 연금소득공제를 적용한다. (○, ×)

42 이연퇴직소득을 연금수령하는 연금소득의 금액은 종합소득과세표준을 계산할 때 합산하지 아니한다. (○, ×)

43 연금소득금액은 「소득세법」에 정한 총연금액에서 연금소득공제를 적용한 금액으로 한다. (○, ×)

44 해당 과세기간의 다음 연도 2월분 공적연금소득을 지급할 때에 연말정산을 하여야 한다. (○, ×)

45 공적연금소득을 받는 사람이 해당 과세기간 중에 사망한 경우 공적연금소득에 대한 원천징수의무자는 그 사망일이 속하는 달의 다음 다음 달 말일까지 그 사망자의 공적연금소득에 대한 연말정산을 하여야 한다. (○, ×)

46 사망할 때까지 연금수령하는 종신계약에 따라 받는 연금소득의 경우 3%의 원천징수세율을 적용한다. (○, ×)

47 이연퇴직소득을 연금수령하는 경우로서 실제수령연차가 10년을 초과하는 경우 원천징수세율은 연금외수령 원천징수세율의 60%가 된다. (○, ×)

48 원천징수의무자가 공적연금소득을 지급할 때에는 연금소득 간이세액표에 따라 소득세를 원천징수한다. (○, ×)

49 사적연금소득의 합계액이 1,500만원 이하인 경우 그 연금소득은 납세자의 선택에 따라 종합소득에 합산할 수 있다. (○, ×)

50 사적연금소득의 합계액이 1,500만원을 초과하는 경우 그 연금소득은 종합소득과세표준에 합산하지 않고 사적연금소득 중 분리과세연금소득 외의 연금소득에 15%를 곱하여 계산한 세액을 종합소득결정세액에 포함할 수 있다. (○, ×)

정답 및 해설

40 ○ **41** × 퇴직연금계좌 인출액은 무조건 분리과세하므로 연금소득공제를 적용하지 아니한다. **42** ○
43 ○ **44** × 1월분 소득 **45** ○ **46** × 4%의 원천징수세율을 적용한다. **47** ○ **48** ○ **49** ○
50 ○

03 기타소득

51 기타소득은 이자소득·배당소득·사업소득·근로소득·연금소득·퇴직소득 및 양도소득 외의 소득이어야 한다. (○, ×)

52 저작자가 저작권의 양도 또는 사용의 대가로 받는 금품은 기타소득으로 과세한다. (○, ×)

53 「전자상거래 등에서의 소비자보호에 관한 법률」에 따라 통신판매중개를 하는 자를 통하여 장소를 대여하고 받은 연간 수입금액 500만원은 기타소득이다. (○, ×)

54 공익사업과 관련하여 지역권·지상권(지하 또는 공중에 설정된 권리를 포함한다)을 설정하거나 대여하고 받는 금품은 기타소득으로 과세한다. (○, ×)

55 비사업자가 공익사업과 관련하여 지상권을 양도함으로써 발생하는 소득은 양도소득이다. (○, ×)

56 등기된 부동산임차권과 함께 양도하는 영업권(영업권을 별도로 평가하지 아니하였으나 사회통념상 자산에 포함되어 함께 양도된 것으로 인정되는 영업권과 행정관청으로부터 인가·허가·면허 등을 받음으로써 얻는 경제적 이익을 포함한다)은 양도소득으로 과세한다. (○, ×)

57 비사업자가 지하수개발권을 토지 등과 함께 양도함으로써 발생하는 소득은 기타소득이다. (○, ×)

58 광업권을 대여하고 그 대가로 받는 금품은 기타소득에 해당한다. (○, ×)

59 전세권의 대여로 인하여 발생하는 소득은 기타소득으로 과세된다. (○, ×)

60 지상권을 양도함으로 인하여 얻는 소득은 기타소득에 해당한다. (○, ×)

61 계약금이 위약금으로 대체되는 경우에 발생하는 기타소득은 원천징수하지 아니하고, 그 지급일을 수입시기로 한다. (○, ×)

62 채권을 일시적으로 대여하고 사용료로서 받는 금품은 이자소득으로 과세한다. (○, ×)

63 공익사업과 관련되지 않은 지역권과 지상권(지하 또는 공중에 설정된 권리를 포함)을 대여함으로써 발생하는 소득은 사업소득으로 과세한다. (○, ×)

64 양도일 현재 생존해 있는 외국 작가의 작품(서화)을 양도하여 얻은 소득은 기타소득으로 과세하지 않는다. (○, ×)

65 서화를 거래하기 위한 목적으로 사업자등록을 한 자가 서화를 양도하여 얻은 소득은 사업소득으로 과세한다. (○, ×)

정답 및 해설

51 ○ **52** × 사업소득으로 과세한다. **53** ○ **54** ○ **55** ○ **56** ○ **57** ○ **58** ○ **59** × 전세권의 대여는 사업소득으로 과세된다. **60** × 양도소득에 해당한다. **61** × 계약의 위약·해약이 확정된 날을 수입시기로 한다. **62** × 기타소득으로 과세한다. **63** ○ **64** × 국내 원작자의 작품에 한한다. **65** ○

66 법령에 따른 위원회의 보수를 받지 아니하는 위원이 받는 수당은 비과세 근로소득이다. (○, ×)

67 노동조합업무종사자로서 근로시간면세자가 「노동조합 및 노동관계 조정법」상의 근로시간면제한도를 초과하는 범위에서 지급받는 급여는 기타소득에 해당한다. (○, ×)

68 명예훼손으로 인한 정신적 고통에 대한 손해배상금에 대해서는 소득세를 과세하지 않는다. (○, ×)

69 공무원이 국가 또는 지방자치단체로부터 공무 수행과 관련하여 받는 상금과 부상은 비과세 기타소득이다. (○, ×)

70 퇴직 전에 부여받은 주식매수선택권을 퇴직 후에 행사함으로써 얻는 이익은 근로소득에 해당한다. (○, ×)

71 고용관계 없이 주식매수선택권을 부여받아 이를 행사함으로써 얻는 이익은 기타소득으로 과세한다. (○, ×)

72 뇌물은 위법소득이지만 기타소득으로 과세된다. (○, ×)

73 뇌물이 몰수나 추징된 경우에는 후발적 사유에 해당하여 과세하지 아니한다. (○, ×)

74 횡령을 통해 얻은 소득은 기타소득으로 과세된다. (○, ×)

75 서화를 미술관에 양도함으로써 발생하는 소득은 기타소득으로 비과세소득이다. (○, ×)

76 연금계좌의 운용실적에 따라 증가된 금액을 연금계좌에서 연금외수령한 소득은 그 소득의 성격에 따라 이자 또는 배당소득으로 본다. (○, ×)

77 기타소득으로 과세되는 골동품의 양도로 거주자가 받은 금액이 1억원 이하인 경우 받은 금액의 100분의 90을 필요경비로 하며, 실제 소요된 필요경비가 이를 초과하면 그 초과하는 금액도 필요경비에 산입한다. (○, ×)

78 「한국마사회법」에 따른 승마투표권의 구매자가 받는 환급금에 대하여는 그 구매자가 구입한 적중된 투표권의 단위투표금액을 필요경비로 한다. (○, ×)

79 기타소득으로 과세되는 미술·음악 또는 사진에 속하는 창작품에 대한 대가로 원작자가 받는 소득의 경우에는 그 지급을 받는 날을 수입시기로 한다. (○, ×)

80 특정 소득이 기타소득으로 법령에 열거된 것 중 어떤 소득에 해당하는지 여부는 기타소득금액에 영향을 미치지 아니한다. (○, ×)

81 건별 200만원 이하의 복권 당첨금은 과세하지 아니한다. (○, ×)

정답 및 해설

66 × 비과세 기타소득이다. **67** ○ **68** ○ **69** × 기타소득 → 근로소득(단, 연 240만원 이내 비과세) **70** × 근로소득 → 기타소득 **71** ○ **72** ○ **73** ○ **74** × 근로소득으로 과세될 수 있으나 기타소득으로 열거된 소득에 해당하지 아니한다. **75** ○ **76** × 이자 또는 배당소득 → 기타소득 **77** ○ **78** ○ **79** ○ **80** × 기타소득으로 열거된 소득 중 의제필요경비는 그 항목에 따라 다르다. **81** ○

5 소득금액 계산 특례

01 부당행위계산부인

01 납세지 관할 세무서장 또는 지방국세청장은 이자소득, 사업소득 또는 기타소득이 있는 거주자의 행위 또는 계산이 그 거주자와 특수관계인과의 거래로 인하여 그 소득에 대한 조세 부담을 부당하게 감소시킨 것으로 인정되는 경우에는 그 거주자의 행위 또는 계산과 관계없이 해당 과세기간의 소득금액을 계산할 수 있다. (○, ×)

02 배당소득과 이자소득은 필요경비가 인정되지 않는 소득이다. 따라서 배당소득과 이자소득 전체는 부당행위계산부인의 대상이 되는 소득으로 규정되어 있지 않다. (○, ×)

03 필요경비의 크기에 대하여 입증을 요구하지 않는 소득인 근로소득과 연금소득은 부당행위계산부인의 대상이 되는 소득으로 규정되어 있지 않다. (○, ×)

04 출자공동사업자의 배당소득 이외의 배당소득과 이자소득·근로소득·연금소득·기타소득에 대하여는 부당행위계산부인 규정이 적용되지 아니한다. (○, ×)

05 부당행위계산의 부인규정에서 당해 거주자의 종업원 또는 그 종업원과 생계를 같이하는 친족도 특수관계인에 해당된다. (○, ×)

06 대금업을 영위하지 아니하는 거주자 甲이 아버지에게 연 이자율 5%(자금대여 시 이자율의 시가는 연 10%임)의 조건으로 10억원을 대여한 경우 부당행위계산의 부인대상이 된다. (○, ×)

07 직계존비속에게 주택을 무상으로 사용하게 하고 직계존비속이 그 주택에 실제로 거주하는 경우는 부당행위계산부인의 대상에서 제외된다. (○, ×)

08 제조업 영위 개인사업자가 여유자금을 인출하여 부친에게 무상으로 대여한 경우에는 부당행위계산부인의 대상이 되지 않으나 부친으로부터 높은 이자율(시가의 2배)로 사업자금을 차입하여 그 이자를 필요경비에 산입한 경우에는 부당행위계산부인의 대상이 된다. (○, ×)

정답 및 해설

01 × 이자소득은 부당행위계산부인 적용대상 소득이 아니다. **02** × 출자공동사업자의 배당소득은 부당행위계산부인 규정이 적용된다. **03** ○ **04** × 기타소득은 부당행위계산부인대상이다. **05** ○ **06** × 이자소득의 경우 부당행위계산부인 규정을 적용하지 아니한다. 다만, 「상속세 및 증여세법」상 과세될 수 있다. **07** ○ **08** ○

09 거주자 乙이 형으로부터 사업자금을 연 이자율 40%(자금대여 시 이자율의 시가는 연 10%임)의 조건으로 10억원을 차입한 경우 부당행위계산의 부인대상이 된다. (O, X)

10 거주자 丙이 운영자금을 마련하기 위하여 사무실로 사용하고 있던 상가건물을 시가의 절반가격으로 사촌동생에게 매각하였다면 부당행위계산의 부인대상이 된다. (O, X)

11 부당행위계산의 부인에 의하여 총수입금액에 산입하거나 필요경비에 불산입한 금액은 사기·기타 부정한 행위에 의해 조세를 포탈한 것으로 간주하여 「조세범처벌법」의 적용대상이 된다. (O, X)

12 사업소득이 있는 거주자 丁이 사업자인 형으로부터 시가 1,000만원의 재고자산을 2,000만원에 구입하여 전부 판매한 경우, 사업소득금액을 계산할 때 丁의 필요경비는 1,000만원, 형의 총수입금액은 2,000만원으로 계산한다. (O, X)

13 부당행위계산 부인규정은 당사자 간에 약정한 법률행위의 효과를 부인하거나 기존 법률행위의 변경·소멸을 가져오게 할 수 없다. (O, X)

02 공동사업에 대한 소득금액 계산의 특례

14 공동사업에서 발생한 채무에 대하여 무한책임을 부담하기로 약정한 자는 출자공동사업자에 해당한다. (O, X)

15 사업소득이 발생하는 사업을 공동으로 경영하고 그 손익을 분배하는 공동사업(경영에 참여하지 아니하고 출자만 하는 출자공동사업자가 있는 공동사업을 포함)의 경우에는 해당 사업을 경영하는 장소인 공동사업장을 1거주자로 보아 공동사업장별로 그 소득금액을 계산한다. (O, X)

16 사업소득이 발생하는 사업을 공동으로 경영하고 그 손익을 분배하는 공동사업의 경우에는 해당 사업을 공동으로 경영하는 자 각각을 1거주자로 보아 거주자별로 소득금액을 계산한다. (O, X)

17 거주자 1인과 그와 특수관계에 있는 자가 공동사업자에 포함되어 있고 손익분배 비율을 거짓으로 정하는 경우에는 그 특수관계인의 소득금액은 주된 공동사업자의 소득금액으로 본다. (O, X)

18 공동사업장의 해당 공동사업을 경영하는 각 거주자는 자신의 주소지 관할 세무서장에게 사업자등록을 해야 한다. (O, X)

정답 및 해설
09 ○ **10** ○ **11** × 조세범처벌의 대상은 아니다. **12** ○ **13** ○ **14** × 해당한다. → 해당하지 않는다.
15 ○ **16** × 공동사업장을 거주자로 본다. **17** ○ **18** × 각 거주자는 자신의 주소지 관할 → 대표공동사업자는 해당 사업장 관할

19 주된 공동사업자와 특수관계에 있는 자의 소득금액이 주된 공동사업자에게 합산과세되는 경우 그 합산과세되는 소득금액에 대해서는 주된 공동사업자의 특수관계인은 그의 손익분배 비율에 해당하는 그의 소득금액을 한도로 주된 공동사업자와 연대하여 납세의무를 진다. (O, ×)

20 주된 공동사업자에게 합산과세되는 경우 그 합산과세되는 소득금액에 대해서는 주된 공동사업자의 특수관계인은 공동사업소득금액 전액에 대하여 주된 공동사업자와 연대하여 납세의무를 진다. (O, ×)

21 공동사업장에서 발생한 소득금액에 대하여 원천징수된 세액은 각 공동사업자의 손익분배 비율에 따라 배분한다. (O, ×)

22 공동사업의 소득금액을 계산하는 경우 기업업무추진비 한도액, 일반기부금 한도액은 공동사업에 출자한 공동사업자별로 각각 계산한다. (O, ×)

23 공동사업장의 소득금액을 계산할 때 부당행위계산의 부인을 적용하는 경우에는 공동사업장을 거주자로 본다. (O, ×)

24 공동사업자가 과세표준확정신고를 할 때에는 과세표준확정신고서와 함께 당해 공동사업장에서 발생한 소득과 그 외의 소득을 구분한 계산서를 제출하여야 한다. (O, ×)

25 공동사업자 간 특수관계가 없는 경우 공동사업에서 발생한 소득금액은 공동사업을 경영하는 각 거주자 간에 손익분배 비율에 의하여 분배되었거나 분배될 소득금액에 따라 각 공동사업자별로 분배한다. (O, ×)

03 결손금과 이월결손금 공제

26 사업자가 비치·기록한 장부에 의하여 해당 과세기간의 사업소득금액을 계산할 때 발생한 결손금(주거용 건물 임대업 외의 부동산임대업에서 발생한 금액 제외)은 그 과세기간의 종합소득과세표준을 계산할 때 근로소득금액·연금소득금액·이자소득금액·기타소득금액·배당소득금액의 순서대로 공제한다. (O, ×)

27 해당 과세기간 중 발생한 결손금과 이월결손금이 모두 존재하는 경우에는 이월결손금을 먼저 소득금액에서 공제한다. (O, ×)

28 부동산임대업에서 발생한 결손금은 종합소득과세표준을 계산할 때 그 과세기간의 다른 종합소득금액에서 공제하지 아니하나 주거용 건물 임대업의 경우에는 그러하지 아니하다. (O, ×)

정답 및 해설
19 ○ **20** × 그의 소득금액을 한도로 한다. **21** ○ **22** × 공동사업장을 1거주자로 보아 계산한다. **23** × 공동사업자를 거주자로 본다. **24** ○ **25** ○ **26** × 이자·기타 → 기타·이자 **27** × 해당 과세기간에 발생한 결손금을 이월결손금보다 먼저 공제한다. **28** ○

29 부동산임대업(주거용 건물 임대업 포함)에서 발생한 결손금은 종합소득과세표준을 계산할 때 공제하지 않는다. (O, ×)

30 부동산임대업(주거용 건물 임대업은 제외)에서 발생하는 결손금은 종합소득과세표준을 계산할 때 다른 소득금액에서 공제하지 않는다. (O, ×)

31 주거용 건물임대업에서 발생하는 결손금은 종합소득 과세표준을 계산할 때 공제하지 아니한다. (O, ×)

32 부동산임대업을 제외한 일반업종 사업소득에서 발생한 결손금은 부동산임대업에서 발생한 소득금액이 있는 경우에도 그 부동산임대업의 소득금액에서 공제하지 않는다. (O, ×)

33 사업소득의 결손금은 그 과세기간의 종합소득과세표준을 계산할 때 근로소득금액·기타소득금액·연금소득금액·이자소득금액·배당소득금액 순으로 공제한다. (O, ×)

34 사업소득 결손금 또는 이월결손금을 다른 종합소득금액에서 공제할 때 이자소득금액과 배당소득금액에서는 공제할 수 없다. (O, ×)

35 결손금 및 이월결손금을 공제할 때 '이자소득 등에 대한 종합과세 시 세액계산의 특례'에 따라 세액계산을 하는 경우 종합과세되는 배당소득 또는 이자소득 중 기본세율을 적용받는 부분은 결손금 또는 이월결손금의 공제대상에서 제외한다. (O, ×)

36 결손금 및 이월결손금을 공제할 때 종합과세되는 배당소득 또는 이자소득이 있으면 그 배당소득 또는 이자소득 중 기본세율을 적용받는 부분에 대해서는 사업자가 그 소득금액의 범위에서 공제 여부는 결정할 수 있으나, 공제금액은 결정할 수 없다. (O, ×)

37 해당 과세기간의 소득금액에 대해서 추계신고를 하거나 추계조사결정하는 경우(천재지변이나 그 밖의 불가항력으로 장부나 그 밖의 증명서류가 멸실된 경우는 제외)에는 이월결손금을 공제하지 않는다. (O, ×)

38 「국세기본법」에 따른 국세부과의 제척기간이 지난 후에 그 제척기간 이전 과세기간의 이월결손금이 확인된 경우 그 이월결손금은 공제하지 아니한다. (O, ×)

39 중소기업을 경영하는 거주자가 그 중소기업의 사업소득금액을 계산할 때 해당 과세기간의 이월결손금이 발생한 경우에는 직전 과세기간의 그 중소기업의 사업소득에 부과된 소득세액을 한도로 하여 결손금 소급공제세액을 환급신청할 수 있다. 다만 부동산임대업에서 발생한 이월결손금의 경우에는 그러하지 아니하다. (O, ×)

정답 및 해설

29 × 주거용 건물 임대업에서 발생한 결손금은 종합소득과세표준을 계산할 때 공제한다. **30** ○ **31** × 주거용 건물임대업에서 발생하는 결손금은 종합소득 과세표준 계산할 때 공제한다. **32** × 일반업종 사업소득에서 발생한 결손금은 부동산임대업에서 발생한 소득금액에서 공제할 수 있다. **33** × 기타·연금 → 연금·기타 **34** × 공제 가능하다. **35** × 제외한다. → 선택 가능하다. **36** × 공제 여부 및 공제금액을 결정할 수 있다. **37** ○ **38** ○ **39** ○

40 「조세특례제한법」상 중소기업을 영위하는 거주자는 당해 중소기업의 사업소득을 계산함에 있어 당해 과세기간의 이월결손금이 발생한 경우 당해 중소기업의 직전 과세기간 종합소득에 대한 소득세액을 한도로 하여 결손금 소급공제세액을 환급신청할 수 있다. (O, X)

41 중소기업을 경영하는 비거주자가 그 사업소득금액을 계산할 때 해당 과세기간의 이월결손금(주거용 건물 임대업이 아닌 부동산임대업에서 발생한 이월결손금은 제외)이 발생한 경우에는 결손금 소급공제세액을 환급신청할 수 있다. (O, X)

04 「소득세법」상 소득금액 계산 특례 기타사항

42 연금계좌의 가입자가 사망하였으나 그 배우자가 연금외수령 없이 해당 연금계좌를 상속으로 승계하는 경우에는 해당 연금계좌에 있는 피상속인의 소득금액은 상속인의 소득금액과 구분하여 소득세를 계산하여야 한다. (O, X)

43 종합소득과세표준 확정신고 후 예금의 중도해지로 이미 지난 과세기간에 속하는 이자소득금액이 감액된 경우 그 중도해지일이 속하는 과세기간의 종합소득금액에 포함된 이자소득금액에서 그 감액된 이자소득금액을 뺄 수 있다. (O, X)

05 동업기업과세특례

44 수동적 동업자의 경우에는 동업기업으로부터 배분받은 소득금액을 배당소득으로 본다. (O, X)

해커스 세법 FINAL 핵심지문 OX

제5장

제2편 소득세법

정답 및 해설

40 X 사업소득에 부과된 소득세액을 한도로 한다.　**41** X 결손금 소급공제 신청은 거주자에 한하여 적용한다.
42 X 상속인의 소득금액으로 본다.　**43** ○　**44** ○

01 종합소득과세표준

01 수시부과결정(「소득세법」 제82조)의 경우에는 기본공제 중 거주자 본인에 대한 분(分)만을 공제한다.

(O, X)

02 인적공제

02 거주자 갑의 배우자가 양도소득금액만 8백만원이 있는 경우 종합소득금액이 2천만원인 갑은 배우자공제를 받을 수 있다.

(O, X)

03 기본공제대상자가 아닌 자는 추가공제대상자가 될 수 없다.

(O, X)

04 경로우대자공제를 받기 위한 최소한의 연령은 65세이다.

(O, X)

05 해당 과세기간 중 장애가 치유되어 해당 과세기간에는 장애인이 아닌 경우 추가공제(장애인공제)를 적용받을 수 없다.

(O, X)

06 종합소득이 있는 거주자와 생계를 같이하면서 소득이 없는 장애인 아들은 연령에 관계없이 그 거주자의 기본 공제대상자가 된다.

(O, X)

07 당해 연도의 중도에 사망한 거주자의 공제대상 가족이 그 상속인의 공제대상 가족에도 해당하는 때에는 과세 표준확정신고서에 기재된 바에 따라 피상속인 또는 그 상속인 중 1인의 공제대상 가족으로 한다. (O, X)

08 해당 과세기간의 중도에 외국에서 영주하기 위하여 출국을 한 거주자의 공제대상가족이 다른 거주자의 공제 대상가족에 해당하는 경우 국내 거주자의 공제대상 가족으로 한다.

(O, X)

09 둘 이상의 거주자가 공제대상 가족을 서로 자기의 공제대상 가족으로 하여 신고서에 적은 경우에는 먼저 신고한 거주자의 공제대상 가족으로 한다.

(O, X)

정답 및 해설

01 O **02** X 양도소득금액이 100만원을 초과하기 때문에 배우자공제를 받을 수 없다. **03** O **04** X 70세이다. **05** X 치유 전날의 상황에 따른다. **06** O **07** X 피상속인의 공제대상 가족으로 한다. **08** X 출국한 거주자의 공제대상 가족으로 한다. **09** X 배우자 또는 직전 과세기간의 부양가족으로 인적공제받은 자의 공제대상 가족으로 한다.

10 근로소득자 甲이 소득이 없고 생계를 같이하는 배우자 乙을 배우자공제로 신청하고 대기업 이사인 장인이 乙을 부양가족으로 동시에 신고한 경우, 배우자공제만을 적용하고 부양가족공제를 적용하지 않는다.

(○, ×)

03 특별소득공제: 신용카드공제 등

11 종합소득이 있는 거주자가 해당 과세기간에 「국민건강보험법」, 「노인장기요양보험법」에 따라 보험료를 지급하는 경우 그 금액을 해당 과세기간의 종합소득금액에서 공제한다.

(○, ×)

12 연금소득이 있는 거주자가 주택담보노후연금 이자비용공제를 신청한 경우 법령상 요건에 해당하는 주택담보노후연금 수령액에서 해당 과세기간에 발생한 이자비용 상당액을 200만원 한도 내에서 공제한다.

(○, ×)

13 근로소득이 있는 거주자는 형제자매의 신용카드 등 사용금액을 그 거주자의 신용카드 등 소득공제금액에 포함시킬 수 있다.

(○, ×)

14 거주자와 생계를 같이 하는 직계존속(연간 소득금액이 100만원 초과)이 사용한 신용카드 등 사용금액은 그 거주자의 신용카드 등 소득공제금액에 포함시킬 수 있다.

(○, ×)

15 취학 전 아동의 체육시설의 수강료는 교육비 세액공제를 받으므로 신용카드 등 소득공제금액에 포함하지 아니한다.

(○, ×)

16 거주자의 종합소득에 대한 소득세를 계산할 때 특별소득공제, 신용카드 등 사용금액에 대한 소득공제, 우리사주조합 출자에 대한 소득공제를 합한 금액이 연간 2,500만원을 초과하는 경우에는 그 초과하는 금액은 없는 것으로 한다.

(○, ×)

정답 및 해설

10 ○ **11** × 건강보험료 공제는 근로자만 적용한다. **12** ○ **13** × 형제자매의 신용카드 등 사용금액은 그 거주자의 신용카드 등 소득공제금액에 포함시킬 수 없다. **14** × 직계존비속 및 배우자의 신용카드사용액은 포함할 수 있으나 소득요건을 충족하여야 한다. **15** × 포함한다. **16** × 특별소득공제 중 건강보험료 공제 등은 2,500만원 한도를 적용하지 아니한다.

7 종합소득세액

01 종합소득산출세액

01 해당 과세기간에 주거용 건물 임대업에서 발생한 총수입금액의 합계액이 2천만원 이하인 자의 주택임대소득은 주택임대소득에 대한 세액 계산의 특례가 적용된다. (O, ×)

02 등록임대주택의 임대사업에서 발생한 사업소득금액은 총수입금액에서 필요경비(총수입금액의 100분의 60)를 차감한 금액으로 하되, 분리과세 주택임대소득을 제외한 해당 과세기간의 종합소득금액이 2천만원 이하인 경우에는 추가로 200만원을 차감한 금액으로 한다. (O, ×)

02 세액공제

03 간편장부사업자 이외의 사업자가 복식부기에 따라 기장한 경우에는 기장세액공제를 받으며, 기장하지 않은 경우에는 장부의 기록·보관 불성실가산세가 적용된다. (O, ×)

04 비치·기록한 장부에 의하여 신고하여야 할 소득금액의 20% 이상을 누락하여 신고한 경우 기장세액공제를 적용하지 않는다. (O, ×)

05 간편장부대상자가 과세표준확정신고를 할 때 복식부기에 따라 기장하여 소득금액을 계산하고 「소득세법」에 따른 서류를 제출하는 경우에는 해당 장부에 의하여 계산한 사업소득금액이 종합소득금액에서 차지하는 비율을 종합소득 산출세액에 곱하여 계산한 금액의 100분의 20에 해당하는 금액(다만, 공제세액이 100만원을 초과하는 경우에는 100만원으로 한다)을 종합소득 산출세액에서 공제한다. (O, ×)

06 외국납부세액공제의 대상이 되는 외국소득세액에는 외국정부에 의하여 과세된 수입금액 또는 기타 이에 준하는 것을 과세표준으로 하여 과세된 세액이 포함된다. (O, ×)

07 사업소득과 기타소득에 대한 외국납부세액은 외국납부세액공제방법에 따라 공제하거나 필요경비에 산입하는 방법 중 하나를 선택할 수 있다. (O, ×)

정답 및 해설

01 O **02** × 200만원 → 400만원 **03** × 기장세액공제는 간편장부사업자만 받을 수 있으며, 소규모사업자는 장부의 기록·보관 불성실가산세가 적용되지 아니한다. **04** O **05** O **06** O **07** × 기타소득에 대한 외국납부세액은 세액공제방법만 적용한다.

08 거주자의 종합소득금액에 국외원천사업소득이 합산되어 있는 경우 그 국외원천사업소득에 대하여 국외에서 외국소득세액을 납부하였거나 납부할 것이 있을 때에는 외국납부세액공제와 외국납부세액의 필요경비 산입 중 하나를 선택하여 적용할 수 있다. (O, X)

09 외국납부세액공제의 한도를 초과하는 외국소득세액은 해당 과세기간의 다음 과세기간부터 10년 이내에 끝나는 과세기간에 이월하여 공제받을 수 있으며, 이월공제기간 내에 공제받지 못한 외국소득세액은 소멸한다. (O, X)

10 외국정부에 납부하였거나 납부할 외국소득세액이 공제한도를 초과하는 경우 그 초과금액은 당해 과세기간의 다음 과세기간부터 5년 이내에 종료하는 과세기간에 이월하여 그 이월된 과세기간의 공제한도 범위 안에서 공제받을 수 있다. (O, X)

11 사업자가 해당 과세기간에 재해로 인한 자산상실 비율이 20% 이상에 해당하여 납세가 곤란하다고 인정되는 경우 재해손실세액공제를 적용할 수 있다. (O, X)

12 재해손실세액공제를 적용할 때 장부가 소실 또는 분실되어 장부가액을 알 수 없는 경우 재해발생의 비율은 납세지 관할 세무서장이 조사확인한 재해발생일 현재의 가액에 의하여 계산한다. (O, X)

13 재해손실세액공제와 관련하여 자산상실비율을 계산할 때, 상실한 타인소유의 자산으로서 그 상실에 대한 변상책임이 당해 사업자에게 있는 것은 상실 전 자산총액에 포함되지 않는다. (O, X)

14 일용근로자의 근로소득에 대한 소득세 계산 시 근로소득세액공제를 적용하지 않는다. (O, X)

15 종합소득이 있는 거주자는 해당 과세기간에 출산한 공제대상자녀(첫째)가 있는 경우 연 30만원의 자녀세액공제를 받을 수 있다. (O, X)

16 종합소득이 있는 거주자의 공제대상자녀로서 8세 이상의 자녀가 3명(해당 과세기간에 출생·입양 신고한 자는 없음)인 경우 65만원을 자녀세액공제로 종합소득산출세액에서 공제한다. (O, X)

17 종합소득이 있는 거주자의 기본공제대상자에 해당하는 자녀가 3명(8세인 장녀, 4세인 장남, 해당 사업연도 출생인 차녀)인 경우 자녀세액공제로 85만원을 종합소득산출세액에서 공제한다. (O, X)

18 자녀장려금은 자녀세액공제와 중복하여 적용할 수 없다. (O, X)

19 생계를 같이하는 부양가족 중 소득요건을 충족하지 않아 기본공제대상자가 아닌 자에게 지출한 의료비는 의료비 세액공제대상이 될 수 없다. (O, X)

정 답 및 해 설

08 O **09** X 이월공제기간의 종료일 다음 날이 속하는 과세기간의 소득금액을 계산할 때 필요경비에 산입할 수 있다. **10** X 5년 → 10년 **11** O **12** O **13** X 포함한다. **14** X 적용한다. **15** O **16** X 1명: 25만원, 2명: 55만원, 3명: 95만원 [개정] **17** X 25만원 + 70만원 = 95만원 **18** O **19** X 의료비 세액공제의 적용대상이 되는 의료비는 기본공제대상자(나이 및 소득의 제한 없음)를 위하여 해당 근로자가 직접 부담하는 의료비이다.

20 성실신고확인대상사업자로서 성실신고확인서를 제출한 자가 법령상 의료비를 지출한 경우 의료비세액공제를 적용받을 수 있다. (○, ×)

21 재학 중인 학교로부터 해당 과세기간에 받은 장학금 등 소득세 또는 증여세가 비과세되는 교육비는 종합소득산출세액에서 공제하지 아니한다. (○, ×)

22 부양가족을 위하여 지급한 학자금대출 원리금 상환액은 교육비 세액공제 대상이 될 수 있다. (○, ×)

23 근로소득이 있는 거주자는 기본공제대상자인 직계비속의 대학원 교육비를 지출한 경우 교육비세액공제를 받을 수 없다. (○, ×)

24 근로소득이 있는 거주자에 한하여 특별세액공제를 적용하므로 근로소득이 없는 거주자로서 종합소득이 있는 사람은 특별세액공제를 적용받을 수 없다. (○, ×)

25 사업소득만 있는 거주자는 기부금세액공제를 적용받을 수 없다. 단, 연말정산대상 사업자의 경우에는 그러하지 아니한다. (○, ×)

26 근로소득이 있는 거주자로서 보험료 세액공제·의료비 세액공제·교육비 세액공제·기부금 세액공제, 특별소득공제, 조세특례제한법에 따른 월세액에 대한 세액공제를 모두 신청하지 아니한 사람은 연 13만원을 표준세액공제로 종합소득산출세액에서 공제한다. (○, ×)

03 세액감면

27 거주자 중 대한민국의 국적을 가지지 아니한 자가 선박과 항공기의 외국항행사업으로부터 얻는 소득은 비과세한다. (○, ×)

28 세액감면을 적용받는 사업자가 해당 과세기간에 산출세액이 없어 감면을 받지 못하는 경우 그 감면세액 상당액을 해당 과세기간의 다음 과세기간부터 5년 이내에 끝나는 과세기간으로 이월하여 그 이월된 과세기간의 산출세액 범위에서 공제받을 수 있다. (○, ×)

29 정부 간의 협약에 따라 우리나라에 파견된 외국인이 그 양쪽 또는 한쪽 당사국의 정부로부터 받는 급여에 대해서는 소득세를 면제한다. (○, ×)

정답 및 해설

20 ○ **21** ○ **22** × 학자금 대출의 원리금 상환에 지출되는 교육비는 거주자 본인을 위하여 지출한 것만 교육비 세액공제 대상이다. **23** ○ **24** × 성실신고확인대상자 또는 성실사업자는 적용 가능하다. **25** ○
26 ○ **27** × 종합소득 산출세액에서 그 세액에 대한 사업소득금액이 종합소득금액에서 차지하는 비율을 곱하여 계산한 금액 상당액을 감면한다. **28** × 세액감면은 이월하여 감면할 수 없다. **29** ○

8 퇴직소득

01 퇴직소득의 범위

01 공적연금 관련 법에 따라 받는 일시금은 퇴직소득에 포함된다. (O, ×)

02 「국민연금법」에 따라 받는 일시금으로써 2001년 12월 31일 이전에 납입된 연금기여금 및 사용자부담금을 기초로 하여 받은 일시금은 퇴직소득에 해당한다. (O, ×)

03 공적연금 관련법에 따라 받는 일시금을 지급하는 자가 퇴직소득의 일부 또는 전부를 지연하여 지급하면서 지연지급에 대한 이자를 함께 지급하는 경우 해당 이자는 연금소득으로 본다. (O, ×)

04 「한국교직원공제회법」에 따라 설립된 한국교직원공제회로부터 지급받는 초과반환금은 퇴직소득으로 과세된다. (O, ×)

05 사용자 부담금을 기초로 하여 현실적인 퇴직을 원인으로 지급받은 소득은 퇴직소득에 포함된다. (O, ×)

06 종교 관련 종사자가 현실적인 퇴직을 원인으로 종교단체로부터 지급받는 소득은 퇴직소득에 해당한다. (O, ×)

07 「과학기술인공제회법」 제16조 제1항 제3호에 따라 지급받는 과학기술발전장려금은 퇴직소득에 해당하지 않는다. (O, ×)

08 법인의 상근임원이 비상근임원이 되었지만 퇴직급여를 받지 아니한 경우 퇴직으로 보지 않을 수 있다. (O, ×)

09 거주자가 출자관계에 있는 법인으로의 전출이 이루어졌으나 퇴직급여를 실제로 받지 않은 경우는 퇴직으로 보지 않을 수 있다. (O, ×)

10 종업원이 임원이 되었으나 퇴직급여를 실제로 받지 아니한 경우에는 퇴직으로 보지 아니할 수 있다. (O, ×)

정답 및 해설

01 O **02** × 공적연금 관련 법에 따라 받는 일시금은 2002. 1. 1. 이후에 납입된 연금기여금 및 사용자부담금을 기초로 하거나 그 이후 제공된 근로에 기초하여 지급된 것에 한하여 퇴직소득으로 본다. **03** × 퇴직소득으로 본다. **04** × 직장공제회 초과반환금으로서 이자소득에 해당한다. **05** O **06** O **07** × 그 밖의 퇴직소득에 해당한다(사용자부담금을 기초로 하여 현실적인 퇴직을 원인으로 지급받는 소득과 유사한 소득으로서 대통령령으로 정하는 소득에 포함된다). **08** O **09** O **10** O

11 비정규직 근로자가 정규직 근로자로 전환된 경우에는 퇴직으로 보지 아니할 수 있다.　　　　　(○, ×)

12 계속근로기간 중에 「근로자퇴직급여보장법」에 따라 퇴직연금제도가 폐지되어 퇴직급여를 미리 지급받는 경우에도 그 지급받은 날에 퇴직한 것으로 보지 않는다.　　　　　(○, ×)

13 임원인 근로소득자가 계속근로기간 중에 「근로자퇴직급여 보장법」의 퇴직금 중간정산 사유에 해당하여 퇴직급여를 미리 지급받은 경우에는 그 지급받은 날에 퇴직한 것으로 본다.　　　　　(○, ×)

02 임원퇴직금

14 임원의 2012년 1월 1일 이후 근무기간에 대한 퇴직소득금액(공적연금 관련 법에 따라 받는 일시금 제외)이 퇴직소득 한도액을 초과하는 금액은 근로소득으로 본다.　　　　　(○, ×)

03 퇴직소득 수입시기

15 퇴직소득의 수입시기는 퇴직한 날로 하되, 「국민연금법」에 따른 일시금의 경우에는 소득을 지급받는 날로 한다.　　　　　(○, ×)

16 연금을 수급하던 자가 연금계약의 중도해지 등으로 지급받는 일시금인 퇴직소득의 수입시기는 퇴직을 한 날로 한다.　　　　　(○, ×)

04 퇴직소득세 계산

17 퇴직소득이 있는 거주자에 대해서는 해당 과세기간의 퇴직소득금액에서 근속연수공제하고, 그 금액을 근속연수로 나누고 12를 곱한 후의 금액(이하 '환산급여')에서 환산급여에 따라 정한 금액을 공제한다. (○, ×)

18 거주자가 국외원천의 퇴직소득금액이 있고 그 소득에 대하여 국외에 외국소득세액을 납부한 경우에는 법정한도 내에서 외국납부세액공제를 받을 수 있다.　　　　　(○, ×)

19 거주자의 퇴직소득금액에 국외원천소득이 합산되어 있는 경우로서 외국에서 납부한 외국소득세액이 퇴직소득산출세액에서 공제할 수 있는 한도금액을 초과하는 경우 그 초과하는 금액은 이월공제기간으로 이월하여 그 이월된 과세기간의 공제한도금액 내에서 공제받을 수 있다.　　　　　(○, ×)

정답 및 해설

11 ○　**12** × 퇴직소득 판정 특례 규정에 따라 현실적인 퇴직은 아니지만 그 퇴직급여를 지급받은 날에 퇴직한 것으로 본다.　**13** ○　**14** ○　**15** ○　**16** × 지급받는 날로 한다.　**17** ○　**18** ○　**19** × 퇴직소득과 관련하여 외국납부세액이 있는 경우 그 외국납부세액은 이월하여 공제하지 아니한다.

05 **퇴직소득 과세이연 및 원천징수**

20 거주자의 퇴직소득이 퇴직일 현재 연금계좌에 있는 경우 해당 퇴직소득에 대한 소득세를 연금외수령하기 전까지 원천징수하지 아니한다. (○, ×)

21 거주자가 퇴직소득을 지급받은 날부터 90일이 되는 날에 연금계좌에 입금하는 경우, 해당 거주자는 퇴직소득의 원천징수세액에 대한 환급을 신청할 수 있다. (○, ×)

정답 및 해설

20 ○ **21** × 90일 → 60일

9 양도소득세

01 양도의 개념

01 양도란 자산에 대한 등기 또는 등록과 관계없이 매도, 교환, 법인에 대한 현물출자 등으로 인하여 그 자산이 유상 또는 무상으로 사실상 이전되는 것을 말한다.   (O, ×)

02 손해배상에 있어서 당사자 간의 합의에 의하거나 법원의 확정판결에 의하여 일정액의 위자료를 지급하기로 하고, 동 위자료의 지급에 갈음하여 당사자 일방이 소유하고 있던 부동산으로 대물변제한 때에는 그 자산을 양도한 것으로 본다.   (O, ×)

03 부담부증여 시 수증자가 부담하는 채무액에 해당하는 부분은 양도로 본다.   (O, ×)

04 거주자가 토지를 내국법인에 현물출자하고 그 대가로 내국법인의 주식을 받는 경우에는 이를 양도로 보지 아니한다.   (O, ×)

05 양도담보 계약을 체결한 후 채무불이행으로 인하여 양도담보 자산을 변제에 충당한 때에는 그 때에 이를 양도한 것으로 본다.   (O, ×)

06 법원의 확정판결에 의하여 신탁해지를 원인으로 소유권 이전등기를 하는 경우에는 양도로 보지 않는다.
                                                                    (O, ×)

07 「도시개발법」에 따른 환지처분으로 지목 또는 지번이 변경되거나 보류지로 충당되는 경우 양도소득세의 과세대상이 되는 양도에 해당한다.   (O, ×)

정답 및 해설

01 × 무상의 이전은 증여세 과세대상이다. 양도는 유상이전에 한정한다.   **02** ○   **03** ○   **04** × 양도로 본다.   **05** ○   **06** ○   **07** × 양도로 보지 않는다.

02 양도소득 과세대상자산과 세율

08 사업용 부동산인 토지와 함께 영업권을 양도함으로써 발생하는 소득은 양도소득에 해당한다. (O, X)

09 양도소득의 과세대상자산에는 건물이 완성되는 때에 그 건물과 이에 부수되는 토지를 취득할 수 있는 권리도 포함된다. (O, X)

10 전세권의 양도로 발생하는 소득은 양도소득세의 과세대상이다. (O, X)

11 사업소득이 발생하는 점포의 임차인으로서의 지위를 양도함으로써 얻는 경제적 이익인 점포임차권을 양도하고 받은 대가는 양도소득으로 분류된다. (O, X)

12 시설물을 배타적으로 이용할 수 있도록 약정한 단체의 구성원이 된 자에게 부여되는 시설물 이용권의 양도로 발생하는 소득은 양도소득에 해당하지 아니한다. (O, X)

13 지역권의 양도로 발생하는 소득은 양도소득세 과세대상이다. (O, X)

14 등기된 부동산임차권의 양도로 발생하는 소득은 양도소득세 과세대상이다. (O, X)

15 가액을 별도로 평가하지 않고 토지·물과 함께 양도하는 이축권(개발제한구역 내의 건축물을 법에 따른 취락지구 등으로 이축할 수 있는 권리)의 양도로 발생하는 소득은 양도소득세 과세대상이다. (O, X)

16 이축권을 별도로 적법하게 감정평가하여 신고하는 경우 그 이축권을 토지·건물과 함께 양도함으로써 발생하는 소득은 양도소득이다. (O, X)

03 양도소득세 비과세 및 감면

17 파산선고에 의한 처분으로 발생하는 소득에 대해서는 양도소득세를 과세하지 아니한다. (O, X)

18 파산선고에 의한 처분과 강제경매로 인하여 발생하는 소득에는 양도소득세를 과세하지 아니한다. (O, X)

19 양도소득세가 비과세되는 1세대 1주택이란 1세대가 양도일 현재 국내에 1주택을 보유하고 있는 경우로서 해당 주택의 보유기간이 3년 이상인 것을 말한다. (O, X)

정답 및 해설

08 O **09** O **10** O **11** X 기타소득으로 분류된다. **12** X 특정 시설물 이용권도 양도소득세 과세대상 자산이다. **13** X 지역권은 양도가 불가능한 자산이다. (참고) 지상권은 양도 가능한 자산이다. **14** O **15** O **16** X 이축권을 토지와 함께 양도하는 경우 양도소득으로 구분하는 것이 원칙이나, 이축권을 별도로 적법하게 감정평가하여 신고하는 경우 그 이축권을 토지·건물과 함께 양도하더라도 이축권 양도로 인한 대가는 기타소득이다. 지하수개발권은 토지와 함께 양도하더라도 기타소득으로 구분하는 것이 원칙이다. **17** O **18** X 강제경매로 인하여 발생하는 양도소득은 과세대상이다. **19** X 3년 → 2년

20 고가주택의 경우에는 1세대 1주택이라 하더라도 양도소득세가 과세된다. (O, X)

21 1세내를 구성하려면 배우자가 있어야 하는 것이 원칙이지만 딩해 거주자의 연령이 30세 이상이면 배우자가 없어도 1세대 구성이 가능하다. (O, X)

22 주택과 주택외부분이 복합된 겸용주택으로서 그 전부를 주택으로 보는 경우에는 그 전부의 실지거래가액에서 주택외부분의 실지거래가액을 제외한 금액으로 고가주택(실지거래가액 12억원 초과)에 해당 여부를 판단한다. (O, X)

23 1세대 1주택 여부를 판정함에 있어서 다가구주택의 경우에는 한 가구가 독립하여 거주할 수 있도록 구획된 부분을 각각 하나의 주택으로 본다. 다만, 당해 다가구주택을 가구별로 분양하지 아니하고 하나의 매매단위로 하여 양도하는 경우에는 이를 단독주택으로 본다. (O, X)

24 1주택을 보유하고 1세대를 구성하는 자가 70세의 아버지를 동거봉양하기 위하여 세대를 합침으로써 1세대가 2주택을 보유하게 되는 경우, 세대를 합친 날로부터 10년 이내에 양도하는 종전 아버지 소유였던 주택에 한하여 이를 1세대 1주택으로 보아 비과세 규정을 적용한다. (O, X)

25 1주택을 보유한 자가 1주택을 보유한 자와 혼인함으로써 1세대가 2주택을 보유하게 되는 경우 그 혼인을 한날부터 5년 이내에 먼저 양도한 주택은 이를 1세대 1주택으로 본다. (O, X)

26 상속받은 주택과 그 밖의 주택을 국내에 각각 1개씩 소유하고 있는 1세대가 상속받은 주택을 양도하는 경우에는 국내에 1개의 주택을 소유하고 있는 것으로 본다. (O, X)

27 거주자가 고가주택이 아닌 1세대 1주택을 취득 후 6개월간 거주하고 1년 이상의 치료나 요양을 필요로 하는 질병의 치료 또는 요양을 위하여 세대 전원이 다른 시·군으로 이전하면서 당해 주택을 양도하는 경우 비과세된다. (O, X)

28 1세대가 1주택을 취득 후 1년 이상 거주하고 세대원 중 일부가 사업상 형편으로 다른 시·군으로 이전하면서 해당 주택을 양도하는 경우에는 2년 미만 보유한 때에도 1세대 1주택 비과세한다. (O, X)

29 1세대 1주택에 해당하는 주택과 조합원입주권을 보유한 상태에서 그 주택을 양도한 경우에는 양도소득세가 비과세됨이 원칙이다. (O, X)

30 국가가 시행하는 사업으로 인하여 교환하는 농지로서 교환하는 쌍방 토지가액의 차액이 가액이 큰 편의 5분의 1인 농지의 교환으로 발생하는 소득은 양도소득세가 비과세된다. (O, X)

정답 및 해설

20 ○ **21** ○ **22** X 겸용주택 전체의 실지거래가액이 12억원을 초과하는지 여부를 기준으로 판단한다.
23 ○ **24** X 세대를 합친 날로부터 10년 이내에 먼저 양도하는 주택은 1세대 1주택으로 보아 비과세 규정을 적용한다. **25** X 10년 [개정] **26** X 상속받은 주택을 먼저 양도하는 경우에는 1세대 1주택 과세특례를 적용하지 아니한다. **27** X 1년 이상 거주해야 비과세된다. **28** X 사업상 형편은 인정되는 사유에 해당하지 아니한다. **29** X 과세됨이 원칙이다. **30** ○

04 양도시기 및 취득시기

31 취득시기 및 양도시기는 당해 자산의 대금을 청산한 날로 함을 원칙으로 하되, 대금을 청산한 날이 불분명한 경우에는 인도일 또는 사용수익일 중 빠른 날로 한다. (O, X)

32 양도인이 양도소득세를 부담하기로 약정한 경우에는 해당 양도소득세는 양도대금 중 잔금에 포함하여 양도시기를 판단한다. (O, X)

33 장기할부조건의 매매인 경우 당해 자산의 취득시기 또는 양도시기는 장기할부조건에 따라 대가의 각 부분을 받기로 한 날로 한다. (O, X)

05 양도소득세 계산

34 토지의 취득 당시의 실지거래가액을 확인할 수 없는 경우에는 매매사례가액, 환산가액, 감정가액을 순차로 적용하여 산정한 가액을 취득가액으로 한다. (O, X)

35 양도차익 계산 시 양도가액을 매매사례가액으로 하는 경우 취득가액을 실지거래가액에 따를 수 있다. (O, X)

36 양도차익을 계산할 때 양도가액을 기준시가에 따를 때에는 취득가액도 기준시가에 따른다. (O, X)

37 「법인세법」에 따른 특수관계인에 해당하는 법인 외의 자에게 부동산을 시가보다 높은 가격으로 양도하는 경우로서 「상속세 및 증여세법」에 따라 해당 거주자의 증여재산가액으로 하는 금액이 있는 경우 그 부동산의 시가를 실지양도가액으로 본다. (O, X)

38 벤처기업 외의 법인으로부터 부여받은 주식매수선택권을 행사하여 취득한 주식을 양도하는 때에는 주식매수선택권을 행사하는 당시의 시가를 「소득세법」 제97조 제1항 제1호의 규정에 의한 취득가액으로 한다. (O, X)

39 실지거래가액에 따른 양도차익 산정과 관련하여, 토지와 건물 등을 함께 취득하거나 양도한 경우로서 그 토지와 건물 등을 구분 기장한 가액이 대통령령으로 정하는 바에 따라 안분계산한 가액과 100분의 30 이상 차이가 있는 경우에는 토지와 건물 등의 가액 구분이 불분명한 때로 본다. (O, X)

40 토지와 건물을 일괄하여 양도할 때 토지와 건물을 구분 기장한 가액이 감정평가가액 기준으로 안분한 금액과 30% 이상 차이가 있더라도 건물이 있는 토지 취득 후 양수인이 건물 철거하고 토지만 사용하는 경우에는 구분 기장한 가액을 각 양도가액으로 한다. (O, X)

정답 및 해설

31 X 인도일 또는 사용수익일 → 등기·등록접수일 **32** X 양도대금에는 포함하지만, 양도시기 판단 시에는 양도대금에 포함하지 않는다. **33** X 소유권 이전등기일(등록·명의개서 포함) 접수일·인도일·사용수익일 중 빠른 날이다. **34** X 매매사례가액, 감정가액, 환산취득가액을 순차적용한다. **35** O **36** O **37** X 그 양도가액에서 증여재산가액을 뺀 금액을 실지양도가액으로 본다. **38** O **39** O **40** O

41 장기할부조건으로 매입한 자산을 현재가치로 평가하여 보유기간 중 현재가치할인차금상각액을 부동산임대소득금액 계산 시 필요경비에 산입한 경우, 동 자산의 양도 시 필요경비에 산입되는 취득가액에는 현재가치할인차금이 포함된다. (O, X)

42 취득에 관한 쟁송이 있는 자산에 대하여 그 소유권을 확보하기 위하여 직접 소요된 소송비용으로서 그 지출한 연도의 각 종합소득금액의 계산에 있어서 필요경비에 산입된 것은 양도차익 계산 시 공제된다. (O, X)

43 「법인세법」에 따른 특수관계인으로부터 부동산을 취득한 경우 거주자의 상여로 처분된 금액이 있으면 그 상여로 처분된 금액을 취득가액에 더한다. (O, X)

44 비사업용 토지(법적절차에 따라 등기된 것임)로서 2016. 1. 1. 이전에 취득하여 보유하고 있는 자산인 경우에도 2016. 1. 1.부터 기산하여 장기보유특별공제를 적용한다. (O, X)

45 양도소득금액 계산 시 양도차손이 발생한 자산이 있는 경우에는 다른 자산에서 발생한 양도소득금액에서 그 양도차손을 공제하되, 이때 양도차손이 발생한 자산과 다른 세율을 적용받는 자산의 양도소득금액에서 우선 공제한다. (O, X)

46 토지의 양도로 발생한 양도차손은 지상권의 양도로 발생한 양도소득금액에서 공제될 수 없다. (O, X)

47 양도소득금액을 계산할 때 양도차손이 발생한 자산이 있는 경우에는 각 호별로 해당 자산 외의 다른 자산에서 발생한 양도소득금액에서 그 양도차손을 공제하되, 이때 양도차손이 발생한 자산과 같은 세율을 적용받는 자산의 양도소득금액에서 먼저 공제한다. (O, X)

48 당해 과세기간 중에 부동산에 관한 권리와 토지를 양도한 경우에는 부동산에 관한 권리의 양도소득금액과 토지의 양도소득금액 각각에 대하여 연 250만원의 양도소득기본공제를 적용받을 수 있다. (O, X)

49 보유기간이 3년 미만인 토지 및 건물에 대하여는 장기보유특별공제와 양도소득기본공제가 배제된다. (O, X)

50 거주자가 비사업용 토지를 양도한 경우 장기보유특별공제액은 양도차익에서 공제할 수 없으나 양도소득 기본공제액은 양도소득금액에서 공제할 수 있다. (O, X)

51 법원의 결정에 의하여 양도 당시 그 자산의 취득에 관한 등기가 불가능한 자산을 양도한 경우에는 양도소득기본공제가 적용된다. (O, X)

정답 및 해설

41 X 필요경비에 산입한 현재가치할인차금 상각액은 취득가액에서 제외한다. **42** X 각 종합소득금액의 계산에 있어서 필요경비에 산입된 것은 이중공제를 방지하기 위해 양도소득 계산 시 공제되지 않는다. **43** O **44** X 취득일부터 기산하여 장기보유특별공제를 적용한다. **45** X 다른 세율 → 같은 세율 **46** X 공제 가능하다. **47** O **48** X 부동산에 관한 권리의 양도소득금액과 토지의 양도소득금액을 합한 금액에 대하여 양도소득기본공제를 적용한다. **49** X 기본공제는 적용 가능하다. **50** X 장기보유특별공제도 가능하다. **51** O

52 납세지 관할 세무서장 또는 지방국세청장은 예정신고를 하여야 할 자가 그 신고를 하지 아니한 경우에는 해당 거주자의 양도소득과세표준과 세액을 결정한다. (○, ×)

06 양도소득금액 계산 특례

53 거주자가 양도일로부터 소급하여 1년 전에 그의 아버지로부터 증여받은 토지를 양도함에 따라 그 양도차익을 계산할 때, 취득가액은 그 아버지의 취득 당시를 기준으로 계산한다. (○, ×)

54 거주자가 양도일로부터 소급하여 10년 이내 그 배우자로부터 증여받은 주식의 양도차익을 계산함에 있어 취득가액은 당해 자산을 증여한 배우자의 취득 당시를 기준으로 계산한다. (○, ×)

55 배우자 간 증여재산에 대한 이월과세가 적용되는 경우에는 증여 후 우회양도행위에 대한 부당행위계산부인 규정이 적용되지 않는다. (○, ×)

56 거주자가 양도일로부터 소급하여 10년(등기부상 소유기간에 의함) 이내에 그 배우자로부터 증여받은 건물의 양도차익을 계산함에 있어서 취득가액은 당해 자산을 증여한 배우자의 취득 당시를 기준으로 계산한다. (○, ×)

57 거주자인 갑이 갑의 아들 을로부터 증여받은 국내에 소재하는 골프회원권을 10년 이내에 양도하는 경우 그 양도차익을 계산함에 있어서 취득가액은 을의 취득 당시를 기준으로 계산한다. (○, ×)

58 양도소득의 부당행위계산부인 규정에 의하여 증여자가 자산을 직접 양도한 것으로 보는 경우 당해 양도소득에 대하여는 증여자와 증여받은 자가 연대하여 납세의무를 진다. (○, ×)

07 국외자산양도에 대한 양도소득세

59 외국법인이 발행한 주식의 양도로 발생하는 소득은 국외자산 양도소득의 범위에 포함된다. (○, ×)

60 양도차익의 외화 환산, 취득에 드는 실지거래가액, 시가의 산정 등 필요경비의 계산은 양도가액 및 필요경비를 수령하거나 지출한 날 현재 「외국환거래법」에 의한 기준환율 또는 재정환율에 의하여 계산한다. (○, ×)

해커스 세법 FINAL 핵심지문 OX

제9장

제2편 소득세법

정답 및 해설

52 ○ **53** ○ **54** × 주식은 1년 개정 **55** ○ **56** ○ **57** ○ **58** ○ **59** × 국내자산 양도의 범위에 포함한다. **60** ○

61 국외자산 양도소득이 국외에서 외화를 차입하여 취득한 자산을 양도하여 발생하는 소득으로서 환율변동으로 인하여 외화차입금으로부터 발생하는 환차익을 포함하고 있는 경우에는 해당 환차익을 양도소득의 범위에 포함한다. (O, ×)

62 국외소재 토지로서 보유기간이 3년 이상인 경우 국외자산 양도소득금액 계산시 장기보유특별공제액을 공제한다. (O, ×)

63 국외에 있는 토지의 양도일까지 계속 5년 이상 국내에 주소를 둔 거주자가 해당 토지의 양도로 발생한 소득은 양도소득이다. (O, ×)

64 국외자산 양도에 대한 양도소득세 납세의무자는 해당 자산의 양도일까지 계속 10년 이상 국내에 주소를 둔 거주자만 해당한다. (O, ×)

65 부담부증여의 채무액에 해당하는 부분으로서 양도로 보는 경우 그 양도일이 속하는 달의 말일부터 3개월 내에 양도소득과세표준을 납세지 관할 세무서장에게 신고하여야 한다. (O, ×)

08 출국세

66 출국일 10년 전부터 출국일까지의 기간 중 국내에 주소나 거소를 둔 기간의 합계가 5년 이상이고, 출국일이 속하는 연도의 직전 연도 종료일 현재 주권상장법인 대주주 또는 주권비상장법인의 대주주에 해당하면 국외전출세에 대한 납세의무자에 해당한다. (O, ×)

67 국외전출자가 출국한 후 국외전출자 국내주식을 실제 양도한 경우로서 실제 양도가액이 국외 전출세 신고 당시 양도가액보다 높은 때에는 조정공제액을 산출세액에서 공제한다. (O, ×)

68 국외전출자가 출국한 후 주식을 실제로 양도하여 해당 자산의 양도소득에 대하여 외국정부에 납부한 외국납부세액이 있는 때에는 산출세액에서 조정공제액을 공제한 금액을 한도로 외국납부세액을 산출세액에서 공제한다. (O, ×)

69 국외전출자가 출국일부터 5년 이내에 주식을 양도하지 아니하고 국내에 다시 입국하여 거주자가 되는 날로부터 3개월 이내 납세지 관할 세무서장에게 납부한 세액의 환급을 신청하거나 납부유예 중인 세액의 취소를 신청하여야 한다. (O, ×)

정답 및 해설

61 × 환차익 부분은 양도소득 범위에서 제외한다. **62** × 국외부동산 양도에 대해서는 장기보유특별공제를 적용하지 아니한다. **63** ○ **64** × 10년 → 5년 **65** ○ **66** ○ **67** × 높은 때 → 낮은 때 **68** ○ **69** × 3개월 → 1년

10 소득세 납세절차

01 종합소득세 신고 · 납부절차

01 근로소득과 공적연금소득 모두가 있는 자는 과세표준 확정신고를 하지 아니하여도 된다.　(O, ×)

02 공적연금소득만 있는 자는 다른 종합소득이 없는 경우라 하더라도 과세표준확정신고를 하여야 한다.

(O, ×)

03 해당 과세기간에 누진세율의 적용대상 자산에 대한 예정신고를 2회 이상 하는 경우에는 이미 신고한 양도소득금액과 합산하여 신고하여야 한다.　(O, ×)

04 원천징수대상 근로소득과 분리과세대상인 2,000만원 이하의 이자소득만 있는 거주자는 연말정산과 원천징수에 의해 납세의무가 종결되므로 종합소득세 확정신고를 할 필요가 없다.　(O, ×)

05 근로소득(일용근로소득은 제외)만 있는 자라 하더라도 그 원천징수의무자가 연말정산에 의하여 소득세를 납부하지 않은 경우에는 확정신고의무가 면제되지 않는다.　(O, ×)

06 수시부과 후 추가로 발생한 소득이 없을 경우에도 과세표준확정신고를 하여야 한다.　(O, ×)

07 분리과세이자소득, 분리과세배당소득, 분리과세연금소득 및 분리과세기타소득만 있는 거주자는 과세표준확정신고를 하지 아니할 수 있다.　(O, ×)

08 종합소득금액과 분리과세 주택임대소득이 있는 거주자(종합소득과세표준이 없거나 결손금이 있는 거주자를 포함)는 종합소득과세표준을 그 과세기간의 다음 연도 5월 1일부터 5월 31일까지(성실신고확인대상 사업자가 성실신고확인서를 제출하는 경우에는 6월 30일까지) 납세지 관할 세무서장에게 신고하여야 한다.

(O, ×)

09 해당 과세기간의 종합소득금액이 있는 거주자가 종합소득과세표준이 없는 경우에는 종합소득과세표준 확정신고 의무가 없다.　(O, ×)

정답 및 해설

01 × 확정신고의무가 있다.　**02** × 확정신고의무를 면제한다.　**03** × 2회 이상 양도하는 경우로서 예정신고하는 경우 합산신고는 선택사항이다.　**04** O　**05** O　**06** × 확정신고의무가 없다.　**07** O　**08** O　**09** × 해당 과세기간의 종합소득금액이 있는 거주자(종합소득과세표준이 없거나 결손금이 있는 거주자를 포함한다)는 그 종합소득과세표준을 그 과세기간의 다음 연도 5월 1일부터 5월 31일까지 납세지 관할 세무서장에게 신고하여야 한다.

10 과세표준확정신고를 하여야 할 거주자가 국외이주를 위하여 출국하는 경우에는 출국일이 속하는 과세기간의 과세표준을 출국일 전날까지 신고하여야 한다. (○, ×)

11 확정신고 자진납부할 세액이 2천만원을 초과하는 때에는 그 세액의 50% 이하의 금액을 납부기한 경과 후 2개월 이내에 분납할 수 있다. (○, ×)

12 거주자로서 과세표준의 확정신고에 따라 납부할 세액이 1천 8백만원인 자는 9백만원을 납부기한이 지난 후 90일 이내에 분납할 수 있다. (○, ×)

13 확정신고에 따라 납부할 양도소득세액이 2천만원을 초과하는 거주자는 그 초과세액의 100분의 50 이하의 금액을 납부기한이 지난 후 2개월 이내에 분할납부할 수 있다. (○, ×)

14 중간예납세액이 1천만원을 초과하는 자는 그 납부할 세액의 일부를 납부기한이 지난 후 2개월 이내에 분할납부할 수 있다. (○, ×)

15 「부가가치세법」에 따라 적법하게 신고한 일반과세자는 해당 과세기간의 다음 연도 2월 10일까지 사업장 현황을 관할 세무서장에게 신고할 의무가 있다. (○, ×)

16 주로 소비자에게 용역을 제공하는 「의료법」에 따른 의료업을 행하는 사업자가 해당 과세기간의 다음 연도 2월 10일까지 사업장 현황신고를 하지 아니한 경우 사업장현황 신고불성실가산세 적용대상이 된다. (○, ×)

17 「부가가치세법」에 따른 간이과세자가 각 과세기간의 부가가치세 과세표준과 납부세액을 신고한 경우에는 해당 사업장의 현황을 해당 과세기간의 다음 연도 2월 10일까지 사업장 소재지 관할 세무서장에게 신고하여야 한다. (○, ×)

18 부가가치세가 면제되는 재화 또는 용역을 공급하는 개인사업자에 대하여는 사업장현황 신고의무가 면제된다. (○, ×)

19 제조업을 영위하는 사업자의 해당 과세기간의 수입금액의 합계액이 5억원인 경우 성실신고확인대상사업자에 해당한다. (○, ×)

20 성실신고확인대상사업자가 성실신고확인서를 제출하는 경우 종합소득과세표준확정신고를 그 과세기간의 다음 연도 5월 1일부터 6월 30일까지 하여야 한다. (○, ×)

정답 및 해설
10 ○ **11** ○ **12** × 1천만원 초과분인 8백만원을 납부기한이 지난 후 2개월 이내 분납할 수 있다. **13** × 초과세액 → 납부세액 **14** ○ **15** × 신고의무가 없다. **16** ○ **17** × 간이과세자 → 면세개인사업자 **18** × 면세사업자는 사업장현황 신고의무가 면제되지 않는다. **19** × 5억원 → 7억 5천만원 **20** ○

21 세무사가 성실신고확인대상사업자에 해당하는 경우에는 자신의 사업소득금액의 적정성에 대하여 해당 세무사가 성실신고확인서를 작성·제출해서는 아니된다. (○, ×)

22 납세지 관할 세무서장은 성실신고확인서에 미비한 사항이 있을 때에는 그 보정을 요구할 수 있다. (○, ×)

23 성실신고확인대상 사업자가 성실신고확인서를 납세지 관할 세무서장에게 제출하지 아니한 경우에는 사업소득금액이 종합소득금액에서 차지하는 비율을 종합소득산출세액에 곱하여 계산한 금액의 100분의 20에 해당하는 금액을 결정세액에 더한다. (○, ×)

24 공적연금소득을 받는 사람이 해당 과세기간 중에 사망한 경우 원천징수의무자는 그 사망일이 속하는 달의 다음 다음 달 말일까지 그 사망자의 공적연금소득에 대한 연말정산을 하여야 한다. (○, ×)

25 복식부기의무자가 아닌 농·축·수산물 판매업을 영위하는 거주자는 납세조합을 조직할 수 있다. (○, ×)

26 사업자가 조직한 납세조합이 조합원에 대한 매월분의 소득세를 징수할 때에는 그 세액의 100분의 3에 해당하는 금액을 공제하여 징수하되, 공제하는 금액은 연 100만원을 한도로 한다. (○, ×)

27 연말정산 사업소득을 지급하는 원천징수의무자는 연말정산일이 속하는 달의 다음 달 말일까지 원천징수영수증을 해당 사업자에게 발급하여야 한다. (○, ×)

02 기납부세액

28 과세기간의 개시일 현재 사업자가 아닌 자로서 그 과세기간 중 신규로 사업을 시작한 거주자는 그 과세기간의 사업소득에 대하여 중간예납의무가 없다. (○, ×)

29 분리과세 주택임대소득만이 있는 거주자는 중간예납의무가 없다. (○, ×)

30 토지 등 매매차익 예정신고·납부를 한 부동산매매업자는 중간예납의무가 없다. (○, ×)

31 중간예납의무자는 중간예납세액을 중간예납기간 종료일부터 2개월 이내에 자진납부하여야 한다. (○, ×)

32 소득세 중간예납은 사업소득이 있는 거주자에게만 적용되며, 고지납부를 원칙으로 한다. (○, ×)

정답 및 해설

21 ○ **22** ○ **23** × 20 → 5 **24** ○ **25** ○ **26** × 사업자가 납세조합을 조직하더라도 납세조합공제는 허용하지 않는다. (개정) **27** ○ **28** ○ **29** ○ **30** × 부동산매매업자의 경우 중간예납기간 중에 매도한 토지 또는 건물에 대하여 토지 등 매매차익예정신고납부를 한 경우에는 그 신고·납부한 금액을 중간예납기준액의 2분의 1에 상당하는 금액에서 차감한 금액을 중간예납세액으로 한다. 이 경우 토지 등 매매차익예정신고납부세액이 중간예납기준액의 2분의 1에 상당하는 금액을 초과하는 경우에는 중간예납세액이 없는 것으로 한다.
31 × 해당 지문은 법인의 중간예납에 관한 설명이며, 개인의 경우 원칙적으로 11월 30일까지 고지납부한다.
32 ○

33 중간예납기간은 「소득세법」의 경우 1월 1일부터 6월 30일까지이고, 「법인세법」의 경우 법인의 사업연도 개시일로부터 6개월이다. (O, ×)

34 「소득세법」에서는 중간예납기준액에 의할 경우 납세자에게 중간예납고지를 하지만 「법인세법」에서는 고지하지 않는다. (O, ×)

35 중간예납기준액이 없는 거주자가 해당 과세기간의 중간예납기간 중 사업소득(중간예납의무가 있음)이 있는 경우에는 11월 1일부터 11월 30일까지의 기간에 중간예납추계액을 중간예납세액으로 하여 납세지 관할 세무서장에게 신고하여야 한다. (O, ×)

36 중간예납세액이 50만원 미만인 경우에는 해당 세액을 징수하지 않는다. (O, ×)

37 해당 과세기간의 개시일 현재 사업자가 아닌 자로서 그 과세기간 중 신규로 사업을 시작한 자는 중간예납의무를 지지 않는다. (O, ×)

38 중간예납의무가 있는 거주자는 중간예납추계액이 중간예납기준액의 30%에 미달하는 경우, 중간예납추계액을 중간예납세액으로 하여 납세지 관할 세무서장에게 신고할 수 있다. (O, ×)

39 부동산매매업자는 토지와 건물의 매매차익과 세액을 매매일이 속하는 달의 말일로부터 2월이 되는 날까지 신고하여야 하며, 매매차익이 없거나 매매차손이 발생한 경우에도 신고하여야 한다. (O, ×)

40 2025년 4월 20일에 비상장주식을 양도한 거주자는 2025년 8월 31일까지 양도소득과세표준 예정신고를 하여야 한다. (O, ×)

41 건물을 양도한 거주자는 양도일이 속하는 달의 말일부터 2개월 이내에 양도소득과세표준 예정신고를 하여야 하며, 양도차익이 없거나 양도차손이 발생한 경우에도 예정신고를 하여야 한다. (O, ×)

42 법령상의 토지거래계약에 관한 허가구역에 있는 토지를 양도할 때 토지거래계약허가(허가를 받은 후 허가구역 지정이 해제됨)를 받기 전에 대금을 청산한 경우에는 그 허가일이 속하는 달의 말일부터 2개월 내에 예정신고를 하여야 한다. (O, ×)

43 양도소득세 과세대상인 신탁 수익권을 양도한 경우 양도일이 속하는 반기의 말일부터 2개월 이내에 양도소득 과세표준을 신고해야 한다. (O, ×)

44 양도소득세 과세대상인 주식 또는 출자지분을 양도한 경우에는 그 양도일이 속하는 달의 말일부터 2개월 이내에 양도소득과세표준을 납세지 관할 세무서장에게 예정신고하여야 한다. (O, ×)

45 건물을 부담부증여하는 경우 부담부증여의 채무액에 해당하는 부분으로서 양도로 보는 경우에는 그 양도일이 속하는 달의 말일부터 3개월 내에 예정신고를 하여야 한다. (O, ×)

정답 및 해설

33 ○ **34** ○ **35** ○ **36** ○ **37** ○ **38** ○ **39** ○ **40** ○ **41** ○ **42** ○ **43** × 양도일이 속하는 달의 말일부터 2개월 이내에 예정신고하여야 한다. **44** × 주식의 경우에는 양도일이 속하는 반기의 말일로 한다. **45** ○

46 배당소득은 일반적으로 원천징수의 대상이 되나, 투자신탁의 이익에 대하여는 원천징수를 하지 아니한다.
(○, ×)

47 사업소득 중에서 원천징수대상이 되는 소득은 없다. (○, ×)

48 부가가치세 면세대상인 수의사가 제공한 의료보건용역에서 발생하는 사업소득은 원천징수대상이다.
(○, ×)

49 보험모집인의 사업소득과 「국민연금법」에 의하여 지급받는 연금소득에 대하여는 간이세액표를 적용하여 원천징수를 하되 추가로 연말정산을 실시한다. (○, ×)

50 간편장부대상자인 보험모집인에 해당하는 사업자에게 모집수당 등의 사업소득을 지급하는 원천징수의무자는 사업소득에 대한 소득세의 연말정산을 해야 한다. (○, ×)

51 계약의 위약으로 인하여 계약금이 위약금으로 대체되는 경우 대체되는 시점에 소득세를 원천징수하여야 한다. (○, ×)

52 기타소득에 해당하는 소기업·소상공인 공제부금의 해지일시금은 소득금액의 15%를 원천징수한다.
(○, ×)

53 무기명주식의 이익이나 배당에 대하여는 그 지급을 한 날 소득세를 원천징수한다. (○, ×)

54 원천징수의무자가 소득세가 면제되는 이자소득을 거주자에게 지급할 때는 소득세를 원천징수하지 아니한다.
(○, ×)

55 원천징수대상 소득이 발생 후 지급되지 아니함으로써 소득세가 원천징수되지 아니하고 종합소득에 합산되어 종합소득세가 과세된 경우에 그 소득을 지급할 때에는 소득세를 원천징수하지 아니한다. (○, ×)

56 배당소득이 발생한 후 지급되지 않아 소득세가 원천징수되지 않고 종합소득에 합산되어 종합소득에 대한 소득세가 과세된 경우에 그 소득을 지급할 때는 소득세를 원천징수하지 아니한다. (○, ×)

57 출자공동사업자의 배당소득으로서 과세기간 종료일까지 지급하지 아니한 소득은 과세기간 종료일에 그 소득을 지급한 것으로 보아 소득세를 원천징수한다. (○, ×)

58 발생 후 지급되지 아니함으로써 소득세가 원천징수되지 아니한 근로소득이 종합소득에 합산되어 종합소득에 대한 소득세가 과세된 경우 그 근로소득을 지급할 때에는 소득세를 원천징수하지 아니한다. (○, ×)

정답 및 해설

46 × 투자신탁의 이익은 배당소득에 해당하므로 원천징수대상이다.　**47** × 특정사업소득 3%　**48** ○
49 × 보험모집인은 3% 세율로 원천징수한다.　**50** ○　**51** × 원천징수하지 아니한다.　**52** ○　**53** ○
54 ○　**55** ○　**56** ○　**57** × 출자공동사업자의 배당소득으로서 과세기간 종료 후 3개월이 되는 날까지 지급하지 아니한 소득은 그 과세기간 종료 후 3개월이 되는 날에 지급한 것으로 보아 소득세를 원천징수한다.
58 ○

59 국내에서 거주자에게 이자소득을 지급하는 자가 사업자가 아닌 경우에는 원천징수의무가 없다. (O, X)

60 외국법인이 발행한 채권에서 발생하는 이자소득을 거주자에게 지급하는 경우 국내에서 그 지급을 대리하거나 그 지급 권한을 위임 또는 위탁받은 자가 그 소득에 대한 소득세를 원천징수하여야 한다. (O, X)

61 반기별 납부를 승인받지 않은 원천징수의무자는 2025년 2월 26일에 원천징수한 소득세를 2025년 3월 10일까지 원천징수 관할 세무서 등에 납부하여야 한다. (O, X)

62 반기별 납부를 승인받은 원천징수의무자는 근로소득,「법인세법」상 소득처분된 배당 및 기타소득에 대한 원천징수세액을 그 징수일이 속하는 반기의 마지막 달의 다음 달 10일까지 납부할 수 있다. (O, X)

63 반기별 납부 승인대상자가「법인세법」에 의하여 처분된 상여에 대한 원친징수세액을 납부할 경우 그 납부기한은 징수일이 속하는 달의 다음 달 10일이다. (O, X)

64 금융업을 경영하는 사업자가 직전 과세기간의 상시고용인원의 평균인원수가 20인 이하인 원천징수의무자로서 관할 세무서장으로부터 승인을 얻은 경우에는 원천징수한 소득세를 그 징수일이 속하는 반기의 마지막 달의 다음 달 10일까지 납부할 수 있다. (O, X)

65 서화·골동품의 양도로 발생하는 소득에 대하여 양수자인 원천징수의무자가 국내사업장이 없는 비거주자 또는 외국법인인 경우로서 원천징수를 하기 곤란하여 원천징수를 하지 못하는 경우에는 서화·골동품의 양도로 발생하는 소득을 지급받는 자를 원천징수의무자로 본다. (O, X)

66 세무서장 또는 지방국세청장이 법인에게 소득금액변동통지서를 통지한 경우 통지하였다는 사실(소득금액 변동내용은 포함하지 아니한다)을 해당 주주 및 해당 상여나 기타소득의 처분을 받은 거주자에게 알려야 한다. (O, X)

67 특정 법인의 법인세 과세표준을 결정 또는 경정하는 경우,「법인세법」제67조에 따라 처분되는 배당과 관련하여 그 법인이 소득금액변동통지를 받는 경우 당해 소득금액변동통지는 행정소송의 대상이 되는 처분(處分)에 해당한다. (O, X)

68 이자소득에 대한 원천징수세액이 1,000원 미만인 때에는 해당 소득세를 징수하지 않는다. (O, X)

69 주식의 소각으로 인한 의제배당에 대해서는 주식의 소각을 결정한 날에 그 소득을 지급한 것으로 보아 소득세를 원천징수한다. (O, X)

정답 및 해설
59 X 사업자가 아닌 경우에도 원천징수의무가 있다. **60** O **61** O **62** X 인정배당 및 기타소득 등은 반기납부 대상이 아니다. **63** O **64** X 금융·보험업자는 제외한다. **65** O **66** O **67** O **68** X 이자소득에 대한 원천징수세액은 1,000원 미만인 경우에도 징수한다. **69** O

70 12월 31일에 법인이 이익처분에 따른 배당을 결정하고 다음 연도 3월 말일까지 배당소득을 지급하지 아니하는 경우 그 3월 말일에 배당소득을 지급한 것으로 보아 소득세를 원천징수한다. (○, ×)

71 법인이 이익 또는 잉여금의 처분에 의한 배당소득을 그 처분을 결정한 날부터 3월이 되는 날까지 지급하지 아니한 때에는 그 다음 연도 2월 말일에 배당소득을 지급한 것으로 보고 다음 달 10일까지 원천징수해당금액을 납부한다. (○, ×)

72 법인이 잉여금의 처분에 따라 12월 15일 상여로 처분결정하고 처분결정일부터 3개월이 되는 날까지 지급하지 아니한 경우, 그 3개월이 되는 날에 상여를 지급한 것으로 보아 소득세를 원천징수한다. (○, ×)

73 근로소득을 지급하여야 할 원천징수의무자가 1월부터 11월까지의 근로소득을 해당 과세기간의 12월 31일까지 지급하지 아니한 경우 그 근로소득을 12월 31일에 지급한 것으로 보아 소득세를 원천징수한다. (○, ×)

74 퇴직소득을 지급하여야 할 원천징수의무자가 1월부터 11월까지의 사이에 퇴직한 사람의 퇴직소득을 해당 과세기간의 12월 31일까지 지급하지 아니한 경우에는 그 퇴직소득을 12월 31일에 지급한 것으로 보아 소득세를 원천징수한다(공적연금 관련법에 따라 받는 일시금 아님). (○, ×)

75 근로소득에 대한 원천징수의무자가 12월분의 급여액을 다음 연도 1월 말일까지 지급하지 아니한 때에는 그 급여액은 1월 말일에 지급한 것으로 본다. (○, ×)

76 ㈜A가 12월에 퇴직한 갑의 퇴직급여액을 다음 연도 1월 31일까지 지급하지 아니한 때에는 그 퇴직급여액은 1월 31일에 지급한 것으로 본다. (○, ×)

77 법인세 과세표준을 결정 또는 경정할 때 익금에 산입한 금액을 배당으로 처분한 경우에는 법인세 과세표준 신고일 또는 수정신고일에 그 배당소득을 지급한 것으로 보아 소득세를 원천징수한다. (○, ×)

78 법인세 과세표준을 신고하면서 「법인세법」에 따라 처분되는 기타소득에 대하여는 신고일 또는 수정신고일에 그 기타소득을 지급한 것으로 보아 소득세를 원천징수한다. (○, ×)

79 법인세 과세표준을 신고하는 경우에 「법인세법」에 따라 처분되는 상여는 법인이 소득금액변동통지서를 받는 날에 지급한 것으로 보아 소득세를 원천징수한다. (○, ×)

80 법인세 과세표준을 경정하는 경우 「법인세법」에 따라 처분되는 상여는 경정의 대상이 되는 사업연도 중 근로를 제공받은 날에 근로소득을 지급한 것으로 보아 소득세를 원천징수한다. (○, ×)

정답 및 해설

70 × 다음 연도 2월 말까지 지급하지 않은 경우 2월 말일에 배당소득을 지급한 것으로 본다.   **71** × 그 다음 연도 2월 말 → 처분결의일로부터 3월이 되는 날   **72** × 11월 1일부터 12월 31일까지의 사이에 결정된 잉여금 처분에 따라 다음 연도 2월 말일까지 배당소득을 지급하지 아니한 경우에는 그 처분을 결정한 날이 속하는 과세기간의 다음 연도 2월 말일에 그 배당소득을 지급한 것으로 보아 소득세를 원천징수한다.   **73** ○   **74** ○   **75** × 1월 → 2월   **76** × 1월 31일 → 2월 말   **77** × 소득금액변동통지서를 받은 날 지급한 것으로 본다.   **78** ○   **79** × 과세표준을 신고하는 경우에는 그 신고일 또는 수정신고일에 지급한 것으로 본다.   **80** × 경정의 대상이 되는 사업연도 중 근로를 제공 받은 날 → 소득금액변동통지서를 받은 날

81 원천징수의무자가 12월분의 근로소득을 다음 연도 2월 말일까지 지급하지 아니한 경우에는 그 근로소득을 다음 연도 2월 말일에 지급한 것으로 보아 소득세를 원천징수한다. (O, ×)

82 잉여금의 처분에 따른 배당을 12월 1일에 결정하였고 다음 연도 2월 말일까지 배당소득을 지급하지 아니한 경우, 다음 연도 2월 말일에 그 배당소득을 지급한 것으로 보아 소득세를 원천징수한다. (O, ×)

83 납세지 관할 세무서장 또는 지방국세청장은 거주자가 조세를 포탈할 우려가 있다고 인정되는 상당한 이유가 있는 경우에는 수시로 그 거주자에 대한 소득세를 부과할 수 있다. (O, ×)

84 법령으로 정하는 봉사료에 대한 원천징수세율은 100분의 10으로 한다. (O, ×)

정 답 및 해 설

81 O **82** O **83** O **84** × 법령으로 정하는 봉사료에 대한 원천징수세율은 5%로 한다.

01 비거주자와 외국법인의 과세구조

01 원천징수의무자가 기획재정부장관이 고시하는 국가에 소재하는 비거주자의 국내원천소득 중 내국법인이 발행한 주식의 양도소득에 대하여 소득세로서 원천징수하는 경우에는 국세청장의 사전승인 여부에 관계없이 조세조약상의 제한세율을 적용하여 원천징수하여야 한다. (O, X)

02 조세조약에 따라 국내사업장이 없다는 이유로 과세되지 않는 외국법인에게 비거주자인 직업운동가가 국내에서 제공한 인적용역과 관련하여 보수 또는 대가를 지급하는 자는 조세조약에도 불구하고 지급하는 금액의 100분의 20의 금액을 원천징수하여야 한다. (O, X)

정답 및 해설

01 X 국내세법상 원천징수세율을 적용하여야 한다.   **02** O 계약기간에 상관없이 적용한다. (개정)

02 비거주자와 외국법인의 과세방법

03 비거주자가 국내에 사업의 전부 또는 일부를 수행하는 고정된 장소를 가지고 있는 경우에는 국내사업장이 있는 것으로 한다. (○, ×)

04 비거주자가 국내에 사업의 일부 수행을 위하여 8개월간 계속 존속하는 건축 장소를 가지고 있는 경우에는 국내사업장이 있는 것으로 한다. (○, ×)

05 비거주자가 고용인을 통하여 용역을 제공하는 장소로서 용역이 계속 제공되는 12개월 중 합계 6개월을 초과하는 기간 동안 용역이 수행되는 장소는 비거주자의 국내사업장에 포함된다. (○, ×)

06 비거주자가 자기의 자산을 타인으로 하여금 가공만 하게 하기 위하여 사용하는 일정한 장소는 국내사업장에 포함되지 아니한다. (○, ×)

07 건축 장소는 국내에 2년간 존속하더라도 외국법인의 국내사업장에 포함되지 아니한다. (○, ×)

08 비거주자에 대하여 과세하는 소득세는 해당 국내원천소득을 종합하여 과세하는 경우와 분류하여 과세하는 2가지 과세방법이 있으며, 국내원천소득을 분리하여 과세하는 방법은 채택하지 않고 있다. (○, ×)

09 국내에서 제공하는 근로의 대가로 받는 퇴직소득이 있는 비거주자에 대해서는 거주자와 같은 방법으로 분류하여 과세한다. (○, ×)

10 비거주자에 대하여 종합과세하는 경우 종합소득공제는 본인 및 배우자에 대한 인적공제만 적용되고 특별소득공제는 적용되지 않는다. (○, ×)

11 비거주자 종합과세 시 과세표준과 세액을 계산하는 경우 자녀세액공제는 적용하지 않는다. (○, ×)

정답 및 해설

03 ○ **04** ○ **05** ○ **06** ○ **07** × 6개월을 초과하여 존속하는 건축 장소, 건설·조립·설치공사의 현장 또는 이와 관련되는 감독활동을 수행하는 장소는 국내사업장에 포함하는 것으로 한다. **08** × 분리과세방법 또한 채택하고 있다. **09** ○ **10** × 본인의 인적공제만 적용한다. **11** ○

cpa.Hackers.com

회계사·세무사·경영지도사 단번에 합격!
해커스 경영아카데미 cpa.Hackers.com

제3편

상속세 및 증여세법

1 총칙

01 「민법」상 상속

01 「민법」에 따라 적법하게 상속을 포기한 자도 그 상속재산 중 받았거나 받을 재산의 비율에 따라 상속세의 납부의무를 진다. (○, ×)

02 용어의 정의

02 증여자의 사망으로 인하여 효력이 발생하는 증여에는 상속세가 과세된다. (○, ×)

03 유증은 상속세 과세대상이 됨에 반하여 사인증여는 증여세 과세대상이 된다. (○, ×)

03 과세대상

04 피상속인에게 귀속되는 재산적 가치가 있는 사실상의 모든 권리는 상속재산이나, 피상속인의 일신에 전속하는 것으로서 피상속인의 사망으로 인하여 소멸되는 것은 제외한다. (○, ×)

05 비거주자가 사망한 경우 상속인·수유자 또는 특별연고자는 국내에 있는 비거주자의 모든 상속재산에 대하여 납세의무를 진다. (○, ×)

06 비거주자가 사망한 경우에는 국내·외에 있는 비거주자의 모든 상속재산이 과세대상이다. (○, ×)

07 증여자가 증여일 현재 비거주자인 경우에는 국내에 있는 수증재산에 대해서만 증여세를 납부할 의무를 진다. (○, ×)

08 수증자가 거주자(본점이나 주된 사무소의 소재지가 국내에 있는 비영리법인을 포함)인 경우에는 증여세 과세대상이 되는 모든 증여재산에 대하여 증여세를 납부할 의무가 있다. (○, ×)

09 영리법인도 증여세를 납부할 의무가 있다. (○, ×)

정답 및 해설

01 ○   **02** ○   **03** × 유증과 사인증여 모두 상속세 과세대상이다.   **04** ○   **05** ○   **06** × 거주자가 사망한 경우이다.   **07** × 수증자가 비거주자인 경우 국내재산에 대해서만 증여세 납세의무가 있다.   **08** ○   **09** × 영리법인은 증여세 납세의무가 없다.

10 비영리법인의 고유목적사업과 관련한 자산수증이익은 법인세를 과세하지 않고 상속세나 증여세로 과세한다.
(O, ×)

11 상속재산에 대한 공동상속인 사이의 최초 등기에 의하여 법정상속재산을 초과하여 재산을 취득하는 경우 그 초과분을 증여로 본다.
(O, ×)

12 공동상속의 경우 상속인 각자가 받은 상속재산을 초과하여 대신 납부한 상속세액에 대하여는 다른 상속인에게 증여한 것으로 보지 않는다.
(O, ×)

13 상속개시 후 상속재산에 대하여 「민법」에 따른 채권자대위권의 행사에 의하여 공동상속인들의 법정상속분대로 등기된 상속재산을 상속인 사이의 협의분할에 따라 재분할하는 경우, 특정 상속인이 당초 상속분을 초과하여 취득하는 재산가액은 당해 분할에 의하여 상속분이 감소된 상속인으로부터 증여받은 재산가액에 포함한다.
(O, ×)

14 상속개시 후 상속재산에 대하여 등기등으로 각 상속인의 상속분이 확정되어 등기된 후 상속세 과세표준 신고기한 이내에 재분할에 의하여 특정 상속인이 당초 상속분을 초과하여 취득하는 재산가액은 당해 분할에 의하여 상속분이 감소된 상속인으로부터 증여받은 재산가액에 포함하지 아니한다.
(O, ×)

15 수증자가 증여받은 재산을 증여세 과세표준 신고기한 경과 후 3월 이내에 증여자에게 반환하는 경우 처음부터 증여가 없었던 것으로 본다.
(O, ×)

16 수증자가 증여받은 토지를 증여세 과세표준 신고기한 경과 후 3월 이내에 증여자에게 다시 증여하는 경우, 당초 증여에는 증여세가 부과되지만 재차증여에 대하여는 증여세를 부과하지 아니한다.
(O, ×)

17 갑이 조부로부터 주택과 상가를 무상으로 증여받은 후, 그 중 주택을 수증일로부터 2개월이 되는 시점에 다시 반환한 경우 갑은 상가부분에 대하여만 증여세 납세의무를 진다.
(O, ×)

18 증여재산을 증여세 과세표준 신고기한이 지난 후 5개월 이내에 증여자에게 반환하거나 증여자에게 다시 증여하는 경우에는 그 반환하거나 다시 증여하는 것에 대해서는 증여세를 부과하지 아니한다.
(O, ×)

19 수증자가 증여재산을 당사자 간의 합의에 따라 증여세과세표준 신고기한으로부터 6개월이 지난 후 증여자에게 반환하는 경우 당초의 증여 및 반환 모두에 대하여 증여세가 부과된다.
(O, ×)

정답 및 해설

10 ○ **11** × 공동상속인 사이의 최초 등기는 소급효과가 있으므로 증여로 보지 않는다. **12** × 상속재산을 초과하여 대신 납부한 상속세액은 연대납세의무 이행으로 보지 아니한다. **13** × 상속등기 후 공동상속인 사이에 재분할하더라도 정당한 사유가 있는 경우에는 증여로 보지 않는다. **14** ○ **15** × 반환하거나 다시 증여하는 것에 대해서는 증여세를 부과하지 않을 뿐, 당초 증여에 대해서는 증여세를 부과한다. **16** ○ **17** ○ **18** × 당초 증여와 반환하는 것 모두 증여세 부과대상이다. **19** ○

20 수증자가 증여받은 현금을 당사자 사이의 합의에 따라 증여세 과세표준 신고기한 이내에 증여자에게 반환하는 경우, 당초 증여와 반환에 대하여 모두 증여세가 과세된다.   (O, ×)

21 수증자가 증여받은 토지를 당사자 사이의 합의에 따라 증여세 과세표준 신고기한 이내에 증여자에게 반환하는 경우, 반환하기 전에 증여세 과세표준과 세액의 결정을 받은 경우를 제외하고는 처음부터 증여가 없었던 것으로 본다.   (O, ×)

22 증여세는 수증자가 납세의무를 지며 수증자가 증여세를 납부하지 못할 경우 증여자는 항상 연대납세의무를 진다.   (O, ×)

23 수증자가 증여일 현재 비거주자인 경우에는 증여자가 수증자와 연대하여 해당 증여세를 납부할 의무를 진다.   (O, ×)

24 증여재산에 대해 「소득세법」에 의한 소득세가 수증자에게 부과되는 때에는 증여세를 부과하지 아니한다. 이 경우 「소득세법」 또는 다른 법률에 의해 소득세가 비과세 또는 감면되는 경우에도 마찬가지이다.   (O, ×)

04 상속세 및 증여세 납부절차

25 상속세는 상속재산의 소재지를 관할하는 세무서장이 과세한다.   (O, ×)

26 수증자가 비거주자인 경우에는 증여재산의 소재지를 관할하는 세무서장 등이 증여세를 과세한다.   (O, ×)

27 피상속인과 상속인이 국내에 주소를 두고 있으며, 2025년 3월 5일에 상속이 개시되는 경우에 상속세 납부의무가 있는 상속인은 2025년 9월 30일까지 상속세의 과세가액 및 과세표준을 신고하여야 한다. (O, ×)

정답 및 해설
20 O **21** O **22** × **23** O **24** O **25** × 피상속인의 주소지 관할 세무서장이 과세한다. **26** ×
증여세는 수증자의 주소지를 관할하는 세무서장 등이 과세하는 것이 원칙이다. 그러나 수증자가 비거주자인 경우
증여자의 주소지를 관할하는 세무서장 등이 과세한다. **27** O

28 토지를 증여받아 증여세 납부의무가 있는 자는 증여받은 날이 속하는 달의 말일부터 3개월 이내에 증여세과 세가액 및 과세표준을 납세지 관할 세무서장에게 신고하여야 한다. (O, ×)

29 납세지 관할 세무서장은 상속세 납부세액이 20,000,000원을 초과하는 경우 납세의무자의 신청을 받아 연부 연납을 허가할 수 있다. (O, ×)

30 상속세 과세표준과 세액의 결정통지를 받은 자가 연부연납을 신청하고자 할 경우 해당 납부고지서의 납부기 한까지 연부연납신청서를 제출할 수 있다. (O, ×)

31 상속세 납부세액 또는 증여세 납부세액이 20,000,000원을 초과하는 경우에는 담보를 제공하고 연부연납을 할 수 있다. (O, ×)

32 연부연납을 허가받은 경우를 제외하고는, 납부할 증여세가 18,000,000원인 경우에는 10,000,000원을 납부 하고 나머지 8,000,000원은 납부기한 경과 후 2개월 이내에 분납할 수 있다. (O, ×)

33 거주자 또는 비거주자의 사망으로 상속이 개시되어 상속세 연부연납의 허가를 받은 경우에는 분납할 수 없다. (O, ×)

34 원칙적으로 상속세와 증여세의 연부연납 기간은 연부연납 허가를 받은 날부터 5년 이내이다. (O, ×)

35 납세지 관할 세무서장이 상속세의 연부연납을 허가하는 경우 납세의무자는 담보를 제공하여야 한다. (O, ×)

36 상속세는 물납이 가능하지만 증여세는 물납을 신청할 수 없다. (O, ×)

37 납세지 관할 세무서장은 물납신청을 받은 재산에 저당권이 설정되어 관리·처분상 부적당하다고 인정하는 경 우에는 물납허가를 하지 않을 수 있다. (O, ×)

38 납세지 관할 세무서장은 상속재산 중 법령에 따른 부동산과 유가증권의 가액이 해당 재산가액의 1/2을 초과하 고 상속세 납부세액이 1천만원을 초과할 경우 물납을 허가할 수 있다. (O, ×)

정답 및 해설

28 ○　**29** ○　**30** ○　**31** ○　**32** ○　**33** ○　**34** × 상속세는 10년이다. 단, 가업 상속은 20년이다.
35 ○　**36** ○　**37** ○　**38** × 1천만원 → 2천만원

01 총상속재산가액

01 상속인이 받은 생명보험 또는 손해보험의 보험금으로서 피상속인이 보험계약자이거나 보험료를 불입한 보험계약에 의한 것은 상속재산에 포함한다. (O, X)

02 피상속인이 신탁으로 인하여 타인으로부터 신탁의 이익을 받을 권리를 소유하고 있는 경우에는 그 이익에 상당하는 가액을 상속재산에 포함한다. (O, X)

03 피상속인의 사망으로 인하여 「국민연금법」에 따라 지급되는 반환일시금은 상속재산으로 본다. (O, X)

04 수익자연속신탁의 수익자가 사망함으로써 타인이 새로 신탁의 수익권을 취득하는 경우 그 타인이 취득한 신탁의 이익을 받을 권리의 가액은 사망한 수익자의 상속재산에 포함한다. (O, X)

05 손해보험계약자가 피상속인이 아닌 경우 피상속인이 실질적으로 보험료를 납부하였더라도 피상속인의 사망으로 인하여 받는 보험금은 상속재산으로 보지 아니한다. (O, X)

06 피상속인에게 지급될 퇴직금이 피상속인의 사망으로 인하여 지급되는 경우 그 금액은 상속재산으로 보지 아니한다. (O, X)

07 피상속인이 신탁한 재산은 상속재산으로 보며, 수익자의 증여재산가액으로 하는 신탁의 이익을 받을 권리의 가액도 상속재산으로 본다. (O, X)

08 상속개시일 전 1년 이내에 피상속인이 부담한 채무금액이 2억원 이상인 경우로서 용도가 객관적으로 명백하지 아니한 경우에는 이를 상속받은 것으로 추정한다. (O, X)

정답 및 해설

01 O   **02** O   **03** X 「국민연금법」에 따라 지급되는 반환일시금은 상속재산으로 보는 퇴직금에서 제외한다.
04 O   **05** X 보험료를 피상속인이 실질적으로 납부한 경우 보험금은 상속재산으로 본다.   **06** X 의제상속재산으로 본다.   **07** X 수익자의 증여재산가액으로 하는 신탁의 이익을 받을 권리의 가액은 증여재산으로 본다.
08 O

02 상속세 과세가액

09 상속개시일 전 10년 이내에 피상속인이 상속인에게 증여한 재산가액은 상속세 과세가액에 가산하며 상속개시일 현재의 가액으로 평가한다. (O, X)

10 「정당법」에 따른 정당에 유증을 한 재산에 대해서는 상속세를 부과한다. (O, X)

11 제사를 주재하는 상속인이 상속받은 족보와 제구에 대하여는 재산가액 합계액 2억원을 한도로 상속세를 부과하지 아니한다. (O, X)

12 전쟁이나 이에 준하는 공무의 수행 중 입은 부상 또는 질병으로 인한 사망으로 상속이 개시되는 경우에는 상속세를 부과하지 아니한다. (O, X)

13 상속재산 중 상속인이 상속세 과세표준 신고기한 이내에 국가, 지방자치단체 또는 공공단체에 증여한 재산에 대해서는 상속세를 부과하지 아니한다. (O, X)

14 피상속인이 국가·지방자치단체 및 금융기관이 아닌 자에 대하여 부담한 채무로서 상속인이 실제로 부담하는 사실이 확인되지 아니하는 것은 이를 상속세 과세가액에 산입한다. (O, X)

15 상속재산 중 피상속인 또는 상속인이 공익신탁을 통하여 과세표준 신고기한 이내에 공익법인 등에 출연한 재산의 가액은 상속세 과세가액에 산입하지 아니한다. (O, X)

16 피상속인이 국가·지방자치단체 및 금융기관이 아닌 자에 대하여 부담한 채무로서 상속인이 실제로 부담한 사실이 확인되지 아니한 것은 이를 상속재산가액에서 차감하지 아니한다. (O, X)

17 상속개시일 전 10년 이내에 피상속인이 상속인에게 진 증여채무는 상속재산의 가액에서 빼지 아니한다. (O, X)

18 거주자의 사망으로 상속이 개시되는 경우 상속세 과세가액 계산 시 총상속재산가액에서 차감하는 장례비용은 납골시설의 사용에 소요된 금액을 포함하여 최대 1천 5백만원이다. (O, X)

19 비거주자의 사망으로 상속이 개시되는 경우 상속재산가액에서 장례비용은 공제하지 않는다. (O, X)

정답 및 해설

09 X 사전증여재산의 합산 시 가산하는 금액은 증여 당시의 시가로 한다. **10** X 상속세 비과세대상이다.
11 X 족보와 제구는 비과세되는 상속재산에 포함하되 1천만원을 한도로 한다. **12** O **13** O **14** O
15 O **16** O **17** O **18** O **19** O

20 거주자의 사망으로 상속이 개시된 경우 피상속인의 동거자녀가 미성년자이면서 장애인인 경우 자녀공제, 미성년자공제 및 장애인공제를 모두 적용받을 수 있다. (O, X)

21 피상속인의 상속인이 그 배우자 단독인 경우 일괄공제를 적용받을 수 있다. (O, X)

22 피상속인의 배우자가 단독으로 상속받는 경우 기초공제와 그 밖의 인적공제에 따른 공제액을 합친 금액과 5억원 중 큰 금액으로 공제받을 수 있다. (O, X)

23 비거주자의 사망으로 상속이 개시되는 경우에는 기초공제를 적용하지 아니한다. (O, X)

24 거주자의 사망으로 상속이 개시되어 배우자가 상속인에 포함되는 경우 배우자상속공제액은 최소 5억원과 최대 30억원의 범위 내에서 결정된다. (O, X)

25 거주자의 사망으로 그 배우자가 실제 상속받은 금액이 없는 경우 배우자상속공제를 적용하지 아니한다. (O, X)

26 거주자 또는 비거주자의 사망으로 상속이 개시되는 경우 최대 2억원의 금융재산상속공제를 적용한다. (O, X)

27 거주자의 사망으로 상속이 개시되는 경우 상속재산가액 중 「상속세법」상 최대주주가 보유하고 있는 주식은 금융재산상속공제대상에 포함되지 않는다. (O, X)

정 답 및 해 설

20 O **21** X 배우자가 단독으로 상속하는 경우에는 일괄공제(5억원)를 적용하지 않고 기초공제와 그 밖의 인적공제액을 합친 금액만 상속공제한다. **22** X 배우자가 단독으로 상속받는 경우에는 일괄공제(5억원)는 적용하지 않는다. **23** X 비거주자가 사망하는 경우에도 기초공제는 적용한다. **24** O **25** X 최소 5억원의 배우자상속공제는 적용한다. **26** X 금융재산상속공제는 거주자에 한하여 적용한다. **27** O

28 동거주택상속공제의 최대금액은 6억원을 초과할 수 없다. (O, ×)

29 상속이 개시되는 법인세 사업연도의 직전 3개 사업연도 매출액의 평균금액이 5천억원 이상인 기업은 가업상속공제대상에서 제외한다. (O, ×)

30 상속공제액의 종합한도는 상속세 과세가액(증여재산 포함)에서 상속인이 아닌 자에게 유증한 재산의 가액을 차감한 잔액을 한도로 한다. (O, ×)

04 상속세 과세표준과 세액

31 상속세 과세표준이 50만원 미만인 때에는 상속세를 부과하지 아니한다. (O, ×)

32 거주자의 사망으로 외국에 있는 상속재산에 대하여 부과된 외국납부세액에 상당하는 금액은 상속세 산출세액에서 공제된다. (O, ×)

정답 및 해설

28 O **29** O **30** × 선순위 상속인의 상속포기로 인해 다음 순위 상속인이 상속받은 재산가액과 사전증여재산(증여재산가액에서 증여재산공제를 뺀 금액)을 추가로 뺀다. **31** O **32** O

3 증여세

01 증여세 계산구조

01 증여세의 과세대상이 되는 증여재산에 대하여 수증자에게 소득세가 부과되는 경우 증여세와 소득세 중 큰 금액을 부과한다. (○, ×)

02 증여세 과세가액

02 갑이 특수관계 없는 을로부터 채무인수를 조건으로 증여받은 경우 그 인수한 채무액은 증여재산가액에서 공제한다. (○, ×)

03 갑이 국가 또는 지방자치단체로부터 증여받은 재산가액에 대해서는 증여세가 과세되지 아니한다. (○, ×)

04 항시 치료를 요하는 중증환자인 장애인을 수익자로 하는 보험의 보험금은 전액 비과세한다. (○, ×)

05 설립근거 법령의 변경으로 비영리법인이 해산되어 해당 법인의 재산과 권리·의무를 다른 비영리법인이 승계받은 경우 승계받은 해당 재산의 가액에 대해서는 증여세를 부과하지 아니한다. (○, ×)

06 「공익신탁법」에 따른 공익신탁으로서 종교·자선·학술 또는 그 밖의 공익을 목적으로 하는 신탁을 통하여 공익법인에 출연하는 재산의 가액은 증여세 과세가액에 산입하지 아니한다. (○, ×)

07 해당 증여일 전 10년 이내에 동일인으로부터 받은 증여재산가액을 합친 금액이 1천만원 이상인 경우에는 그 가액을 증여세 과세가액에 가산한다. (○, ×)

03 증여세 과세표준 및 세액

08 미성년자가 직계존속으로부터 생애 처음 증여를 받는 경우 증여세 과세가액에서 공제하는 증여재산공제액은 최대 2천만원이다. (○, ×)

09 특수관계인으로부터 금전을 무상으로 대부받은 경우로서 대부금액에 적정이자율을 적용하여 계산한 금액이 1천만원 이상인 경우는 당해 금전무상 사용에 따른 이익을 대부받은 자의 증여재산가액으로 한다. (○, ×)

정 답 및 해 설

01 × 증여세는 부과하지 않는다. **02** ○ **03** ○ **04** × 연간 4천만원을 한도로 한다. **05** ○ **06** ○
07 ○ **08** ○ **09** ○

10 성년인 거주자 갑이 직계존속인 할아버지와 아버지로부터 각각 현금 5천만원을 동시에 증여받은 경우 각각의 증여세 과세표준의 총합계액은 5천만원이다(갑은 생애 처음으로 증여를 받았다). (O, ×)

04 증여예시

11 특수관계인에게 시가 5억원인 유형자산을 정당한 사유없이 9억원에 양도한 경우 양도자의 증여재산가액은 2억 5천만원이다. (O, ×)

12 법인이 자본을 감소시키기 위하여 주식을 소각할 때 주주 갑의 주식을 소각함으로써 다른 주주 을이 이익을 얻은 경우에는 을이 갑의 특수관계인에 해당하지 않더라도 그 이익에 상당하는 금액을 주주 을의 증여재산가 액으로 한다. (O, ×)

05 증여추정

13 갑의 주택이 법원의 결정으로 경매절차에 의하여 아들에게 처분된 경우 증여로 추정되어 그 가액은 갑의 아들의 증여재산가액으로 한다. (O, ×)

14 친구로부터 받은 증여재산에 담보된 채무로서 수증자가 인수한 금액은 증여재산가액에서 차감한다. (O, ×)

15 직업, 연령, 소득 및 재산상태 등으로 볼 때 재산을 자력으로 취득하였다고 인정하기 어려운 경우에는 그 재산을 취득한 때에 그 재산의 취득자금을 그 재산의 취득자가 증여받은 것으로 의제한다. (O, ×)

06 증여의제

16 조세회피목적 없이 타인의 명의로 재산의 등기를 하는 경우 조세포탈범으로 처벌되지는 아니하나 명의자가 실제소유자로부터 그 재산의 가액을 증여받은 것으로 본다. (O, ×)

17 명의신탁재산의 증여의제 규정에 따른 증여세는 실제소유자(명의자가 영리법인인 경우를 포함)가 그 증여세를 납부할 의무가 있다. (O, ×)

정 답 및 해 설

10 O **11** O **12** × 불공정감자의 경우는 특수관계인으로부터 이익을 증여받아야 하고, 이익을 분여받는 자가 대주주일 것을 요한다. **13** × 경매로 취득한 경우에는 증여추정을 배제한다. **14** O **15** × 의제 → 추정 **16** × 조세회피목적이 없는 경우는 명의신탁 증여의제규정을 적용하지 아니한다. **17** O

4 재산의 평가

01 평가의 원칙

01 상속세가 부과되는 재산의 가액은 상속세 과세표준신고일 현재의 시가에 의한다. (O, ×)

02 유가증권시장에서 거래되는 주식은 평가기준일 현재의 최종시세가액에 의한다. (O, ×)

03 주권상장법인의 주식은 평가기준일 이전·이후 각 2월 간에 공표된 매일의 최종시세가액(거래실적 유무를 불문함)의 평균액으로 평가하는 것이 원칙이다. (O, ×)

04 전세권이 등기된 재산(임대보증금을 받고 임대한 재산 포함)은 평가기준일 당시의 시가(또는 보충적 평가방법에 따른 평가액)와 등기된 전세금(임대보증금을 받고 임대한 경우에는 임대보증금) 중 큰 금액으로 평가한다. (O, ×)

05 외화자산 및 부채는 평가기준일 현재 「외국환거래법」에 의한 기준환율 또는 재정환율에 의하여 환산한 가액으로 평가한다. (O, ×)

02 비상장주식의 평가

06 부동산과다보유 비상장법인의 주식은 1주당 순자산가치에 의하여 평가한다. (O, ×)

07 비상장된 부동산과다보유법인의 주식은 1주당 순자산가치와 순손익가치를 각각 3과 2의 비율로 가중평균한 가액으로 한다. (O, ×)

08 비상장주식의 1주당 순자산가치를 산정함에 있어서 해당 법인의 자산가액은 시가와 장부가액 중 적은 금액으로 한다. (O, ×)

09 최대주주의 주식을 증여한 경우 회사 규모에 관계없이 20%를 할증하여 평가한다. (O, ×)

정답 및 해설

01 × 상속개시일 현재의 시가　**02** × 평가기준일 이전·이후 각 2개월 평균의 최종시세가액에 의한다.　**03** O
04 O　**05** O　**06** × 순자산가치와 순손익가치를 각각 3과 2의 비율로 가중평균한 가액으로 한다.
07 O　**08** × 시가와 장부가액 중 큰 금액으로 한다.　**09** × 중소·중견기업주식은 할증평가하지 않는다.

cpa.Hackers.com

회계사·세무사·경영지도사 단번에 합격!
해커스 경영아카데미 cpa.Hackers.com

제4편

법인세법

01 납세의무와 과세소득의 범위

01 비영리외국법인은 청산소득에 대한 법인세 납세의무가 없으나, 비영리내국법인은 청산소득에 대한 법인세 납세의무가 있다. (O, ×)

02 영리외국법인은 청산소득에 대한 법인세 납세의무가 없다. (O, ×)

03 국내원천소득이 있는 외국법인은 법인세 납세의무가 있다. (O, ×)

04 학술, 종교, 자선 등 영리 아닌 사업을 목적으로 설립된 비영리내국법인이라 하더라도 당해 법인의 수익사업에서 생기는 소득에 대해서는 각 사업연도의 소득에 대한 법인세 납세의무를 진다. (O, ×)

05 외국에서 주된 영업을 하는 영리법인은 국내에 본점이나 주사무소 또는 사업의 실질적 관리장소를 두고 있다 하더라도 내국법인으로 분류될 수 없다. (O, ×)

06 외국법인이 국내에 사업의 전부 또는 일부를 수행하는 고정된 장소를 가지고 있지 아니한 경우에도 국내에 그 외국법인을 위하여 계약을 체결할 권한을 가지고 그 권한을 반복적으로 행사하는 자를 두고 사업을 경영하는 경우에는 그 자의 사업장 소재지에 국내사업장을 둔 것으로 본다. (O, ×)

07 외국법인의 국내사업장에는 지점, 사무소 또는 영업소를 포함하는 것으로 한다. (O, ×)

08 국내사업장을 가진 외국법인 또는 국내사업장이 없더라도 부동산소득이 있는 외국법인의 각 사업연도소득에 대한 법인세의 신고·납부에 대하여는 원칙적으로 내국법인에게 적용되는 법인세의 신고·납부규정을 준용한다. (O, ×)

09 외국의 정부·지방자치단체는 각 사업연도의 소득 및 청산소득에 대하여 납세의무를 지지 않는다. (O, ×)

10 「국세기본법」상 법인으로 보는 단체는 「법인세법」상 비영리내국법인으로 취급되며 증여세 납세의무는 없다. (O, ×)

정답 및 해설

01 × 비영리내국법인도 청산소득 납세의무가 없다. **02** O **03** O **04** O **05** × 국내에 실질적 관리장소를 둔 법인은 내국법인에 해당한다. **06** O **07** O **08** O **09** × 각 사업연도의 소득에 대해서는 납세의무를 진다. **10** × 증여세 납세의무가 있다.

11 국내에 사업의 실질적 관리장소가 없고 외국에 본점 또는 주사무소를 둔 경우로서 구성원이 유한책임사원으로만 구성된 단체는 외국법인에 해당하지 아니한다.   (O, ×)

12 외국법인은 비사업용토지의 양도소득에 대하여 법인세 납세의무가 있다.   (O, ×)

13 영리내국법인에 대하여는 각 사업연도의 소득, 청산소득 및 법령에 따른 토지 등 양도소득에 대하여 법인세를 부과한다.   (O, ×)

14 내국법인 중 국가와 지방자치단체에 대하여는 법인세를 부과하지 아니한다.   (O, ×)

15 지방자치단체조합은 보유하고 있던 비사업용 토지를 양도하는 경우 토지 등 양도소득에 대한 법인세 납세의무가 없다.   (O, ×)

02 사업연도

16 사업연도는 법령이나 법인의 정관(定款) 등에서 정하는 1회계기간으로 한다. 다만, 그 기간은 1년을 초과하지 못한다.   (O, ×)

17 법령 또는 정관 등에 사업연도에 관한 규정이 없는 법인은 따로 사업연도를 정하여 법인설립신고 또는 사업자등록과 함께 납세지 관할 세무서장에게 신고하여야 한다.   (O, ×)

18 내국법인(법인으로 보는 법인격 없는 단체에 해당하지 아니한다)의 최초 사업연도 개시일은 설립등기일로 한다.   (O, ×)

19 최초사업연도 개시일 전에 생긴 손익을 사실상 그 법인에 귀속시킨 것이 있는 경우 조세포탈의 우려가 없을 때에는 최초사업연도의 기간이 1년을 초과하지 아니하는 범위 내에서 이를 해당 법인의 최초사업연도 손익에 산입할 수 있다.   (O, ×)

20 국내사업장을 가지고 있으며 법령이나 정관 등에 사업연도에 관한 규정이 없는 외국법인 ㈜B가 사업연도 신고를 하지 않은 경우 ㈜B의 최초 사업연도는 국내사업장을 가지게 된 날부터 그 날이 속하는 해의 12월 31일까지로 한다.   (O, ×)

21 내국법인 ㈜B(사업연도: 1월 1일 ~ 12월 31일)가 사업연도를 7월 1일부터 6월 30일까지로 변경하기 위하여 2025년 4월 15일 사업연도변경신고서를 납세지 관할세무서장에게 제출한 경우 변경 후 최초사업연도는 2026년 1월 1일부터 2026년 6월 30일까지이다.   (O, ×)

정답 및 해설
11 × 외국법인으로 본다. **12** ○ **13** ○ **14** ○ **15** ○ **16** ○ **17** ○ **18** ○ **19** ○ **20** ○
21 ○ ㈜B의 사업연도 ㉠ 2025년 1월 1일 ~ 2025년 12월 31일(4월 15일 사업연도변경신고서는 2026년 1월 1일 이후 사업연도부터 유효함) ㉡ 2026년 1월 1일 ~ 2026년 6월 30일(변경 후 최초사업연도) ㉢ 2026년 7월 1일 ~ 2027년 6월 30일(사업연도 변경됨)

22 국내사업장이 없는 외국법인으로서 국내원천 부동산소득이 있는 법인은 따로 사업연도를 정하여 그 소득이 최초로 발생하게 된 날부터 1개월 이내에 납세지 관할 세무서장에게 사업연도를 신고하여야 한다. (O, ×)

23 국내사업장이 없는 외국법인으로서 국내원천 토지양도소득이 있는 경우 법인의 최초 사업연도 개시일은 국내 원천 토지양도소득이 최초로 발생한 날이다. (O, ×)

24 사업연도를 변경하려는 법인은 그 법인의 직전 사업연도 종료일부터 2개월 이내에 법령으로 정하는 바에 따라 납세지 관할 세무서장에게 이를 신고하여야 한다. 사업연도가 변경된 경우에는 종전의 사업연도 개시일부터 변경된 사업연도 개시일 전날까지의 기간을 1사업연도로 한다. 다만, 그 기간이 3개월 미만인 경우에는 변경된 사업연도에 그 기간을 포함한다. (O, ×)

25 법령에 따라 사업연도가 정하여지는 법인이 관련 법령의 개정에 따라 사업연도가 변경된 경우에는 사업연도 의 변경신고를 하지 아니한 경우에도 그 법령의 개정내용과 같이 사업연도가 변경된 것으로 본다. (O, ×)

26 「상법」·기타 법령의 규정에 의하여 그 조직을 변경한 경우에도 조직변경 전의 법인해산등기 또는 조직변경 후의 법인설립등기에 관계없이 당해 법인의 사업연도는 조직변경 전 사업연도가 계속되는 것으로 한다. (O, ×)

27 내국법인이 사업연도 중에 분할에 따라 해산한 경우에는 그 사업연도 개시일부터 분할등기일까지의 기간을 그 해산한 법인의 1사업연도로 본다. (O, ×)

28 내국법인이 사업연도 중에 「상법」의 규정에 따라 조직변경을 한 경우에는 그 사업연도 개시일부터 조직변경 일까지의 기간과 조직변경일의 다음 날부터 그 사업연도 종료일까지의 기간을 각각 1사업연도로 본다. (O, ×)

29 내국법인이 사업연도 중에 연결납세방식을 적용받는 경우에는 그 사업연도 개시일부터 연결사업연도 개시일 의 전날까지의 기간을 1사업연도로 본다. (O, ×)

30 둘 이상의 국내사업장이 있는 외국법인이 사업연도 중에 그 중 하나의 국내사업장을 가지지 아니하게 된 경우 에는 그 사업연도 개시일부터 그 사업장을 가지지 아니하게 된 날까지의 기간을 그 법인의 1사업연도로 본다. (O, ×)

정답 및 해설
22 O **23** O **24** × 사업연도 종료일부터 2개월 → 사업연도 종료일부터 3개월, 3개월 미만 → 1개월 미만
25 O **26** O **27** O **28** × 조직변경 전의 사업연도가 계속되는 것으로 본다. 즉, 조직변경에 의해 사업연 도가 변경되지는 않는다. **29** O **30** × 국내에 다른 사업장을 가지고 있는 경우 사업연도의 변경이 불가능하다.

03 납세지

31 내국법인의 법인세 납세지는 그 법인의 등기부에 따른 본점이나 주사무소의 소재지로 한다. 다만, 법인으로 보는 단체의 경우에는 당해 단체가 신고하는 장소로 하고 신고가 없는 경우 관할 세무서장이 정하는 장소로 한다. (O, X)

32 내국법인 및 외국법인과 「소득세법」에 의한 거주자 및 비거주자는 「법인세법」에 의하여 원천징수하는 법인세를 납부할 의무가 있다. (O, X)

33 원천징수의무자가 거주자로서 사업장이 없는 경우에는 그 거주자의 주소지 또는 거소지를 원천징수한 법인세의 납세지로 한다. (O, X)

34 납세지가 변경된 법인이 「법인세법」에 따라 납세지 변경신고를 한 경우에는 그 법인이 「부가가치세법」에 의한 사업자등록 정정신고를 한 것으로 본다. (O, X)

35 납세지가 변경된 법인이 「부가가치세법」에 따라 그 변경된 사실을 신고한 경우에는 「법인세법」에 따른 납세지 변경신고를 한 것으로 본다. (O, X)

36 법인은 납세지가 변경된 경우에는 그 변경된 날부터 15일 이내에 변경 후의 납세지 관할 세무서장에게 이를 신고하여야 한다. (O, X)

37 관할지방국세청장이나 국세청장이 납세지를 지정하는 경우 그 법인의 당해 사업연도 종료일로부터 45일 이내에 지정통지를 하여야 한다. (O, X)

38 법인과세 신탁재산의 법인세 납세지는 그 법인과세 수탁자의 납세지로 한다. (O, X)

정답 및 해설

31 X 법인으로 보는 단체의 납세지는 당해 단체의 사업장 소재지이다. **32** O **33** O **34** X 「부가가치세법」에 의한 사업자등록 정정신고를 한 경우에는 「법인세법」에 따라 납세지 변경신고를 한 것으로 본다. **35** O
36 O **37** O **38** O

2 익금과 익금불산입

01 익금

01 익금은 자본 또는 출자의 납입 및 「법인세법」에서 규정하는 것은 제외하고 해당 법인의 순자산을 증가시키는 거래로 인하여 발생하는 수익의 금액으로 한다. (○, ×)

02 법인세 과세표준을 추계결정하는 법인은 임대보증금에 대한 간주임대료를 익금에 산입하되, 주택임대보증금에 대한 간주임대료는 익금에 산입하지 아니한다. (○, ×)

03 채무의 면제 또는 소멸로 인하여 생기는 부채의 감소액 중 이월결손금의 보전에 충당된 금액은 익금이 아니다. (○, ×)

04 법인의 각 사업에서 생기는 사업수입금액은 익금에 산입하되, 기업회계기준에 의한 매출에누리금액 및 매출할인금액은 산입하지 아니한다. (○, ×)

05 채무의 출자전환 시 시가가 액면가액에 미달하는 경우 익금에 산입되는 채무면제이익은 발행가액에서 액면가액을 차감하여 계산한다. (○, ×)

06 자기주식의 양도금액은 익금항목이다. (○, ×)

07 자기주식소각손익은 손금 또는 익금항목이 아니지만, 자기주식매각손익은 원칙적으로 손금 또는 익금항목이다. (○, ×)

08 전기에 손금으로 처리한 업무용 건물에 대한 재산세를 환급받아 전기오류수정이익(이익잉여금)으로 회계처리한 경우에는 익금으로 보지 않는다. (○, ×)

정답 및 해설
01 ○ **02** × 추계 시 주택도 간주임대료를 적용한다. **03** ○ **04** ○ **05** ○ **06** ○ **07** ○ **08** ×
익금으로 본다.

09 영리내국법인이 특수관계인인 법인으로부터 유가증권을 시가보다 낮은 가액으로 매입하여 보유하는 경우 시가와 매입가액의 차액은 그 유가증권을 매입한 사업연도의 익금으로 본다. (O, X)

10 「법인세법」상 특수관계인이 아닌 개인으로부터 유가증권을 시가보다 낮은 가액으로 매입하는 경우 시가와 그 매입가액의 차액에 상당하는 금액은 익금으로 본다. (O, X)

11 법인이 합병, 증자, 감자로 인하여 특수관계인으로부터 이익을 분여받은 경우 그 이익은 익금이다.
(O, X)

12 내국법인이 외국자회사로부터 수입배당금액을 받은 경우 그 외국자회사의 소득에 대하여 부과된 외국법인세액 중 그 수입배당금액에 대응하는 금액이 세액공제된 경우에는 이를 익금으로 간주한다. (O, X)

13 정당한 사유 없이 특수관계가 소멸되는 날까지 회수하지 아니한 가지급금은 특수관계가 소멸되는 때 익금에 산입하고 기타사외유출로 처분한다. (O, X)

02 의제배당

14 영리내국법인이 이미 보유하던 주식에 대하여 받은 주식배당은 익금을 구성하지 아니한다. (O, X)

15 자기주식소각이익을 원천으로 한 무상주의 가액이 소각 당시 시가가 취득가액을 초과하지 아니하는 경우에는 소각일의 제한 없이 익금에 산입한다. (O, X)

16 법인이 자기주식을 보유한 상태에서 법인의 잉여금을 자본전입함에 따라 당해 법인 외의 주주의 지분비율이 증가한 경우 그 증가한 지분비율에 상당하는 주식의 가액은 배당으로 의제된다. (O, X)

정답 및 해설

09 X 법인 → 개인 **10** X 특수관계인이 아닌 개인으로부터 매입한 경우 익금으로 보지 않는다. **11** O
12 O **13** X 그 귀속자에게 상여 등으로 처분한다. **14** X 익금에 해당한다. **15** X 2년 이내 자본전입분만 익금에 산입한다. **16** O

해커스 세법 FINAL 핵심지문 OX

2. 익금과 익금불산입 **4-7**

17 자기주식처분이익을 자본금에 전입하는 경우 주주가 받은 무상주는 자기주식 취득시기에 따라 의제배당 여부가 결정된다. (O, X)

18 자기주식 소각 당시의 시가가 취득가액을 초과한 경우로서 자기주식을 소각하여 생긴 이익을 소각일부터 4년이 지난 후 자본에 전입하여 주주가 받은 주식가액은 의제배당에 해당한다. (O, X)

19 영리내국법인 ㈜A가 자기주식을 소각하여 생긴 이익을 소각일로부터 2년 이내에 자본에 전입함에 따라 ㈜A의 주주인 영리내국법인 ㈜B가 수령하는 무상주는 의제배당으로 익금에 산입한다. (O, X)

20 이익잉여금의 자본전입에 따른 무상주 수령액 1,500,000원(이 중 수입배당금 익금불산입 금액은 450,000원임)을 장부상 회계처리하지 않은 경우, 익금산입 1,500,000원(유보), 익금불산입 450,000원(기타)으로 처리하여야 한다. (O, X)

21 주식의 소각으로 인하여 주주가 취득하는 금전 기타 재산가액의 합계액이 주주가 당해 주식을 취득하기 위하여 소요된 금액을 초과하는 금액은 배당으로 의제된다. (O, X)

22 해산한 법인의 주주가 그 법인의 해산으로 인한 잔여재산의 분배로서 취득하는 금전 기타 재산의 가액이 당해 주식을 취득하기 위하여 소요된 금액을 초과하는 금액은 배당으로 의제된다. (O, X)

23 합병으로 인하여 소멸하는 법인의 주주 등이 합병 후 존속하는 법인으로부터 그 합병으로 인하여 취득하는 합병대가가 그 소멸법인의 주식을 취득하기 위하여 소요된 금액을 초과하는 금액은 배당으로 의제된다. (O, X)

03 익금불산입

24 국세 또는 지방세 과오납금의 환급금에 대한 이자는 익금으로 보지 않는다. (O, X)

25 부가가치세의 매출세액은 내국법인의 각 사업연도의 소득금액계산에 있어서 이를 익금에 산입하지 아니한다. (O, X)

26 연결모법인이 연결자법인으로부터 지급받았거나 지급받을 개별귀속법인세액은 연결모법인의 익금에 산입하지 아니한다. (O, X)

정답 및 해설

17 X 취득시기에 관계없이 과세한다. **18** O **19** O **20** O **21** O **22** O **23** O **24** O **25** O
26 O

04 수입배당금에 대한 익금불산입

27 배당기준일 전 3월 이내에 취득한 주식을 보유함으로써 발생하는 수입배당금액에 대해서는 수입배당금액의 익금불산입 규정을 적용하지 않는다. (O, ×)

28 법인세법령에 따라 지급한 배당에 대하여 소득공제를 적용받는 유동화전문회사로부터 수입배당금액을 받은 내국법인은 수입배당금액에 대하여 익금불산입 규정을 적용하지 않는다. (O, ×)

29 내국법인이 수입배당금을 익금불산입할 수 있는 외국자회사란 내국법인이 의결권 있는 발행주식총수의 100분의 1을 초과하여 출자하고 있는 외국법인을 말한다. (O, ×)

30 지급한 배당에 대하여 소득공제를 적용받는 법인과세 신탁재산으로부터 받은 수입배당금에 대하여는 내국법인 수입배당금액의 익금불산입 규정을 적용하지 않는다. (O, ×)

31 내국법인(법령에 따른 간접투자회사 등을 포함한다)이 해당 법인이 출자한 외국자회사로부터 받은 수입배당금액은 각 사업연도의 소득금액을 계산할 때 익금에 산입하지 아니한다. (O, ×)

32 고유목적사업준비금을 손금에 산입하는 비영리내국법인이 지분을 출자한 다른 내국법인으로부터 받은 수입배당금에 대해서는 일반법인에 대한 수입배당금액 익금불산입액의 50%를 익금불산입한다. (O, ×)

33 내국법인이 적격합병에 따라 다른 내국법인이 보유하고 있던 외국자회사의 주식 등을 승계받은 때에는 그 승계 전 다른 내국법인이 외국자회사의 주식 등을 취득한 때부터 해당 주식 등을 보유한 것으로 본다. (O, ×)

34 법인인 주주가 지급배당금을 당해 사업연도의 소득금액 계산 시 공제한 법인으로부터 배당금을 받는 경우에는 수입배당금의 일정비율에 해당하는 금액을 익금불산입한다. (O, ×)

35 「국제조세조정에 관한 법률」에 따라 특정외국법인의 유보소득에 대하여 내국법인이 배당받은 것으로 보는 금액에 대해서는 각 사업연도의 소득금액을 계산할 때 익금에 산입하지 아니한다. (O, ×)

36 혼성금융상품의 거래에 따라 외국자회사로부터 내국법인이 지급받는 수입배당금액은 각 사업연도의 소득금액을 계산할 때 익금에 산입하지 않는다. (O, ×)

정답 및 해설

27 ○ **28** ○ **29** × 1을 초과 → 10 이상 **30** ○ **31** × 간접투자회사는 제외한다. **32** × 익금불산입 규정을 적용하지 아니한다. **33** ○ **34** × 익금불산입 대상 주식에서 제외한다. **35** × 외국자회사의 수입배당금 익금불산입 규정을 적용하지 않고, 간접외국납부세액공제를 적용한다. **36** × 외국자회사의 수입배당금 익금불산입 적용대상에서 제외한다.

01 손금의 범위

01 「법인세법」은 손비의 범위에 관한 일반적 기준으로서 그 법인의 사업과 관련하여 발생하거나 지출된 손실 또는 비용으로서 일반적으로 인정되는 통상적인 것이거나 수익과 직접 관련된 것으로 규정하고 있다.

(○, ×)

02 잉여금의 처분으로 인한 배당금 지급액은 손금에 산입하지 아니한다. (○, ×)

03 자기주식소각손실은 그 본질이 감자차손에 해당하며 따라서 손금에 산입하지 않는다. (○, ×)

04 법인의 임원이 공무원에게 공여한 형법상 뇌물에 해당하는 금전은 손금이다. (○, ×)

05 법인의 임원 또는 직원이 아닌 지배주주에게 교육훈련비를 지급하고 비용으로 처리한 경우 손금불산입한다.

(○, ×)

06 내국법인이 해당 법인 이외의 자와 출자에 의하여 특정 사업을 공동으로 영위함에 따라 발생된 손비에 대한 분담금액은 출자총액 중 당해 법인이 출자한 금액의 비율에 우선하여 당해 공동사업자 사이의 약정에 따른 분담비율을 기준으로 정한다. (○, ×)

07 법인이 다른 법인과 출자에 의해 공동으로 사업을 운영하는 경우 발생하는 공동경비 중 출자비율에 따른 분담금액을 초과하는 금액은 손금에 산입하지 아니한다. (○, ×)

08 법인이 출자임원(지배주주와 특수관계에 있는 자)에게 지급한 여비 또는 교육훈련비는 업무와 관련된 지출이라 하더라도 전액 손금불산입한다. (○, ×)

09 특정인에게 광고선전 목적으로 기증한 물품(개당 3만원 이하는 제외)의 구입비용으로 연간 5만원 이내의 금액은 손금에 산입한다. (○, ×)

10 회수할 수 없는 부가가치세 매출세액 미수금은 「부가가치세법」에 따라 대손세액공제를 받은 것에 한정하여 손금으로 인정한다. (○, ×)

11 제조업을 영위하는 법인이 보유한 개별소비세 과세대상인 승용자동차의 수선비에 대한 부가가치세 매입세액은 손금에 산입한다. (○, ×)

정답 및 해설

01 ○ **02** ○ **03** ○ **04** × 손금불산입한다. **05** ○ **06** × 특수관계 여부 또는 약정체결 여부에 관계없이 출자비율에 의한다. **07** ○ **08** × 전액 손금산입한다. **09** ○ **10** × 대손세액공제를 받지 아니한 것만 손금으로 인정한다. **11** ○

12 재고자산이 파손되어 정상가격으로 판매할 수 없게 된 경우에는 당해 재고자산의 장부가액을 파손사유가 발생한 사업연도에 당해 사업연도종료일 현재의 처분가능한 시가로 감액할 수 있다. (○, ×)

13 당기 중 파산한 B회사 주식(기말 현재 시가 0원)의 장부가액 100만원을 전액 감액손실로 계상한 경우에는 1,000원을 손금불산입한다. (○, ×)

14 영업자가 조직한 단체로서 법인이거나 주무관청에 등록된 조합 또는 협회 외의 임의로 조직된 조합 또는 협회에 지급한 회비 중 일반회비는 전액 손금으로 인정되지만 특별회비는 일반기부금으로 처리한다. (○, ×)

15 법인이 영리내국법인으로부터 건당 3만원(부가가치세 포함)을 초과하는 용역을 공급받고 그 대가를 지급하는 경우 법정증명서류 이외의 증명서류를 수취하면 손금에 산입하지 아니한다. (○, ×)

16 부가가치세 신고불성실가산세 납부액을 잡손실로 회계처리한 경우에는 별도의 세무조정이 필요 없다. (○, ×)

17 부동산임차인이 부담한 사실이 확인되는 전세금 및 임차보증금에 대한 매입세액은 임차인의 손금으로 산입할 수 있다. (○, ×)

18 간이과세자로부터 부가가치세가 과세되는 재화를 공급받고 「부가가치세법」 제36조 제1항의 규정에 의한 영수증을 교부받은 거래분에 포함된 매입세액으로서 매입세액공제대상이 아닌 금액은 손금으로 인정된다. (○, ×)

19 「영유아보육법」에 따라 설치한 직장어린이집의 운영비를 지출하고 복리후생비로 비용처리한 경우 손금불산입한다. (○, ×)

20 비상근임원에게 지급하는 보수는 부당행위계산부인에 해당하는 경우를 제외하고 이를 손금에 산입한다. (○, ×)

21 합명회사 또는 합자회사의 노무출자사원에게 지급하는 보수는 이익처분에 의한 상여로 보아 손금에 산입하지 아니한다. (○, ×)

22 임원의 출산 또는 양육 지원을 위해 해당 임원에게 공통적으로 적용되는 지급기준에 따라 지급하는 금액은 손금으로 인정된다. (○, ×)

정답 및 해설

12 ○ **13** ○ **14** × 임의로 조직된 협회 등에 지급한 회비는 손금 인정되지 않는 비용에 해당한다. **15** × 손금에는 산입하되, 적격증빙을 수취하지 않은 금액에 대해 가산세(2%)를 부과한다. **16** × 손금불산입한다. **17** ○ **18** ○ **19** × 손금산입한다. **20** ○ **21** ○ **22** ○

23 법인이 지배주주인 임원에게 정당한 사유 없이 동일직위에 있는 다른 임원에게 지급하는 금액을 초과하여 보수를 지급한 경우 그 초과금액은 이를 손금에 산입하지 아니한다. (O, ×)

24 법인이 임원 또는 직원에게 지급하는 상여금 중 이사회의 결의에 의하여 결정된 급여지급기준을 초과하여 지급한 경우 그 초과금액은 이를 손금에 산입하지 아니한다. (O, ×)

25 법인이 임원에 대하여 퇴직 시까지 부담한 확정기여형 퇴직연금의 부담금은 전액 손금에 산입한다. (O, ×)

26 「파견근로자보호 등에 관한 법률」에 따른 파견근로자를 위하여 지출한 직장문화·체육비와 직장회식비는 기업업무추진비로 본다. (O, ×)

27 임원이 아닌 직원에게 주주총회의 결의에 의한 급여지급기준을 초과하여 지급한 상여금은 전액 손금에 산입한다. (O, ×)

28 법인이 「노동조합 및 노동관계조정법」을 위반하여 노조전임자에게 지급한 급여는 손금에 산입하지 아니한다. (O, ×)

03 기업업무추진비

29 기업업무추진비란 접대, 교제, 사례 또는 그 밖에 어떠한 명목이든 상관없이 이와 유사한 목적으로 지출한 비용으로서 법인의 업무와 관련하여 지출한 금액을 말한다. (O, ×)

30 주주 또는 출자자나 임원 또는 직원이 부담하여야 할 성질의 기업업무추진비를 법인이 지출한 것은 이를 기업업무추진비로 보지 아니한다. (O, ×)

31 법인이 그 직원이 조직한 조합 또는 단체에 복리시설비를 지출한 경우 당해 조합이나 단체가 법인인 때에는 이를 기업업무추진비로 보며, 당해 조합이나 단체가 법인이 아닌 때에는 그 법인의 경리의 일부로 본다. (O, ×)

32 기업업무추진비에 해당하는 사업상 증여에 대하여 법인이 부담한 부가가치세 매출세액 상당액은 기업업무추진비로 보지 아니한다. (O, ×)

정답 및 해설

23 O **24** × 직원에게 급여기준을 초과하여 지급하는 상여금은 손금에 산입한다. **25** × 임원퇴직금의 경우 한도가 있으므로 전액 손금에 산입할 수는 없다. **26** × 기업업무추진비 → 복리후생비 **27** O **28** O **29** O **30** O **31** O **32** × 기업업무추진비로 본다.

33 현물 기업업무추진비는 이를 제공한 때의 시가가 장부가액보다 낮은 경우에는 장부가액에 의하여 기업업무추진비를 계산한다. (O, ×)

34 기업업무추진비를 신용카드로 결제한 경우 실제로 접대행위를 한 사업연도가 아니라 대금청구일이 속하는 사업연도를 손금의 귀속시기로 한다. (O, ×)

35 내국법인이 1회에 지출한 기업업무추진비 중 1만원을 초과하는 기업업무추진비로서 법정증빙을 수취하지 않고 영수증을 받은 부분은 손금불산입하고 기타사외유출로 처분하며, 업무 관련성을 입증하지 못한 부분은 손금불산입하고 소득귀속자에 따라 배당, 상여 등으로 처분한다. (O, ×)

36 내국법인이 국내에서 1회에 3만원(경조금 20만원)을 초과하여 지출한 기업업무추진비로서 신용카드매출전표, 계산서, 세금계산서 등의 적격증빙을 갖추지 못한 것은 손금에 산입하지 아니한다. (O, ×)

37 재화 또는 용역을 공급하는 신용카드 등의 가맹점이 아닌 다른 가맹점의 명의로 작성된 매출전표 등을 발급받은 경우 해당 지출액은 신용카드 등을 사용하여 지출한 기업업무추진비로 보지 않는다. (O, ×)

38 특수관계인과의 거래에서 발생한 수입금액에 대해서는 수입금액을 기준으로 하는 기업업무추진비 한도액을 일반수입금액에 비해 낮게 정하고 있다. (O, ×)

해커스 세법 FINAL 핵심지문 OX

제3장

세무편 법인세법

정답 및 해설

33 ○ **34** × 접대행위를 한 사업연도가 손금의 귀속시기이다. **35** × 1만원 → 3만원 **36** ○ **37** ○
38 ○

3. 손금과 손금불산입 **4-13**

04 기부금

39 법인이 특수관계인 외의 자에게 정당한 사유 없이 자산을 정상가액보다 낮은 가액으로 양도함으로써 그 차액 중 실질적으로 증여한 것으로 인정되는 금액은 기부금으로 본다. (O, ×)

40 특수관계가 없는 법인으로부터 시가 1,000,000원의 유가증권을 1,500,000원에 취득한 경우에 세법상 취득가액은 1,500,000원이다. (O, ×)

41 법인이 기부금을 금전 외의 자산으로 제공한 경우 특수관계인이 아닌 자에게 기부한 일반기부금은 기부했을 때의 장부가액과 시가 중 큰 금액으로 해당 자산가액을 산정한다. (O, ×)

42 현물로 접대 또는 기부한 경우 기업업무추진비는 시가로, 특례기부금은 장부가액으로, 일반·비지정기부금은 시가와 장부가액 중 큰 금액으로 평가한다. (O, ×)

43 법령에 따라 특별재난지역으로 선포된 경우 그 선포의 사유가 된 재난으로 생기는 이재민을 위한 구호금품의 가액은 특례기부금이다. (O, ×)

44 법인이 기부금의 지출을 위하여 어음을 발행(배서를 포함)한 경우에는 그 어음이 실제로 결제된 날에 지출한 것으로 보며, 수표를 발행한 경우에는 당해 수표를 교부한 날에 지출한 것으로 본다. (O, ×)

45 법인이 기부금을 가지급금 등으로 이연계상한 경우에는 이를 그 지출한 사업연도의 기부금으로 하고 그 후의 사업연도에는 이를 기부금으로 보지 않는다. (O, ×)

46 손금불산입한 미지급기부금은 사내유보로 처분한다. (O, ×)

47 특례기부금 및 일반기부금의 손금산입한도액을 초과하여 익금에 산입한 금액은 기타사외유출로 소득처분한다. (O, ×)

48 지진으로 생긴 이재민을 위해 장부가액 3억원, 시가 5억원인 상품을 기부한 경우 해당 현물기부금의 가액은 3억원으로 한다. (O, ×)

49 내국법인이 각 사업연도에 지출하는 일반기부금 중 손금산입한도액을 초과하여 손금에 산입하지 아니한 금액은 해당 사업연도의 다음 사업연도 개시일부터 10년 이내에 끝나는 각 사업연도로 이월하여 그 이월된 사업연도의 소득금액을 계산할 때 손금산입한도액의 범위에서 손금에 산입한다. (O, ×)

정답 및 해설

39 ○ **40** × 세법상 취득가액은 1,300,000원이다. **41** × 장부가액과 시가 중 큰 큼액 → 기부했을 때의 장부가액 **42** × 기업업무추진비: Max[시가, 장부가액], 일반기부금: 장부가액(단, 특수관계인에 대한 일반기부금은 Max[시가, 장부가액]) **43** ○ **44** ○ **45** ○ **46** ○ **47** ○ **48** ○ **49** ○

05 지급이자

50 채권자의 능력 및 자산상태로 보아 금전을 대여한 것으로 인정할 수 없는 차입금에 대한 이자는 손금에 산입하지 아니한다. (O, ×)

51 채권자가 불분명한 사채의 이자는 손금불산입하며, 동 이자에 대한 원천징수세액에 상당하는 금액은 기타사외유출로 소득처분한다. (O, ×)

52 건설자금에 충당한 차입금이자와 채권자가 불분명한 사채이자를 손금불산입하는 경우에는 채권자가 불분명한 사채이자를 먼저 손금불산입한다. (O, ×)

53 「소득세법」에 따른 채권의 이자 중 그 지급받은 자가 불분명한 것으로서 채권의 이자를 당해 채권의 발행법인이 직접 지급하는 경우 그 지급사실이 객관적으로 인정되지 아니하는 이자는 내국법인의 각 사업연도의 소득금액을 계산할 때 손금에 산입하지 아니한다. (O, ×)

54 채권·증권의 발행법인이 그 이자와 할인액을 직접 지급하는 경우에 그 지급사실이 객관적으로 인정되지 아니하는 때에는 지급이자와 할인액을 손금불산입하며 그 원천징수세액은 기타사외유출로 소득처분한다. (O, ×)

55 채권자가 불분명한 사채이자 1,000,000원(소득세 등으로 원천징수된 금액 418,000원 포함)을 비용으로 계상한 경우, 1,000,000원을 손금불산입하고 전액 대표자에 대한 상여로 소득처분한다. (O, ×)

56 지급이자가 손금부인되는 채권자가 불분명한 사채의 이자에는 거래일 현재 주민등록표에 의하여 그 거주사실 등이 확인된 채권자가 차입금을 변제받은 후 소재불명이 된 경우의 차입금에 대한 이자도 포함된다. (O, ×)

57 지급이자의 손금불산입 규정이 동시에 적용되는 경우 부인 순서는 채권자가 불분명한 사채의 이자, 지급받은 자가 불분명한 채권·증권의 이자·할인액 또는 차익, 건설자금에 충당한 차입금의 이자, 업무무관자산 등에 대한 지급이자의 순으로 부인한다. (O, ×)

58 사업용 유형자산의 건설에 소요된 지의 여부가 분명한 차입금 중 해당 건설이 준공된 후에 남은 차입금에 대한 이자는 각 사업연도의 손금으로 산입할 수 없다. (O, ×)

59 사업용 유형자산의 건설에 소요된 지의 여부가 분명한 차입금의 일부를 운영자금에 전용한 경우에는 그 부분에 상당하는 지급이자는 이를 손금으로 한다. (O, ×)

정답 및 해설
50 O **51** O **52** O **53** O **54** O **55** × 582,000은 손금불산입 상여, 418,000은 손금불산입 기타사외유출로 소득처분한다. **56** × 거주사실이 확인된 경우 채권자 불분명 사채이자에서 제외한다. **57** O **58** × 손금으로 산입할 수 있다. **59** O

60 사업용 유형자산의 건설에 소요된 것이 분명한 특정차입금에 대한 지급이자는 건설이 준공된 날까지 이를 자본적 지출로 하여 그 원본에 가산한다. 다만, 특정차입금의 일시예금에서 생기는 수입이자는 원본에 가산하는 자본적 지출금액에서 차감한다. (O, X)

61 재고자산에 대하여 건설자금이자를 계상한 경우에는 건설자금이자상당액을 손금산입하고 △유보로 처분한다. (O, X)

62 건설자금이자를 과대계상한 경우에는 그 과대계상액을 손금산입(△유보)하고, 그 후 해당 자산의 처분 혹은 감가상각 시 손금불산입(유보)하는 것으로 처리한다. (O, X)

63 건설자금이자를 과대계상한 경우 손금불산입(유보)하고, 그 후 기간에 있어서 해당 자산에 대한 처분 혹은 감가상각 시 손금산입(△유보)으로 처리한다. (O, X)

64 사업용 유형자산의 건설에 소요된 것이 분명한 특정차입금의 연체로 인하여 생긴 이자를 원본에 가산한 경우 그 가산한 금액과 원본에 가산한 금액에 대한 지급이자는 해당 사업연도의 자본적 지출로 한다. (O, X)

65 업무무관자산 등에 대한 지급이자 손금불산입액을 계산할 때 중소기업에 근무하는 지배주주가 아닌 직원에 대한 주택구입 또는 전세자금의 대여액은 특수관계인 가지급금에 포함하지 아니한다. (O, X)

66 직원에게 주택자금을 대여하고 적정이자를 수령하였다면 업무무관자산으로 보지 않으므로 업무무관자산 등에 대한 지급이자의 손금불산입 규정이 적용되지 아니한다. (O, X)

67 직원에 대한 월정급여액 범위 안에서 일시적인 급료의 가불금은 가지급금 인정이자 계산대상 가지급금으로 보지 아니한다. (O, X)

68 「국민연금법」에 의하여 근로자가 지급받은 것으로 보는 퇴직금전환금(당해 근로자가 퇴직할 때까지의 기간에 상당하는 금액에 한한다)은 특수관계인에게 해당 법인의 업무와 관련 없이 지급한 가지급금 등에서 제외한다. (O, X)

69 익금산입액의 귀속이 불분명하여 대표자에게 상여처분한 금액에 대한 소득세를 법인이 납부하고 이를 가지급금으로 계상한 금액(특수관계가 소멸될 때까지의 기간에 상당하는 금액에 한함)은 가지급금 인정이자 계산대상 가지급금으로 보지 아니한다. (O, X)

70 업무무관자산 등에 대한 지급이자 손금불산입액을 계산할 때 업무무관자산의 취득가액에는 특수관계인으로부터 시가를 초과하여 취득한 금액을 포함한다. (O, X)

정답 및 해설
60 O **61** O **62** O **63** X 손금산입(△유보)하고 추후 손금불산입(유보)한다. **64** X 그 원본에 가산한 금액에 대한 지급이자는 이를 손금으로 한다. **65** O **66** X 적정이자 수령과 무관하게 지급이자 손금불산입 규정은 적용한다. **67** O **68** O **69** O **70** O

4-16 회계사·세무사·경영지도사 단번에 합격! **해커스 경영아카데미 cpa.Hackers.com**

4 소득처분 및 결산조정

01 소득처분

01 세무조사과정에서 현금매출 550,000원(부가가치세 포함)이 누락되어 회계처리도 이루어지지 않고 회사에 입금되지 않았다는 사실을 알게 되었다면 550,000원 전액을 익금산입하고 대표자상여로 처분한다.

(O, X)

02 내국법인이 「국세기본법」상 수정신고기한 내에 매출누락, 가공경비 등 부당하게 사외유출된 금액을 회수하고 세무조정으로 익금에 산입하여 신고하는 경우 기타사외유출로 처분한다. (O, X)

03 내국법인이 「국세기본법」상 수정신고 기한 내에 매출누락, 가공경비 등 부당하게 사외유출된 금액을 회수하고 세무조정으로 익금에 산입하여 신고하는 경우의 소득처분은 사내유보로 한다. 다만, 세무공무원이 과세자료의 수집 또는 민원 등을 처리하기 위하여 현지출장이나 확인업무에 착수한 경우로서 경정이 있을 것을 미리 알고 사외유출된 금액을 익금산입하는 경우에는 사내유보로 소득처분하지 않는다. (O, X)

04 익금에 산입한 금액 중 사외로 유출되어 그 귀속자가 당해 법인의 주주이면서 임원인 경우 그 출자임원에 대한 배당으로 처분한다. (O, X)

05 임직원이 아닌 개인주주가 업무와 관련 없이 사용하고 있는 건물에 대한 임차료를 지출하고 손익계산서에 비용으로 계상한 것은 주주에게 추가적인 납세의무가 발생한다. (O, X)

06 사외유출된 금액의 귀속이 불분명하여 대표자상여로 처분을 하였으나 이에 대한 소득세를 법인이 대신 납부하고 이를 법인의 손비로 계상한 경우 손금불산입하고 대표자상여로 처분한다. (O, X)

07 추계로 과세표준을 결정할 때 대표자에 대한 상여로 처분하여 발생한 소득세를 대납하고 그 대납한 금액을 손익계산서에 비용으로 계상한 것은 대표자에게 추가적인 납세의무가 발생한다. (O, X)

08 익금에 산입한 금액이 사외로 유출된 것이 분명하지만 그 귀속자가 불분명한 경우에는 당해 법인의 대표자에 대한 상여로 처분한다. (O, X)

정답 및 해설

01 O **02** X 기타사외유출 → 유보 **03** O **04** X 배당 → 상여 **05** O **06** X 무조건 기타사외유출로 처분한다. **07** X 추계결정에 의한 익금산입을 대표자상여로 처분함에 따른 소득세를 법인이 대납하고 이를 손비계상하거나 그 대표자와의 특수관계가 소멸할 때까지 회수하지 않음으로써 익금에 산입한 금액은 기타사외유출로 처분한다. → 기타사외유출로 처분한 경우에는 원천징수하지 않는다. **08** O

09 대표자상여 처분 시 사업연도 중에 대표자가 변경된 경우 대표자 각인에게 귀속된 것이 분명한 금액은 이를 대표자 각인에게 구분하여 처분하고 귀속이 분명하지 아니한 경우에는 사업연도 말 현재 재직하고 있는 대표자에게 상여로 처분한다. (O, X)

10 추계조사에 의하여 결정된 과세표준과 법인의 재무상태표상의 당기순이익과의 차액(법인세 상당액을 공제하지 아니한 금액을 말함)은 대표자상여로 처분한다. 다만, 천재지변 등으로 추계하게 되었다면 기타사외유출로 처분한다. (O, X)

11 사외유출된 익금산입액의 귀속자가 사업소득이 있는 개인으로서 그 자의 사업소득을 구성하는 경우에는 그 자에게 기타소득으로 처분한다. (O, X)

12 퇴직한 임원에게 정관에 정해진 금액을 초과하여 퇴직금을 지급하고 손익계산서에 비용으로 계상한 것은 임원에게 추가적인 납세의무가 발생한다. (O, X)

13 소득처분은 각사업연도소득에 대한 법인세 납세의무가 있는 영리법인뿐만 아니라 비영리내국법인과 비영리외국법인에 대하여도 적용된다. (O, X)

14 사외유출된 금액의 귀속자가 법인으로써 그 분여된 이익이 내국법인 또는 외국법인의 국내사업장의 각 사업연도의 소득을 구성하는 경우 기타사외유출로 처분한다. (O, X)

15 법령으로 정하는 채권자가 불분명한 사채의 이자(동 이자에 대한 원천징수세액은 제외)는 대표자에 대한 상여로 처분하고 익금에 산입한 이자·할인액 또는 차익에 대한 원천징수세액에 상당하는 금액은 기타사외유출로 처분한다. (O, X)

16 채권자의 주소 및 성명을 확인할 수 없는 차입금에 대한 이자를 지급하고(원천징수하지 않음) 손익계산서에 비용으로 계상한 것은 대표자에게 추가적인 납세의무가 발생한다. (O, X)

17 사외유출된 금액의 귀속이 불분명하여 대표자(법령이 정하는 대표자로 함)에게 귀속된 것으로 처분한 경우 당해 법인이 그 처분에 따른 소득세 등을 대납하고 이를 손비로 계상하거나 그 대표자와의 특수관계가 소멸될 때까지 회수하지 아니함에 따라 익금에 산입한 금액은 기타사외유출로 처분한다. (O, X)

18 임원에게 「법인세법」상 손금한도를 초과하는 상여금을 지급하고 손익계산서에 비용으로 계상한 것은 임원에게 추가적인 납세의무가 발생한다. (O, X)

19 익금에 산입한 금액 중 사외로 유출된 것이 분명하나 그 처분이 배당, 상여, 기타사외유출에 해당하지 않는 경우 기타소득으로 처분한다. (O, X)

20 사내유보로 처분한 금액은 청산소득에 대한 법인세 과세표준의 산정과는 직접적인 관련이 없다. (O, X)

정답 및 해설

09 X 귀속이 분명하지 아니한 경우에는 재직기간의 일수에 따라 구분계산하여 이를 대표자 각인에게 상여로 처분한다. **10** O **11** X 기타사외유출로 처분한다. **12** O **13** O **14** O **15** O **16** O **17** O **18** O **19** O **20** X 관련이 있다.

21 법인의 자기자본총액은 자본금과 적립금조정명세서(갑)을 통하여 파악할 수 있다. (O, ×)

22 법인이 합병과 같은 자본거래로 인하여 특수관계인인 다른 주주에게 이익을 분여함으로써 그 이익이 익금에 산입되는 경우로서 이익을 분여받은 자에게 증여세가 과세되는 때에는 그 익금산입액에 대하여 배당으로 처분한다. (O, ×)

23 익금에 산입한 금액이 사외에 유출되지 아니한 경우 유보 또는 기타로 처분한다. (O, ×)

24 자기주식 소각에 따라 발생한 감자차익 300,000원을 손익계산서상 수익으로 회계처리한 경우, 익금불산입 300,000원(기타)으로 처리하여야 한다. (O, ×)

02 결산조정

25 감가상각비의 손금산입은 모두 결산조정사항이다. (O, ×)

26 익금항목은 모두 신고조정사항이다. (O, ×)

27 신고조정사항은 손금산입시기를 조정할 수 있으나, 결산조정사항은 손금산입시기를 조정할 수 없다. (O, ×)

28 법인세 신고 후 신고조정항목 중에 강제조정항목이 누락된 것을 알게 되었다면 경정청구가 가능하다. (O, ×)

29 소멸시효가 완성된 채권에 대한 대손금의 손금산입은 손금산입시기의 선택이 가능하다. (O, ×)

30 일시상각충당금은 원칙적으로 결산조정사항이지만, 예외적으로 신고조정을 허용한다. (O, ×)

31 「소득세법」은 일시상각충당금의 신고조정을 허용하지만 「법인세법」은 일시상각충당금의 신고조정을 허용하지 않는다. (O, ×)

정답 및 해설
21 O **22** × 기타사외유출로 처분한다. **23** O **24** O **25** × 감가상각비를 신고조정하는 경우도 있다.
26 O **27** × 신고조정사항은 손금산입시기를 조정할 수 없고, 결산조정사항은 손금산입시기를 조정할 수 있다. **28** O **29** × 강제신고조정사항으로 손금산입시기 선택이 불가능하다. **30** O **31** × 「소득세법」은 신고조정을 허용하지 않고, 「법인세법」은 신고조정을 허용한다.

01 손익귀속시기

01 사업연도 종료일에 발생하여 회수되지 않은 외상매출액에 대하여 매출할인을 적용하기로 하고 결산상 순액법에 의하여 회계처리한 경우 동 매출할인액을 매출한 사업연도의 익금에 산입하여야 한다. (O, ×)

02 법인이 매매목적용 부동산을 양도한 경우 그 손익은 인도일이 속하는 사업연도에 귀속된다. (O, ×)

03 부동산매매업을 영위하는 법인의 부동산의 판매로 인하여 발생한 판매손익의 귀속사업연도는 그 부동산을 인도한 날이 속하는 사업연도이다. 단, 대금청산일이 인도일보다 빠르다. (O, ×)

04 업무에 사용하던 트럭의 양도손익은 그 대금을 청산하기 전에 소유권 이전에 관한 등록을 한 경우에는 그 등록일이 속하는 사업연도의 익금 및 손금으로 한다. (O, ×)

05 자산을 위탁판매하는 경우 수탁자가 그 위탁자산을 매매한 날이 속하는 사업연도의 익금으로 한다. (O, ×)

06 납품계약 또는 수탁가공계약에 따라 검사를 거쳐 인수 및 인도가 확정되는 물품의 경우에는 당해 물품을 계약상 인도하여야 할 장소에 보관한 날이 속하는 사업연도의 손익으로 한다. (O, ×)

07 법인이 매출할인을 하는 경우 그 매출할인금액은 상대방과의 약정에 의한 지급기일(그 지급기일이 정하여 있지 아니한 경우에는 지급한 날)이 속하는 사업연도의 매출액에서 차감한다. (O, ×)

08 「자본시장과 금융투자에 관한 법률」에 따른 증권시장에서 증권시장업무규정에 따라 보통거래방식으로 한 유가증권의 매매로 인한 익금과 손금의 귀속사업연도는 매매대금의 수수일이 속하는 사업연도로 한다. (O, ×)

09 중소기업인 법인이 장기할부조건으로 자산을 판매하거나 양도한 경우에는 그 장기할부조건에 따라 각 사업연도에 회수하였거나 회수할 금액과 이에 대응하는 비용을 각각 해당 사업연도의 익금과 손금에 산입할 수 있다. (O, ×)

정답 및 해설
01 ○   02 × 인도일 → 대금청산일 등 가장 빠른 날   03 × 대금청산일 등이 귀속시기이다.   04 ○   05 ○
06 × 검수조건부 계약에 따른 물품의 경우 당해 검사가 완료된 날이 속하는 사업연도의 손익으로 한다.   07 ○
08 × 매매대금의 수수일 → 매매계약 체결일   09 ○

10 법인이 장기할부조건 등에 의하여 자산을 판매하거나 양도함으로써 발생한 채권에 대하여 기업회계기준이 정하는 바에 따라 현재가치로 평가하여 현재가치할인차금을 계상한 경우 해당 현재가치할인차금 상당액은 해당 채권의 회수기간 동안 기업회계기준이 정하는 바에 따라 환입하였거나 환입할 금액을 각 사업연도의 익금에 산입한다. (O, ×)

11 중소기업인 법인은 장기할부조건에 따른 결산상 수익인식방법에 관계없이 회수하였거나 회수할 금액을 해당 사업연도의 익금에 산입할 수 있다. (O, ×)

12 중소기업이 아닌 법인이 장기할부조건으로 자산을 판매하고 인도기준으로 회계처리한 경우, 그 장기할부조건에 따라 각 사업연도에 회수하였거나 회수할 금액과 이에 대응하는 비용을 신고조정에 의하여 해당 사업연도의 익금과 손금에 산입할 수 있다. (O, ×)

13 중소기업인 법인이 수행하는 계약기간이 1년 미만인 건설용역의 경우에는 그 목적물의 인도일이 속하는 사업연도의 익금과 손금에 산입할 수 있다. (O, ×)

14 작업진행률을 계산할 수 있는 건설공사(장·단기)의 경우에는 작업진행률을 기준으로 하여 계산한 수익과 비용을 각 사업연도의 익금과 손금에 산입한다. (O, ×)

15 법인이 비치·기장한 장부가 없어 당해 사업연도 종료일까지 실제로 소요된 총공사비 누적액 또는 작업시간 등을 확인할 수 없는 경우에는 추계조사방법에 의하여 계산한 수익과 비용을 각각 해당 사업연도의 익금과 손금에 산입한다. (O, ×)

16 중소기업인 법인이 수행하는 계약기간이 1년 미만인 건설의 경우에는 그에 대한 수익과 비용을 각각 그 목적물의 인도일이 속하는 사업연도의 익금과 손금에 산입할 수 있다. (O, ×)

17 내국법인이 수행하는 계약기간 3년 미만인 건설 등의 제공으로 인한 익금과 손금은 그 목적물의 인도일이 속하는 사업연도의 익금과 손금에 산입하여야 한다. (O, ×)

18 금융보험업을 영위하는 법인이 수입하는 이자 및 할인액은 약정에 따른 상환일(기일 전에 상환하는 때에는 그 상환일)이 속하는 사업연도를 익금의 귀속사업연도로 한다. (O, ×)

정답 및 해설

10 ○ **11** ○ **12** × 중소기업이 아닌 법인이 장기할부판매에 관하여 회수기일도래기준을 적용하고자 하면 결산에 반영하여야 한다. **13** ○ **14** ○ **15** × 추계조사방법 → 인도기준 적용 **16** ○ **17** × 진행률에 따라 손익을 인식한다. **18** × 약정에 따른 상환일 → 실제로 수입된 날

19 제조업을 영위하는 법인이 「법인세법」상 원천징수규정에 의하여 원천징수되는 이자소득에 대한 결산상 미수이자를 계상한 경우에는 그 계상한 사업연도의 익금에 산입되지 않는다. (O, ×)

20 이미 경과한 기간에 대한 원천징수대상 정기예금 미수이자 10만원을 이자수익으로 계상한 경우에는 이를 익금불산입한다. (O, ×)

21 금융보험업 이외의 법인이 원천징수되는 이자로서 이미 경과한 기간에 대응하는 이자를 해당 사업연도의 수익으로 계상한 경우 그 계상한 사업연도의 익금으로 본다. (O, ×)

22 금융보험업을 영위하는 법인이 결산을 확정함에 있어서 이미 경과한 기간에 대응하는 보험료를 해당 사업연도의 수익으로 계상한 경우에는 그 계상한 사업연도의 익금으로 한다. (O, ×)

23 결산을 확정함에 있어서 이미 경과한 기간에 대응하는 지급이자를 손금으로 계상한 경우에는 그 계상한 사업연도의 손금에 산입한다. (O, ×)

24 법인이 결산을 확정함에 있어 이미 경과한 기간에 대응하는 이자비용을 계상한 경우에는 세법상 이를 인정하지 않는다. (O, ×)

25 제조업을 영위하는 법인이 특수관계인이 아닌 다른 법인(제조업)에게 지급하는 차입금 이자에 대하여 약정에 따른 이자지급일이 도래하지 않았지만 결산을 확정함에 있어서 이미 경과한 기간에 대응하는 이자를 당해 사업연도의 손금으로 계상한 경우에는 그 계상한 사업연도의 손금으로 한다. (O, ×)

26 이미 경과한 기간에 대한 미지급이자 20만원을 이자비용으로 계상한 경우에는 세무조정이 필요 없다. (O, ×)

27 법인이 결산을 확정함에 있어서 차입일부터 이자지급일이 1년을 초과하는 특수관계인과의 거래에 따른 기간경과분 미지급이자를 해당 사업연도의 손비로 계상한 경우에는 그 계상한 사업연도의 손금으로 한다. (O, ×)

28 잉여금의 처분에 따른 배당소득의 귀속사업연도는 잉여금을 처분한 법인의 결산확정일이 속하는 사업연도로 한다. (O, ×)

정답 및 해설

19 ○ **20** ○ **21** × 익금불산입 항목이다. **22** ○ **23** ○ **24** × 손금으로 인정한다. **25** ○ **26** ○
27 × 결산을 확정함에 있어서 이미 경과한 기간에 대응하는 이자 및 할인액을 당해 사업연도에 손금으로 계상한 경우에는 그 계상한 사업연도의 손금으로 하는 것이 원칙이다. 다만, 차입일로부터 이자지급일이 1년을 초과하는 특수관계인과의 거래에 따른 이자 및 할인액은 손금에 산입하지 아니한다. **28** × 잉여금처분결의일로 한다.

29 잉여금의 자본전입으로 인한 의제배당은 주주총회 또는 이사회에서 이를 결의한 날이 속하는 사업연도에 귀속한다. (O, ×)

30 임대료 지급기간이 1년을 초과하는 경우 이미 경과한 기간에 대응하는 임대료 상당액과 비용은 이를 각각 당해 사업연도의 익금과 손금으로 한다. (O, ×)

31 리스이용자가 리스로 인하여 수입하거나 지급하는 리스료(리스개설직접원가를 제외함)의 익금과 손금의 귀속 사업연도는 기업회계기준으로 정하는 바에 따른다. (O, ×)

32 건물을 ×1년 10월 1일부터 2년간 임대하고 2년치의 임대료 2,400만원을 임대만료일에 회수하기로 약정하여 ×1년 임대료수익을 계상하지 아니한 경우 ×1년의 세무조정은 필요 없다. (O, ×)

33 투자회사 등이 결산을 확정할 때 증권 등의 투자와 관련된 수익 중 이미 경과한 기간에 대응하는 이자 및 할인액과 배당소득을 해당 사업연도의 수익으로 계상한 경우에는 그 계상한 사업연도의 익금으로 한다. (O, ×)

34 세법에 의하여 금전등록기를 설치·사용하는 법인의 경우 그 수입하는 물품대금과 용역대가의 귀속사업연도는 그 금액이 실제로 수입된 사업연도로 하여야 한다. (O, ×)

35 영수증을 작성·교부할 수 있는 업종을 영위하는 법인이 금전등록기를 설치·사용하는 경우 그 수입하는 물품대금과 용역대가의 귀속사업연도는 그 금액이 실제로 수입된 사업연도로 할 수 있다. (O, ×)

36 사채를 발행하는 경우에 상환할 사채금액의 합계액에서 사채발행가액의 합계액(사채발행수수료와 사채발행을 위하여 직접 필수적으로 지출된 비용을 차감한 후의 가액)을 공제한 금액은 기업회계기준에 의한 사채할인발행차금의 상각방법에 따라 이를 손금에 산입한다. (O, ×)

37 계약의 목적물을 인도하지 않고 목적물의 가액 변동에 따른 차액을 금전으로 정산하는 파생상품의 거래로 인한 손익은 그 거래에서 정하는 대금결제일이 속하는 사업연도의 익금과 손금으로 한다. (O, ×)

정답 및 해설

29 ○ **30** ○ **31** ○ **32** × 임대료 지급기일이 1년을 초과하는 경우 발생주의에 따라 임대손익을 인식하여야 하므로 당해 기간귀속분 만큼 익금산입한다. **33** ○ **34** × 하여야 한다. → 할 수 있다. **35** ○ **36** ○ **37** ○

38 국제회계기준을 적용하는 법인이 단기매매항목으로 분류한 금융자산의 취득가액은 매입가액으로 하고 매입 관련 부대비용을 포함하지 않는다. (○, ×)

39 기업회계에 따른 상업적 실질이 결여되어 있는 자산 간의 교환으로 취득한 자산의 취득원가는 교환으로 인하 여 취득한 자산의 취득 당시의 시가로 한다. (○, ×)

40 ㈜A가 유형자산(장부가액 1,000원, 공정가치 1,200원)을 ㈜B의 유형자산(장부가액 800원, 공정가치 1,200원) 과 교환하면서 제공받은 자산의 장부가액을 취득원가로 계상하였다면 ㈜A가 익금산입 또는 손금불산입 할 총금액은 400원이다. (○, ×)

41 적격물적분할에 따라 분할법인이 취득하는 주식 등의 취득가액은 물적분할한 순자산의 시가로 한다. (○, ×)

42 적격물적분할에 따라 분할법인이 취득하는 주식의 세무상 취득가액은 물적분할한 순자산의 장부가액이다. (○, ×)

43 특수관계에 있는 개인으로부터 유가증권을 시가에 미달하는 가액으로 매입한 경우에 그 유가증권의 시가와 매입가액과의 차액에 상당하는 금액은 취득가액에 포함한다. (○, ×)

44 특수관계인인 법인으로부터 시가 3천만원의 유가증권을 2천만원에 매입한 경우 당해 유가증권의 취득가액은 2천만원으로 한다. (○, ×)

45 「보험업법」이나 그 밖의 법률에 따른 유형·무형자산의 평가손실은 평가일이 속하는 사업연도의 손금에 산입 할 수 있다. (○, ×)

46 「보험업법」에 따라 유형자산의 장부가액을 증액한 경우에는 평가증액한 금액을 그 평가일이 속하는 사업연도 의 익금으로 한다. (○, ×)

47 주식배당으로 A회사 주식 1,000주(1주당 발행가액 10,000원, 1주당 액면가액 5,000원)를 수령한 경우, 동 무 상주의 세무상 취득가액은 1천만원이다. (○, ×)

48 본사건물 신축을 위하여 10억원에 토지를 매입하고 동 토지의 취득을 위한 특정차입금 이자 1천만원을 장부 상 이자비용으로 계상한 경우, 동 토지의 세무상 취득가액은 10억 1천만원이다. (○, ×)

정답 및 해설

38 ○ **39** ○ **40** ○ **41** ○ **42** × 장부가액 → 시가 **43** ○ **44** ○ **45** × 평가증만 인정한다.
46 ○ **47** ○ **48** ○

49 법인이 특수관계인으로부터 토지를 시가보다 높은 가액으로 매입하여 양도한 경우, 양도 당시의 장부가액(법인의 실제 매입가액을 말함) 전액이 손금이다. (○, ×)

50 내국법인이 특수관계인으로부터 자산을 시가에 미달하는 가액으로 매입한 경우에는 그 시가와 매입가액과의 차액을 그 자산을 매입한 사업연도의 익금에 산입한다. (○, ×)

51 특수관계 없는 자로부터 유형자산을 취득하면서 정당한 사유 없이 정상가액보다 높은 가격으로 매입하고 실제지급액을 장부상 취득원가로 계상한 경우, 동 유형자산의 세무상 취득가액은 시가이다. (○, ×)

52 법인의 업무와 관련 없는 자산을 특수관계인으로부터 시가보다 높은 가액으로 매입한 경우 그 시가초과액은 취득가액에 포함하지 아니한다. (○, ×)

53 법인이 유형자산의 취득과 관련된 국공채의 매입가액과 현재가치의 차이를 당해 유형자산의 취득가액으로 계상하거나 국공채의 취득가액으로 계상함에 관계없이 이에 대한 세무조정을 할 필요가 없다. (○, ×)

54 내국법인이 유형자산의 취득과 함께 국·공채를 매입하는 경우 기업회계기준에 따라 그 국·공채의 매입가액과 현재가치의 차액을 당해 유형자산의 취득가액으로 계상한 금액은 그 취득가액에 포함한다. (○, ×)

55 자산을 장기할부조건으로 취득함에 따라 발생한 채무를 기업회계기준이 정하는 바에 따라 현재가치로 평가하여 계상하는 현재가치할인차금은 취득가액에 포함한다. (○, ×)

56 토지를 장기할부조건으로 취득하면서 취득가액을 할부대금의 명목가액 1억원 대신 기업회계기준에 따라 현재가치 7천만원으로 장부에 계상한 경우 7천만원을 취득가액으로 인정한다. (○, ×)

57 매입대금을 매월 1백만원씩 30회에 걸쳐 분할하여 지급하는 조건으로 기계장치를 취득하고 명목가액인 3천만원(현재가치 2천만원)을 장부상 취득원가로 계상한 경우, 동 기계장치의 세무상 취득가액은 3천만원이다. (○, ×)

58 자재를 외국으로부터 연지급수입하면서 연지급수입에 따른 이자를 취득가액과 구분하여 결산서에 지급이자로 비용계상한 경우 동 비용계상한 금액은 당해 수입자재의 「법인세법」상 취득가액에 포함한다. (○, ×)

59 법인이 장기금전대차거래에 대하여 장부가액과 현재가치와의 차액을 현재가치할인차금으로 계상하고 이를 기업회계기준의 상각 또는 환입방법에 따라 손금 또는 익금으로 계상하는 경우에는 그 계상한 사업연도의 손금 또는 익금에 산입하지 아니한다. (○, ×)

60 장기할부조건으로 제품을 판매하고 발생한 장기매출채권을 기업회계기준에 따라 현재가치로 평가하여 현재가치할인차금을 계상한 경우에는 세무조정이 필요 없다. (○, ×)

정답 및 해설

49 × 장부가액 → 매입 시 시가 **50** × 부당행위계산부인 대상이 아니다. **51** × 시가 → 정상가액 **52** ○
53 ○ **54** ○ **55** × 취득가액에 포함하지 않는다. **56** ○ **57** ○ **58** × 취득가액에서 제외한다.
59 ○ **60** ○

61 재고자산을 평가할 때 영업장별로 각각 다른 방법에 의하여 평가할 수 있으나, 동일한 영업장 내에서는 모든 재고자산을 같은 방법에 의하여 평가하여야 한다. (○, ×)

62 재고자산을 평가할 때 해당 자산을 제품 및 상품, 재공품, 원재료로 구분할 수는 있으나, 종류별·영업장별로 각각 다른 방법에 의하여 평가할 수는 없다. (○, ×)

63 재고자산에 대한 평가방법으로 저가법을 신고하는 경우에는 시가와 비교되는 원가법을 함께 신고하여야 하고, 저가법 적용 시 원가법과 비교하는 시가는 기업회계기준에 따라 평가한다. (○, ×)

64 「법인세법」상 재고자산의 평가방법을 원가법으로 신고한 경우라도 재고자산의 파손으로 인하여 처분가능한 시가로 평가하여 평가손실을 계상한 경우 이를 손금으로 인정한다. (○, ×)

65 부패로 인해 정상가격으로 판매할 수 없는 재고자산에 대하여 장부가액을 사업연도 종료일 현재의 처분가능한 시가로 감액한 금액은 결산 내용에 관계없이 신고조정을 통해 손금산입이 가능하다. (○, ×)

66 유가증권 중 채권의 평가는 개별법, 총평균법 및 이동평균법 중 법인이 납세지 관할 세무서장에게 신고한 방법에 의한다. (○, ×)

67 재고자산의 평가방법상 원가법에는 개별법·선입선출법·후입선출법·총평균법·이동평균법 및 매출가격환원법이 있고, 유가증권 평가방법상 원가법에는 개별법(채권의 경우에 한한다)·총평균법·이동평균법이 있다. (○, ×)

68 제조업을 영위하는 법인이 보유한 주식의 평가는 총평균법과 이동평균법 중 법인이 납세지 관할 세무서장에게 신고한 방법에 의한다. (○, ×)

69 특수관계에 있는 법인이 파산한 경우 내국법인이 보유한 해당 파산법인 주식의 장부가액은 사업연도 종료일 현재 시가(1,000원 이하인 경우는 1,000원으로 함)로 감액할 수 없다. (○, ×)

70 「자본시장과 금융투자업에 관한 법률」에 의한 투자회사가 보유한 유가증권과 금융기관이 매매목적으로 보유하고 있는 유가증권은 재고자산에 해당하므로 법인이 기한 내에 평가방법을 신고하지 아니한 경우에는 납세지 관할 세무서장은 선입선출법에 의하여 평가한다. (○, ×)

71 공정가치측정 금융자산의 평가이익 800,000원을 기타포괄손익으로 회계처리한 경우, 익금산입 800,000원(기타), 익금불산입 800,000원(△유보)으로 처리하여야 한다. (○, ×)

정답 및 해설

61 × 종류별로 다른 방법으로 평가 가능하다. **62** × 종류별·영업장별로 달리 할 수 있다. **63** ○ **64** ○ **65** × 결산조정사항이다. **66** ○ **67** ○ **68** ○ **69** × 주식발행법인이 파산한 경우(특수관계가 있는 경우 포함) 사업연도 종료일 현재 시가로 감액하고 그 감액한 금액을 당해 사업연도의 손금으로 계상할 수 있다. **70** × 시가법으로 평가한다. **71** ○

72 제조업을 영위하는 법인이 기한 내에 신고한 재고자산 평가방법 외의 방법으로 평가한 경우, 납세지 관할 세무서장은 회사가 신고한 평가방법에 의하여 평가한 가액과 선입선출법에 의하여 평가한 가액 중 큰 금액으로 재고자산을 평가한다. (O, X)

73 제24기(2025. 01. 01. ~ 2025. 12. 31.)부터 「법인세법」상 재고자산의 평가방법을 선입선출법(적법하게 신고)에서 총평균법으로 변경할 경우, 회사는 재고자산 등 평가방법변경신고서를 2025년 3월 31일까지 납세지 관할 세무서장에게 제출해야 한다. (O, X)

74 「은행법」에 의한 인가를 받아 설립된 은행이 보유하는 화폐성 외화자산·부채는 취득일 또는 발생일 현재의 「외국환거래규정」에 따른 매매기준율 또는 재정된 매매기준율로 평가하여야 한다. (O, X)

75 「자본시장과 금융투자업에 관한 법률」에 따른 종합금융회사가 보유하는 화폐성 외화자산·부채를 평가함에 따라 발생하는 평가한 원화금액과 원화기장액의 차익 또는 차손은 해당 사업연도의 익금 또는 손금에 산입한다. (O, X)

76 「특정 금융거래정보의 보고 및 이용 등에 관한 법률」 제2조 제3호에 따른 가상자산은 이동평균법에 따라 평가해야 한다. (O, X)

77 제조업을 영위하는 법인이 결산상 기업회계기준에 따라 화폐성 외화자산 및 부채를 평가하여 장부에 반영하였으나 「법인세법」상 외화자산 및 부채의 평가방법을 신고하지 않은 경우, 장부상 계상된 평가손익을 인정하지 않으므로 이에 대한 세무조정을 하여야 한다. (O, X)

78 상품매매업을 영위하는 법인이 보유하는 화폐성 외화자산·부채에 대한 평가방법을 사업연도 종료일 현재의 매매기준율로 신고하면 이후에는 변경할 수 없으며 신고된 평가방법을 계속하여 적용하여야 한다. (O, X)

79 회사가 보유한 모든 외화자산·부채는 취득일 또는 발생일 현재의 매매기준율 등으로 평가하는 방법과 사업연도 종료일 현재의 매매기준율 등으로 평가하는 방법 중 납세지 관할 세무서장에게 신고한 방법에 따라 평가해야 한다. (O, X)

80 법률에 의하지 아니하고 유형자산을 재평가하여 발생한 재평가이익 1,000,000원을 기타포괄손익으로 회계처리한 경우, 익금산입 1,000,000원(기타), 익금불산입 1,000,000원(△유보)으로 처리하여야 한다. (O, X)

81 법인이 신고한 화폐성 외화자산·부채의 평가방법은 그 후의 사업연도에도 계속하여 적용하여야 한다. 다만, 신고한 평가방법을 적용한 사업연도를 포함하여 3개 사업연도가 지난 후에는 다른 방법으로 신고하여 변경된 평가방법을 적용할 수 있다. (O, X)

정답 및 해설

72 ○ **73** X 2024년 9월 30일까지 납세지 관할 세무서장에게 제출해야 한다. **74** X 취득일 또는 발생일 → 사업연도 종료일 **75** ○ **76** X 가상자산은 선입선출법에 따라 평가해야 한다. **77** ○ **78** X 신고한 평가방법을 적용한 사업연도를 포함하여 5개 사업연도가 지난 후에는 평가방법 변경이 가능하다. **79** X 모든 외화자산·부채 → 화폐성 외화자산·부채 **80** ○ **81** X 신고한 평가방법을 적용한 사업연도를 포함하여 5개 사업연도가 지난 후에는 평가방법 변경이 가능하다.

6 감가상각비

01 감가상각비 시부인 계산

01 법인이 감가상각비를 세법상의 한도보다 과소계상한 경우 전년도에 상각부인액이 있더라도 손금산입으로 세무조정할 수 없다. (O, X)

02 시설개체 또는 기술의 낙후로 인하여 생산설비의 일부를 폐기한 경우에는 당해 자산의 장부가액에서 1천원을 공제한 금액을 폐기일이 속하는 사업연도의 손금에 산입할 수 있다. (O, X)

02 감가상각비의 세법상 요소

03 리스회사가 대여하는 리스자산 중 금융리스자산은 리스이용자의 감가상각자산에 포함하지 아니하고, 리스회사의 감가상각자산으로 한다. (O, X)

04 취득 후에 사용하지 않고 보관 중인 자산과 일시적 조업중단에 따른 유휴설비는 감가상각을 하지 아니한다. (O, X)

05 법인이 개발비를 무형자산으로 계상하지 아니하고 그 지급이 확정된 사업연도의 손비로 계상한 경우에는 개발비를 즉시상각한 것으로 보아 상각범위액을 계산하고 시부인계산한다. (O, X)

06 신규로 취득한 자산이나 기중에 발생한 자본적 지출액은 취득 또는 발생시점부터 월할계산하여 상각범위액을 계산하는데 이 경우 1월 미만의 일수는 1월로 한다. (O, X)

07 광업용 유형자산의 감가상각방법을 신고하지 않은 경우 정액법의 상각방법을 적용한다. (O, X)

08 2025년 7월 2일에 취득 즉시 사업에 사용한 기계장치에 대한 상각범위액은 7월 2일부터 12월 31일까지 월수에 따라 계산한다. 이때 월수는 역에 따라 계산하되 1월 미만의 일수는 없는 것으로 한다. (O, X)

09 ㈜A에게 적용되는 기계장치의 기준내용연수가 5년일 때 기준내용연수의 100분의 50 이상이 경과된 기계장치를 다른 법인으로부터 취득한 경우 당해 중고자산의 내용연수는 2년과 5년의 범위에서 선택하여 납세지 관할 세무서장에게 신고한 연수로 할 수 있다. (O, X)

정답 및 해설

01 X 전년도 상각부인액은 시인부족액을 한도로 손금에 산입한다. **02** O **03** X 금융리스자산은 리스이용자의 감가상각자산에 포함한다. **04** X 일시적 조업중단에 따른 유휴설비는 감가상각자산에 포함된다. **05** O **06** X 자본적 지출의 경우 월할상각하지 않는다. **07** X 생산량비례법의 상각방법을 적용한다. **08** X 1월 미만의 일수는 1월로 한다. **09** O

7 충당금과 준비금

01 충당금의 개념

01 법인이 기업회계기준에 따라 제품보증충당부채를 손금으로 계상한 때에는 일정한 한도 내에서 이를 손금에 산입한다. (○, ×)

02 ㈜C가 아파트 건설과 관련하여 기업회계기준에 따라 공사손실충당부채를 손금으로 계상한 때에는 법 소정 한도 내에서 그 계상한 사업연도의 손금으로 한다. (○, ×)

02 대손금과 대손충당금

03 내국법인이 보유하고 있는 「민법」에 따른 소멸시효가 완성된 선급금은 해당 사유가 발생한 날이 속하는 사업 연도의 손금으로 한다. (○, ×)

04 내국법인이 보유하고 있는 채권이 「상법」상 소멸시효의 완성으로 인하여 소멸한 경우에는 해당 대손금은 그 사유가 발생하여 손금으로 계상한 날이 속하는 사업연도의 손금에 산입한다. (○, ×)

05 채무자의 파산, 강제집행, 형의 집행, 사업의 폐지, 사망, 실종 또는 행방불명으로 회수할 수 없는 채권은 해당 사유가 발생하여 손금으로 계상한 날이 속하는 사업연도의 손금으로 한다. (○, ×)

06 내국법인이 동일인에 대하여 매출채권과 매입채무를 가지고 있는 경우에는 당해 매입채무를 상계하지 아니하고 대손충당금을 계상할 수 있으나 당사자 간의 약정에 의하여 상계하기로 한 경우에는 그러하지 아니하다. (○, ×)

07 부도발생일이 6개월 이상 경과된 채권(해당 법인이 저당권을 설정한 경우는 제외)은 해당 사유가 발생한 날이 속하는 사업연도의 손금으로 한다. (○, ×)

08 「채무자 회생 및 파산에 관한 법률」에 따른 회생계획인가의 결정 또는 법원의 면책결정에 따라 회수불능으로 2022년도에 확정된 채권을 2025년도에 손금에 계상한 경우 손금으로 인정되지 않는다. (○, ×)

정답 및 해설

01 × 법정충당금이 아니므로 손금불산입한다.　**02** × 공사손실충당부채는 세법상 인정되는 충당부채가 아니므로 충당부채를 손금으로 계상한 때 전액 손금불산입한다.　**03** ○　**04** × 사유가 발생한 날이 속하는 사업연도의 손금에 산입한다.　**05** ○　**06** ○　**07** × 결산조정사항이다.　**08** ○

09 대손충당금을 손금에 산입한 내국법인이 합병하는 경우 그 법인의 합병등기일 현재 해당 대손충당금 중 합병법인이 승계받은 금액은 그 합병법인이 합병등기일에 가지고 있는 대손충당금으로 보지 아니한다.

(○, ×)

10 대손충당금을 손금에 산입한 내국법인이 합병한 경우 피합병법인의 대손충당금은 합병법인이 승계할 수 없다.

(○, ×)

11 「법인세법」에 따라 손금산입한 대손금 중 회수한 금액은 회수한 날이 속하는 사업연도의 소득금액 계산 시 익금으로 산입한다.

(○, ×)

12 대손충당금을 손금에 산입한 내국법인은 대손금이 발생한 경우 그 대손금을 대손충당금과 먼저 상계해야 하고, 상계하고 남은 대손충당금의 금액은 다음 사업연도의 소득금액을 계산할 때 익금에 산입한다.

(○, ×)

13 동일인에 대하여 매출채권과 매입채무가 함께 있는 경우에는 당사자 간 약정 유무와 관계없이 당해 매입채무를 상계하고 대손충당금을 계상한다.

(○, ×)

14 내국법인이 다른 법인과 합병하는 경우로서 채무자의 파산으로 회수할 수 없는 채권에 대한 대손금을 합병등기일이 속하는 사업연도까지 손비로 계상하지 않은 경우 그 대손금은 해당 법인의 합병등기일이 속하는 사업연도의 손비로 한다.

(○, ×)

03 퇴직급여충당금

15 퇴직급여충당금의 당기설정액이 세법상 한도액을 초과하는 경우 그 초과액은 손금불산입(유보)으로 처리하고, 그 이후 퇴직급여를 지급하는 경우 손금산입한 퇴직급여충당금과 상계하고 남은 금액에 대하여는 기 손금불산입된 금액을 손금으로 추인한다.

(○, ×)

16 「근로자퇴직급여 보장법」에 따른 퇴직급여 중간정산을 현실적 퇴직으로 보아 손금에 산입하는 경우는 중간정산시점부터 새로 근무연수를 기산하여 퇴직급여를 계산하는 경우에 한정한다.

(○, ×)

17 법령에 따라 퇴직급여충당금을 손금에 산입한 내국법인이 합병한 경우 그 법인의 합병등기일 현재의 해당 퇴직급여충당금 중 합병법인에 인계한 금액은 그 합병법인이 합병등기일에 가지고 있는 퇴직급여충당금으로 본다.

(○, ×)

정답 및 해설

09 × 적격합병이 아니더라도 퇴직급여충당금 또는 대손충당금을 합병법인 등이 승계한 경우에는 그와 관련된 세무조정사항을 승계한다. **10** × 적격합병 여부에 관계없이 승계 가능하다. **11** ○ **12** ○ **13** × 상계약정이 있는 경우에만 상계한다. **14** ○ **15** ○ **16** ○ **17** ○

04 일시상각충당금(압축기장충당금)

18 국고보조금, 공사부담금 등은 법인세법령상 모두 익금이지만 이를 과세이연시키기 위하여 일시상각충당금 및 압축기장충당금을 설정할 수 있다. (O, ×)

19 과세이연을 위하여 손금에 산입하는 금액은 당해 사업용자산별로 감가상각자산은 일시상각충당금으로, 감가상각자산 이외의 자산은 압축기장충당금으로 계상하여야 한다. (O, ×)

20 내국법인이 일시상각충당금 또는 압축기장충당금을 법령에 따른 세무조정계산서에 계상하고 이를 법인세 과세표준신고 시 손금에 산입한 경우 그 금액은 손비로 계상한 것으로 보지 않는다 (O, ×)

21 내국법인이 건물의 화재로 인하여 보험금을 지급받아 그 지급받은 날이 속하는 사업연도에 토지의 취득에 사용한 경우, 토지의 취득에 사용된 보험차익에 상당하는 금액은 압축기장충당금 설정을 통해 손금산입이 가능하다. (O, ×)

22 ㈜B는 공장건물의 화재로 인하여 보험금을 지급받은 사업연도에 사용하지 못하였으나 그 다음 사업연도 개시일부터 2년 이내에 공장건물의 취득에 보험금을 사용하려는 경우에는, 지급받은 사업연도에 일시상각충당금으로 손금에 산입할 수 있다. (O, ×)

23 내국법인이 「보조금 관리에 관한 법률」에 따라 국고보조금을 지급받아 그 지급받은 날이 속하는 사업연도 종료일까지 사업용 기계장치의 취득에 사용한 경우, 일시상각충당금의 설정을 통한 손금산입이 가능하다. (O, ×)

24 국고보조금 등 상당액을 손금에 산입한 내국법인이 손금에 산입한 금액을 기한 내에 사업용 자산의 취득 또는 개량에 사용하지 아니하거나 사용하기 전에 폐업 또는 해산하는 경우 그 사용하지 아니한 금액은 해당 사유가 발생한 날이 속하는 사업연도의 소득금액을 계산할 때 익금에 산입한다. 다만, 합병하거나 분할하는 경우로서 합병법인 등이 그 금액을 승계한 경우는 합병법인 등이 손금에 산입한 것으로 본다. (O, ×)

25 내국법인이 유형자산(이하 "보험대상자산")의 멸실(滅失)이나 손괴(損壞)로 인하여 보험금을 지급받아 그 지급받은 날이 속하는 사업연도의 종료일까지 멸실한 보험대상자산과 같은 종류의 자산을 대체 취득하거나 손괴된 보험대상자산을 개량(그 취득한 자산의 개량을 포함)하는 경우에는 해당 자산의 가액 중 그 자산의 취득 또는 개량에 사용된 보험차익 상당액을 대통령령으로 정하는 바에 따라 그 사업연도의 소득금액을 계산할 때 손금에 산입할 수 있다. (O, ×)

정답 및 해설

18 ○ **19** ○ **20** × 손비로 계상한 것으로 본다. **21** × 보험차익에 대한 일시상각충당금은 동종자산의 취득에 사용한 경우에 한하여 손금산입이 가능하다. **22** ○ **23** ○ **24** ○ **25** ○

01 의의와 요건

01 납세지 관할 세무서장 또는 관할지방국세청장은 내국법인의 행위 또는 소득금액의 계산이 특수관계인과의 거래로 인하여 그 법인의 소득에 대한 조세의 부담을 부당하게 감소시킨 것으로 인정되는 경우에는 그 법인의 행위 또는 소득금액의 계산에 관계없이 그 법인의 각 사업연도의 소득금액을 계산할 수 있다.　(O, ×)

02 임원의 임면권의 행사, 사업방침의 결정 등 당해 법인의 경영에 대하여 사실상 영향력을 행사하고 있다고 인정되는 자와 그 친족은 당해 법인의 특수관계인에 해당한다.　(O, ×)

03 당해 법인에 100분의 30 이상을 출자하고 있는 법인에 100분의 30 이상을 출자하고 있는 법인이나 개인은 당해 법인의 특수관계인에 해당한다.　(O, ×)

04 내국법인 A가 「독점규제 및 공정거래에 관한 법률」에 따른 기업집단에 속하는 법인인 경우 그 기업집단에 소속되어 있는 다른 계열회사는 내국법인 A의 특수관계인에 해당한다.　(O, ×)

05 주권상장법인이 아닌 내국법인이 소액주주(그 법인의 지배주주와 특수관계에 있는 자를 제외한다)로부터 토지를 고가로 매입한 경우에는 부당행위계산부인 규정을 적용하지 아니한다.　(O, ×)

06 임원의 임면권 행사, 사업방침의 결정 등 법인의 경영에 대하여 사실상 영향력을 행사하고 있다고 인정되는 자는 당해 법인의 특수관계인에 해당된다.　(O, ×)

07 비영리내국법인에 대하여도 부당행위계산부인 규정을 적용할 수 있다.　(O, ×)

08 내국법인 B에 과반수 이상을 출자하고 있는 내국법인 C에 40%를 출자하고 있는 내국법인이나 개인은 내국법인 B의 특수관계인에 해당하지 아니한다.　(O, ×)

09 법인과 특수관계인 간의 거래는 반드시 직접적인 거래관계에 국한하지 않고 특수관계인 외의 자를 통하여 이루어진 거래도 포함한다.　(O, ×)

정답 및 해설

01 O　**02** O　**03** O　**04** O　**05** O　**06** O　**07** O　**08** × 내국법인 C를 통하여 내국법인 B에 지배적 영향력(내국법인 C가 지분의 30% 이상 출자)을 행사하고 있으므로 내국법인 C의 주주는 내국법인 B와 특수관계인에 해당한다.　**09** O

10 당해 법인 기준으로 상대방 법인이 특수관계인의 요건에 해당하지 않는 경우 상대방 법인을 기준으로 당해 법인이 특수관계인의 요건에 해당한다 하더라도 상대방 법인은 당해 법인의 특수관계인에 해당하지 않는다.

(O, ×)

11 내국법인과 특수관계에 있는 자에 해당하는지의 여부는 그 법인의 법인세 납세의무의 성립 당시를 기준으로 하여 판단한다.

(O, ×)

12 부당행위계산부인 규정은 그 행위 당시를 기준으로 특수관계인 간 거래에 대하여 적용하며, 불균등 합병으로 인한 주주 간 이익분여 거래에 있어서 특수관계인인 법인의 판정은 합병등기일을 기준으로 한다.

(O, ×)

13 거래행위(불공정합병의 경우에 해당하지 아니함) 당시에 내국법인과 특수관계가 없는 자의 거래에 대하여는 부당행위계산부인 규정을 적용하지 아니한다.

(O, ×)

14 내국법인이 특수관계인의 출연금을 대신 부담하는 것은 조세의 부담을 부당하게 감소시킨 것으로 인정되지 아니한다.

(O, ×)

15 특수관계가 있는 내국법인 간의 합병(분할합병은 포함하지 아니함)에 있어서 주식을 시가보다 높거나 낮게 평가하여 불공정한 비율로 합병한 경우 조세의 부담을 부당하게 감소시킨 것으로 인정된다.

(O, ×)

16 부당행위계산부인 규정의 적용은 시가를 기준으로 하며, 그 시가가 불분명한 경우에는 감정평가법인등의 감정가액(주식 등은 제외)과 「상속세 및 증여세법」상 평가액을 순차로 적용하여 계산한 금액에 의한다.

(O, ×)

17 비상장주식에 대하여 특수관계인이 아닌 제3자 간에 일반적으로 거래된 가격이 없으면 「상속세 및 증여세법」에 따른 보충적 평가방법을 준용하여 평가한 금액을 기준으로 부당행위계산부인 규정을 적용한다.

(O, ×)

18 토지의 시가가 불분명한 경우로 「감정평가 및 감정평가에 관한 법률」에 의한 감정평가법인 등이 감정한 가액이 2 이상인 경우에는 그 중 가장 큰 금액으로 평가한다.

(O, ×)

19 기계를 임대하고 임대료를 계산할 때 당해 자산의 시가에서 그 자산의 제공과 관련하여 받은 보증금을 차감한 금액에 정기예금이자율을 곱하여 산출한 금액을 시가로 한다.

(O, ×)

정답 및 해설

10 × 쌍방이 특수관계에 해당한다.   **11** × 성립 당시 → 거래 당시   **12** × 합병등기일이 속하는 사업연도의 직전 사업연도 개시일부터 합병등기일까지의 기간에 의한다.   **13** O   **14** × 특수관계인의 부담할 출연금을 대신 부담하는 것도 부당행위계산부인 유형 중 하나이다.   **15** × 분할합병을 포함한다.   **16** O   **17** O
18 × 감정한 가액의 평균액으로 한다.   **19** × 시가 → 시가의 50%

20 부당행위계산의 부인규정을 적용할 때 토지의 시가가 불분명한 경우에는 「상속세 및 증여세법」에 따른 보충적 평가방법을 준용하여 평가한 가액을 우선적으로 적용한다. (O, ×)

21 금전의 대여 또는 차용의 경우 해당 법인이 법인세 과세표준신고와 함께 기획재정부령이 정하는 당좌대출이자율을 선택한 경우 선택한 사업연도와 이후 2개 사업연도는 당좌대출이자율을 시가로 한다. (O, ×)

02 부당행위계산부인 유형

22 법인이 소유한 사택을 직원에게 무상으로 제공하는 경우 부당행위계산의 부인 규정을 적용하지 않는다.
(O, ×)

23 내국법인이 직원에게 주택구입자금을 무이자로 대여한 경우 부당행위계산 부인 규정을 적용하지 아니한다.
(O, ×)

24 금전, 그 밖의 자산 또는 용역을 무상 또는 시가보다 낮은 이율·요율이나 임대료로 대부하거나 제공한 경우에는 시가와 거래가액의 차액에 관계없이 부당행위계산의 부인 규정을 적용한다. (O, ×)

25 특수관계인으로부터 금전을 시가보다 낮은 이율로 차용한 경우로서 시가와 거래가액의 차액이 시가의 100분의 5에 상당하는 금액 이상인 경우에는 부당행위계산의 부인을 적용한다. (O, ×)

26 불량자산을 차환한 경우에는 조세의 부담을 부당히 감소시킨 것으로 인정된다. (O, ×)

27 특수관계인으로부터 무수익자산을 1억원에 매입한 경우에는 부당행위계산부인을 적용한다. (O, ×)

28 해당 법인의 소액주주인 임원이 사용하고 있는 사택의 유지비·관리비·사용료와 이와 관련되는 지출금은 손금에 산입하지 아니한다. (O, ×)

29 법령으로 정하는 파생상품에 근거한 권리를 행사하지 아니하거나 그 행사기간을 조정하는 방법으로 이익을 분여하는 경우는 '조세의 부담을 부당하게 감소시킨 것으로 인정되는 경우'에 해당한다. (O, ×)

30 법인이 시가 10억원인 토지를 개인 대주주에게 1억원에 매각한 거래에 대해 부당행위계산부인 규정을 적용받게 된 경우 법인과 대주주 간 거래의 사법상 법률효과에는 영향을 미치지 아니한다. (O, ×)

31 부당행위계산에 해당하는 경우 시가와의 차액 등을 익금에 산입하여 당해 법인의 각 사업연도의 소득금액을 계산하고 귀속자에게 증여세를 과세하는 것을 원칙으로 한다. (O, ×)

정답 및 해설

20 × 시가가 불분명한 경우에는 감정평가법인 등의 감정가액, 「상속세 및 증여세법」의 규정을 준용하여 평가한 가액을 순차적으로 적용한다. **21** ○ **22** ○ **23** × 적용한다. **24** × 특수관계인 간의 거래에서 시가와 거래가격의 차이가 시가의 5% 또는 3억원 이상인 경우에만 적용한다. **25** × 낮은 이율로 차용한 경우 손해가 없다. **26** ○ **27** ○ **28** × 손금에 산입한다. **29** ○ **30** ○ **31** × 소득처분(배당 또는 상여 등)하는 것이 원칙이다. 단, 개인주주가 법인의 불균등자본거래로 이익을 분여받은 경우 증여세가 과세될 수 있다.

4-34 회계사·세무사·경영지도사 단번에 합격! **해커스 경영아카데미** cpa.Hackers.com

03 부당행위계산부인 주요 세무조정

32 법인이 특수관계에 있는 자로부터 자산을 고가에 매입한 경우, 시가초과액을 손금에 산입하여 △유보로 처분하고 당해 손금을 부인하여 그 귀속자에 따라 상여 등으로 처분한다. (○, ×)

33 법인이 특수관계에 있는 다른 법인으로부터 제품을 저가에 매입한 경우, 그 제품의 취득가액은 시가이다. (○, ×)

34 특수관계인인 개인으로부터 토지를 10억원(시가 12억원)에 매입하고 실제지급액인 10억원을 장부상 취득원가로 계상한 경우, 동 토지의 세무상 취득가액은 10억원이다. (○, ×)

35 특수관계인에게 자산을 무상 또는 시가보다 낮은 가액으로 양도하는 경우에는 시가와 거래가액의 차액에 관계없이 부당행위계산의 부인 규정을 적용한다. (○, ×)

36 특수관계인에게 자산을 시가보다 낮은 가액으로 양도한 경우로서, 그 시가와 거래가액의 차액이 3억원에 미달하고 시가의 100분의 5에 상당하는 금액 미만인 때에는 부당행위계산부인 규정을 적용하지 아니한다. (○, ×)

37 부동산을 임대하거나 임차함에 있어서 시가가 불분명한 경우에는 당해 자산시가의 100분의 50에 상당하는 금액에 정기예금이자율을 곱하여 산출한 금액을 시가로 한다. (○, ×)

38 특수관계인과의 금전의 대여 또는 차용에 대해서 부당행위계산의 부인 규정을 적용하기 위한 시가를 정할 때, 특수관계인이 아닌 자로부터 차입한 금액이 없어 가중평균차입이자율의 적용이 불가능한 경우에는 해당 대여금 또는 차입금에 한정하여 당좌대출이자율을 시가로 한다. (○, ×)

39 특수관계인에 대한 금전 대여의 경우 대여기간이 5년을 초과하는 대여금이 있으면 해당 대여금에 한정하여 가중평균차입이자율을 시가로 한다. (○, ×)

40 법인이 과세표준신고와 함께 기획재정부령으로 정하는 바에 따라 당좌대출이자율을 시가로 선택하는 경우 선택한 사업연도에 한해 기획재정부령으로 정하는 당좌대출이자율을 시가로 하여 가지급금 인정이자를 계산한다. (○, ×)

04 불공정자본거래

41 법인의 증자에 있어서 주주인 A법인이 신주를 시가보다 높은 가액으로 인수함으로써 부당행위계산의 부인 규정이 적용되는 경우, 그 시가초과액은 A법인이 취득한 주식의 취득가액에 포함하지 않는다. (○, ×)

정답 및 해설

32 ○ **33** × 시가 → 매입가액 **34** ○ **35** × 중요성 기준이 있다. **36** ○ **37** × 당해 자산시가의 100분의 50에 상당하는 금액에서 그 자산의 제공과 관련하여 받은 전세금 또는 보증금을 차감한 금액에 정기예금이자율을 곱한 후 임대제공일수를 고려하여 산출한 금액을 시가로 한다. **38** ○ **39** × 해당 대여금에 한정하여 당좌대출이자율을 적용한다. **40** × 선택한 사업연도와 이후 2개 사업연도에 한하여 가지급금 인정이자를 계산한다. **41** ○

01 과세표준 산출세액

01 무상으로 받은 자산의 가액으로 충당된 이월결손금은 각 사업연도의 과세표준 계산에 있어서 공제된 것으로 본다. (O, X)

02 내국법인의 해산에 의한 청산소득의 금액을 계산함에 있어서 자기자본총액과 상계하는 이월결손금은 발생시점에 제한이 없다. (O, X)

03 채무의 면제로 인한 부채의 감소액으로 충당하여 보전할 수 있는 이월결손금은 발생시점에 제한이 없다. (O, X)

04 특례기부금의 손금산입한도액을 계산함에 있어 공제하는 이월결손금은 발생시점에 제한이 없다. (O, X)

05 각사업연도소득에 대한 법인세의 과세표준은 각사업연도소득의 범위에서 법정 이월결손금, 비과세소득, 소득 공제액을 차례로 공제한 금액으로 한다. 다만, 중소기업과 회생계획을 이행 중인 기업 등 법령으로 정하는 법인을 제외한 내국법인의 경우 법정 이월결손금 금액에 대한 공제의 범위는 각사업연도소득의 100분의 80 으로 한다. (O, X)

06 내국법인의 각사업연도소득에 대한 법인세의 과세표준을 계산할 때 공제되지 아니한 소득공제액은 해당 사업 연도의 다음 사업연도 이후로 이월하여 공제할 수 있다. (O, X)

07 「공익신탁법」에 따른 공익신탁의 신탁재산에서 생기는 소득은 각사업연도소득에 대한 법인세를 과세하지 않 는다. (O, X)

08 「조세특례제한법」에 의한 비과세소득을 적용받고자 하는 법인은 납세지 관할 세무서장에게 신청하여야 한다. (O, X)

09 중소기업의 경우 이월결손금공제는 각사업연도소득의 80%까지만 할 수 있다. (O, X)

정답 및 해설
01 O **02** O **03** O **04** X 없다. → 있다. **05** O **06** X 소득공제액은 각 사업연도의 소득금액에서 이월결손금과 비과세소득을 뺀 잔액의 범위 내에서 공제하며 미공제된 금액은 차기로 이월되지 않는다. **07** O **08** X 비과세소득은 별도의 신청 없이 적용한다. **09** X 중소기업은 전액 공제 가능하다.

10 「채무자 회생 및 파산에 관한 법률」에 따라 법원이 인가결정한 회생계획을 이행 중인 법인의 공제대상 이월결손금은 각사업연도소득금액의 100%를 한도로 공제한다. (O, X)

11 법인세의 과세표준과 세액을 추계하는 경우에는 이월결손금 공제 및 외국납부세액공제를 적용하지 아니한다. 다만, 천재지변 등으로 장부 기타 증빙서류가 멸실되어 추계하는 경우에는 그러하지 아니하다. (O, X)

12 법인세의 과세표준과 세액을 추계결정하는 경우에는 이월결손금 공제 규정을 적용하지 아니하며, 과세표준과 세액을 추계결정함에 따라 공제되지 못한 이월결손금은 그 후의 사업연도 과세표준을 계산할 때 공제할 수 없다. (O, X)

13 각 사업연도의 소득금액이 없거나 결손금이 있는 법인도 법인세 과세표준신고를 하여야 한다. (O, X)

14 결손금 공제 중 이월공제는 신청을 요건으로 하지 않는다. (O, X)

15 결손금의 이월공제는 각 사업연도의 소득의 범위에서 각 사업연도의 개시일 전 10년 이내(2020. 1. 1. 이후에 개시하는 사업연도에서 발생하는 결손금은 15년 이내)에 개시한 사업연도에서 발생한 결손금에 한하여 이월하여 공제한다. (O, X)

16 중소기업은 각 사업연도에 결손금이 발생한 경우 그 결손금에 대하여 직전 사업연도의 소득에 대하여 과세된 법인세액을 한도로 환급신청할 수 있다. (O, X)

17 법인세액을 환급한 후 결손금이 발생한 사업연도에 대한 법인세의 과세표준과 세액을 경정함으로써 결손금이 감소된 경우에는 환급취소세액에 이자상당액을 가산한 금액을 그 경정한 날이 속하는 사업연도의 법인세로서 징수한다. (O, X)

18 중소기업은 각 사업연도에 결손금이 발생한 경우, 직전 및 직전 전 사업연도의 소득에 대하여 과세된 법인세액을 한도로 그 결손금의 환급을 신청할 수 있다. (O, X)

19 중소기업은 결손금 소급공제 시 직전 사업연도의 소득에 대하여 과세된 법인세액을 한도로 한다. 여기에서 과세된 법인세액이란 법령에 따른 토지 등 양도소득에 대한 법인세를 제외하고 직전 사업연도의 소득에 대한 법인세로서 공제 또는 감면된 법인세액을 차감한 금액을 말한다. (O, X)

20 중소기업은 결손금이 발생한 사업연도와 직전 사업연도의 소득에 대한 법인세 과세표준 및 세액을 각각의 과세표준신고기한 내에 적법하게 신고하고 환급신청을 한 경우에만 결손금 소급공제를 적용할 수 있으나 발생한 결손금의 일부만을 소급공제 신청할 수는 없다. (O, X)

정답 및 해설

10 O **11** O **12** X 각 사업연도의 소득에 대한 법인세의 과세표준을 계산할 때 공제할 결손금에는 법인세의 과세표준과 세액을 추계결정 또는 경정함에 따라 공제되지 아니한 이월결손금을 포함한다. **13** O **14** O **15** O **16** O **17** X 경정한 날이 속하는 사업연도 → 해당 결손금이 발생한 사업연도 **18** X 직전 사업연도만 소급공제 가능하다. **19** O **20** X 중소기업은 소급공제받고자 하는 결손금의 일부만을 소급공제 신청할 수 있다.

21 결손금의 일부는 이월공제받고 일부는 소급공제받은 경우 결손금의 감소에 따른 과다환급세액을 계산할 때 이월공제받은 결손금이 먼저 감소된 것으로 본다. (O, ×)

22 「자산유동화에 관한 법률」에 따른 유동화전문회사가 대통령령으로 정하는 배당가능이익의 100분의 90 이상을 배당한 경우 법령에서 정하는 경우를 제외하고는 그 금액은 해당 배당을 결의한 잉여금 처분의 대상이 되는 사업연도의 소득금액에서 공제한다. (O, ×)

23 유동화전문회사가 대통령령으로 정하는 배당가능이익의 100분의 90 이상을 배당한 경우에서 대통령령으로 정하는 배당가능이익이란 기업회계기준에 따라 작성한 재무제표상의 법인세비용 차감 후 당기순이익에 이월이익잉여금을 가산하거나 이월결손금을 공제한 금액을 말한다. (O, ×)

24 배당금액을 소득금액에서 공제 시 해당 사업연도에 공제받지 못한 배당금액은 해당 사업연도의 다음 사업연도 개시일부터 5년 이내에 끝나는 각 사업연도로 이월하여 그 이월된 사업연도의 소득금액에서 공제할 수 있다. 다만, 내국법인이 이월된 사업연도에 배당가능이익의 100분의 90 이상을 배당하지 아니하는 경우에는 그 초과배당금액을 공제하지 아니한다. (O, ×)

25 소득공제 규정을 적용받는 유동화전문회사 등에는 「자본시장과 금융투자업에 관한 법률」에 따른 투자합자회사는 포함되지만 이 중 같은 법의 기관전용 사모집합투자기구는 제외한다. (O, ×)

02 세액공제

26 법인세는 신고납부제도를 채택하고 있기 때문에 과세표준신고에 의하여 법인세 납세의무가 구체적으로 확정된다. (O, ×)

27 외국정부에 납부하였거나 납부할 외국법인세액이 공제한도를 초과하는 경우 그 초과하는 금액은 다음 사업연도로 이월하여 공제받을 수 없다. (O, ×)

28 외국납부세액공제는 해당 법인의 국내 법인세 산출세액을 한도로 하며, 이를 초과하는 금액은 10년간 이월공제 가능하다. (O, ×)

29 국외사업장이 2개 이상의 국가에 있는 경우에도 외국납부세액공제의 한도액은 국가별로 구분하지 않고 계산한다. (O, ×)

정답 및 해설
21 O **22** O **23** × 대통령령으로 정하는 배당가능이익이란 기업회계기준에 따라 작성한 재무제표상의 법인세비용 차감 후 당기순이익에 이월이익잉여금을 가산하거나 이월결손금을 공제하고, 「상법」에 따라 적립한 이익준비금을 차감한 금액을 말한다. **24** (개정) **25** O **26** O **27** × 10년 이내 이월공제 가능하다. **28** O
29 × 국가별로 구분하여 계산한다.

30 천재지변으로 장부나 그 밖의 증명서류가 멸실되어 법인세 과세표준과 세액을 추계하는 경우에도 외국납부세액공제를 받을 수 있다. (O, ×)

31 재해손실세액공제는 천재지변 등 재해로 상실 전 자산총액의 100분의 15 이상을 상실하여 납세자가 곤란하다고 인정되는 경우 적용된다. (O, ×)

32 재해손실세액공제를 적용받고자 하는 법인은 재해손실세액공제신청서를 납세지 관할 세무서장에게 제출하여야 한다. (O, ×)

33 과세표준신고기한이 경과되지 아니한 법인세에서 재해손실세액공제를 받고자 하는 내국법인은 그 신고기한 내에 세액공제신청을 하여야 한다. 다만, 재해발생일부터 신고기한까지의 기간이 3월 미만인 경우에는 재해발생일부터 3월 내에 신청하여야 한다. (O, ×)

34 재해손실세액공제대상이 되는 법인세에는 재해발생일이 속하는 사업연도의 소득에 대한 법인세와 재해발생일 현재 부과된 법인세로서 미납된 법인세가 포함되며, 재해발생일 현재 부과되지 아니한 법인세는 공제대상에 포함되지 않는다. (O, ×)

35 내국법인이 사실과 다른 회계처리로 인하여 경정을 받음으로써 각 사업연도의 법인세에서 과다 납부한 세액을 공제하는 경우 그 공제하는 금액은 과다 납부한 세액의 100분의 50을 한도로 하며, 공제 후 남아 있는 과다 납부한 세액은 이후 사업연도에 이월하여 공제한다. (O, ×)

03 최저한세

36 최저한세를 적용함에 있어 조세감면의 법정배제순서는 준비금의 손금산입, 특별감가상각비의 손금산입, 손금산입 및 익금불산입, 세액감면, 세액공제, 소득공제 및 비과세 순이다. (O, ×)

04 기납부세액

37 각 사업연도의 기간이 6개월 이하인 법인은 중간예납세액의 납부의무를 지지 않는다. (O, ×)

38 새로 설립된 모든 내국법인의 경우 설립 후 최초의 사업연도에는 중간예납을 하지 않는다. (O, ×)

39 납세지 관할 세무서장은 중간예납기간 중 휴업 등의 사유로 사업수입금액이 없는 법인에 대하여 그 사실이 확인된 경우에는 당해 중간예납기간에 대한 법인세를 징수하지 아니한다. (O, ×)

정답 및 해설

30 O **31** × 100분의 15 → 100분의 20 **32** O **33** O **34** × 공제대상에 포함된다. **35** × 100분의 50 → 100분의 20 **36** × 특별감가상각비의 손금산입 → 준비금의 손금산입 → 손금산입 및 익금불산입 → 세액공제 → 세액감면 → 소득공제 및 비과세 **37** O **38** × 합병·분할에 의하여 신설된 내국법인은 중간예납의무가 있다. **39** O

40 「고등교육법」에 따른 사립학교를 경영하는 학교법인과 「산업교육진흥 및 산학연협력촉진에 관한 법률」에 따른 산학협력단은 중간예납세액의 납부의무를 지지 않는다. (O, X)

41 중간예납의무가 있는 모든 법인은 직전 사업연도의 실적을 기준으로 중간예납세액을 계산하여 납부하여야 한다. (O, X)

42 중간예납의무자는 내국법인(사립학교법인 제외)으로서 각 사업연도의 기간이 1년을 초과하는 법인이며, 해당 사업연도 개시일로부터 6월간을 중간예납기간으로 하여 중간예납세액을 납부하여야 한다. (O, X)

43 내국법인이 직전 사업연도의 법인세로서 확정된 산출세액을 직전 사업연도의 월수로 나눈 금액에 6을 곱하여 중간예납세액을 계산하는 경우, 당해 직전 사업연도의 산출세액 중 가산세는 제외한다. (O, X)

44 「소득세법」에서는 중간예납세액을 11월 중에 납부하여야 하나 「법인세법」에서는 중간예납 종료일로부터 2개월 이내에 납부하여야 한다. (O, X)

45 납부할 중간예납세액이 1,500만원인 경우 750만원을 납부기한이 지난 날부터 1개월 이내에 분납할 수 있다. (O, X)

46 내국법인 A(제조업)가 당해 법인의 주주인 내국법인 B(제조업)에게 배당금을 지급하는 경우에는 그 배당금에 대한 법인세의 원천징수를 하여야 한다. (O, X)

47 원천징수대상으로 규정하지 아니한 소득에 대하여 원천징수된 법인세액은 법인세 산출세액에서 공제하는 원천징수된 세액에 해당하지 아니한다. (O, X)

48 내국법인은 각 사업연도의 소득에 대한 법인세 산출세액에 해당 사업연도에 원천징수된 세액을 합산한 금액을 각 사업연도의 소득에 대한 법인세로서 납부하여야 한다. (O, X)

49 신고한 과세표준에 이미 산입된 미지급소득은 원천징수대상 소득에서 제외된다. (O, X)

50 납세지 관할 세무서장 또는 관할지방국세청장은 내국법인이 그 사업연도 중에 신고를 하지 않고 본점을 이전함으로 인하여 법인세포탈의 우려가 있다고 인정되는 경우에는 수시로 그 법인에 대한 법인세를 부과할 수 있다. (O, X)

51 법인세가 수시부과된 사업연도에 대해서는 당해 수시부과로써 그 신고의무가 완료된 것이므로 해당 각 사업연도의 소득에 대한 별도의 법인세 과세표준 등의 신고의무는 없다. (O, X)

정답 및 해설

40 ○ **41** X 당해 사업연도 중간예납 실적기준도 가능하다. **42** X 1년 초과 → 6개월 초과 **43** X 가산세도 포함된다. **44** ○ **45** X 750만원 → 500만원 **46** X 법인에게 지급하는 배당금은 원천징수대상에서 제외된다. **47** ○ **48** X 원천징수세액은 기납부세액으로서 산출세액에서 차감한다. **49** ○ **50** ○ **51** X 수시부과된 사업연도에 대해서도 신고납부의무는 있다.

05 납세절차

52 납세의무가 있는 내국법인의 「법인세법」에 따른 각 사업연도의 소득에 대한 법인세 과세표준과 세액의 신고기한은 각 사업연도의 소득금액이 없거나 결손금이 있는 내국법인의 경우에도 적용된다.　　　(○, ×)

53 납세의무가 있는 법인은 각사업연도 종료일이 속하는 달의 말일부터 3개월 이내에 해당 소득에 대한 과세표준과 세액을 납세지 관할 세무서장에게 신고하여야 하나 각 사업연도의 소득이 없는 법인은 예외이다.
　　　(○, ×)

54 법인세과세표준을 신고하면서 재무상태표를 첨부하지 않으면 무신고로 본다.　　　(○, ×)

55 법인세의 과세표준과 세액을 납세지 관할 세무서장에게 신고할 때 기업회계기준을 준용하여 작성한 개별 내국법인의 재무상태표·포괄손익계산서 및 이익잉여금처분계산서(또는 결손금처리계산서)를 신고서에 첨부하지 아니하면 「법인세법」에 따른 신고로 보지 아니한다.　　　(○, ×)

56 「주식회사의 외부감사에 관한 법률」에 따라 감사인에 의한 감사를 받아야 하는 내국법인이 해당 사업연도의 감사가 종결되지 아니하여 결산이 확정되지 아니하였다는 사유로 법인세 과세표준과 세액의 신고기한을 연장하고자 하는 경우에는 법정신고기한의 종료일 이전 2주가 되는 날까지 신고기한 연장신청서를 납세지 관할 세무서장에게 제출하여야 한다.　　　(○, ×)

57 내국법인이 각 사업연도의 소득에 대한 법인세의 과세표준과 세액을 신고하는 경우, 「주식회사의 외부감사에 관한 법률」에 따라 감사인에 의한 감사를 받아야 하는 내국법인이 해당 사업연도의 감사가 종결되지 아니하여 결산이 확정되지 아니하였다는 사유로 법령으로 정하는 바에 따라 신고기한의 연장을 신청한 경우에는 그 신고기한을 1개월의 범위에서 연장할 수 있다.　　　(○, ×)

58 각 사업연도의 소득에 대한 법인세의 과세표준을 신고하여야 할 외국법인으로서 본점 등의 결산이 확정되지 아니하거나 기타 부득이한 사유로 그 신고기한까지 신고서를 제출할 수 없는 경우 납세지 관할 세무서장 또는 관할지방국세청장의 승인을 받아 그 신고기한을 연장할 수 있다. 이 경우 외국법인은 해당 사업연도 종료일부터 60일 이내에 사유서를 갖추어 납세지 관할 세무서장에게 신고기한연장승인신청을 해야 하며, 납세지 관할 세무서장은 그로부터 7일 이내에 결정해야 한다.　　　(○, ×)

59 내국법인이 법인세 과세표준의 신고기한까지 자진납부할 세액이 1천만원을 초과하는 경우에는 해당 세액의 50% 이하의 금액을 분납할 수 있다.　　　(○, ×)

60 「조세특례제한법」상 중소기업의 경우 납부할 세액이 1천만원을 초과하면 납부기한이 지난 날부터 2개월 이내에 분납할 수 있다.　　　(○, ×)

정답 및 해설

52 ○　**53** × 각사업연도 소득이 없는 법인도 신고해야 한다.　**54** ○　**55** ○　**56** × 3일 전까지 신청해야 한다.　**57** ○　**58** ○　**59** × 1천만원 초과 2천만원 이하의 세액은 1천만원 초과금액만 분납 가능하다.
60 ○

해커스 세법 FINAL 핵심지문 OX

제4편 법인세법

61 내국법인의 납부할 세액이 2천만원을 초과하는 경우에는 납부할 세액에서 1천만원을 초과하는 금액을 납부기한이 지난 날부터 1개월 이내에 분납할 수 있다. (O, X)

62 내국법인은 「법인세법」에 따른 납부할 세액이 1천만원을 초과하는 경우에 납부할 세액의 일부를 분납할 수 있으나, 가산세와 감면분 추가 납부세액은 분납대상세액에 포함하지 아니한다. (O, X)

63 성실신고확인대상 내국법인이 성실신고확인서를 제출하는 경우 사업연도 종료일이 속하는 달의 말일부터 4개월 이내에 법인세 과세표준과 세액을 신고하여야 한다. (O, X)

64 「주식회사 등의 외부감사에 관한 법률」에 따라 감사인에 의한 감사를 받은 내국법인은 성실신고확인서를 제출하지 아니할 수 있다. (O, X)

65 외부조정대상법인이 외부조정계산서를 첨부하지 아니하는 경우 신고를 하지 않은 것으로 보고 무신고가산세를 적용한다. (O, X)

66 신용카드 및 현금영수증 발급 불성실가산세는 신용카드매출전표를 사실과 다르게 발급한 금액의 5%(건별로 계산한 금액이 5천원 미만이면 5천원으로 한다)이다. (O, X)

67 업무용 승용차 관련 비용 등을 손금에 산입한 내국법인이 업무용 승용차 관련 비용 등에 관한 명세서를 제출하지 않은 경우 업무용 승용차 관련 비용 명세서 제출 불성실가산세가 적용된다. (O, X)

68 성실신고확인서 제출 불성실가산세는 산출세액이 없는 경우에도 적용한다. (O, X)

69 주식등변동상황명세서를 제출해야 하는 내국법인이 명세서를 제출하지 않은 경우 그 주식등의 액면금액의 1%에 해당하는 금액을 가산세로 한다. (O, X)

70 기부금영수증을 발급하는 내국법인이 기부금영수증을 사실과 다르게 적어 발급한 경우 사실과 다르게 발급된 금액의 5%에 해당하는 금액을 가산세로 한다. (O, X)

71 「소득세법」에 따른 성실신고확인대상사업자가 사업용 자산을 현물출자하여 내국법인으로 전환한 경우 그 내국법인은 법인으로 전환한 후 5년 동안 성실신고확인서를 제출해야 한다. (O, X)

72 소비자상대업종을 영위하는 법인은 그 요건에 해당하는 날이 속하는 달의 말일부터 3개월 이내에 현금영수증 가맹점으로 가입하지 않은 경우 가입하지 않은 사업연도의 수입금액의 3%에 해당하는 금액을 가산세로 한다. (O, X)

73 성실신고확인서 제출 불성실가산세를 적용할 때 법령에 따른 경정으로 산출세액이 0보다 크게 된 경우에는 경정된 산출세액을 기준으로 가산세를 계산한다. (O, X)

정답 및 해설

61 X 납부할 세액이 2천만원을 초과하는 경우에는 그 납부할 세액의 50% 이하의 금액을 납부기한이 지난 날부터 1개월(중소기업의 경우 2개월) 이내에 분납할 수 있다. **62** O **63** O **64** O **65** O **66** O **67** O **68** O **69** O **70** O **71** X 5년 → 3년 **72** X 현금영수증 가맹점 가입의무를 위반하여 현금영수증 가맹점으로 가입하지 않거나 그 가입기한이 지나서 가입한 경우에는 미가입기간의 수입금액의 1%를 가산세로 부과한다. **73** O

10 합병과 분할

01 합병의 과세구조

01 내국법인이 발행주식 총수 또는 출자총액을 소유하고 있는 다른 법인을 합병하거나 그 다른 법인에 합병되는 경우에는 합병에 따른 양도손익이 없는 것으로 할 수 있다. (O, X)

02 적격합병을 한 합병법인은 피합병법인의 자산을 장부가액으로 양도받은 것으로 한다. 이 경우 장부가액과 시가와의 차액을 법령으로 정하는 바에 따라 자산별로 계상하여야 한다. (O, X)

03 「법인세법」상 요건을 모두 갖춘 적격합병에 해당하여 피합병법인이 합병으로 인한 양도손익이 없는 것으로 한 경우 합병법인은 피합병법인의 자산을 합병등기일 현재의 시가로 양도받은 것으로 한다. (O, X)

04 피합병법인의 순자산 장부가액을 계산할 때 「국세기본법」에 따라 환급되는 법인세액이 있는 경우에는 이에 상당하는 금액을 합병등기일 현재 피합병법인의 순자산 장부가액에 더한다. (O, X)

05 「법인세법」상 요건을 모두 갖춘 적격합병의 경우에는 합병법인의 합병등기일 현재 이월결손금은 합병법인의 각 사업연도의 과세표준을 계산할 때 피합병법인으로부터 승계받은 사업에서 발생한 소득금액의 범위에서 공제할 수 있다. (O, X)

06 적격합병 시 승계한 이월결손금은 채무의 면제 또는 소멸로 인한 부채(負債)의 감소액으로 보전하는데 충당할 수 없다. (O, X)

07 중소기업 간 적격합병인 경우 합병법인이 승계한 피합병법인의 결손금에 대한 공제는 피합병법인으로부터 승계받은 사업에서 발생한 소득금액의 100%를 한도로 한다. (O, X)

08 「법인세법」상 요건을 모두 갖춘 적격합병의 경우에만 합병법인이 피합병법인의 대손충당금 관련 세무조정사항을 승계할 수 있다. (O, X)

09 적격합병에 해당하기 위해서는 합병법인이 합병등기일이 속하는 사업연도의 다음 사업연도 개시일부터 5년이 되는 날까지 피합병법인으로부터 승계받은 사업을 계속해야 한다. (O, X)

정답 및 해설
01 O **02** O **03** X 시가 → 장부가액 **04** O **05** X 합병법인의 사업에서 발생한 소득금액의 범위에서 공제할 수 있다. **06** O **07** O **08** X 대손충당금 관련 세무조정사항의 승계는 비적격합병인 경우에도 가능하다. **09** X 합병등기일이 속하는 사업연도의 종료일까지 계속하여야 한다.

10 피합병법인의 주주 등이 합병으로 인하여 받은 합병대가의 전액이 합병법인의 주식 등이어야 한다는 것은 적격합병의 요건 중 하나이다. (O, X)

11 합병등기일 현재 1년 이상 사업을 계속하던 내국법인 간의 합병이어야 한다는 것은 적격합병의 요건 중 하나이다. (O, X)

12 적격합병의 경우 피합병법인이 합병법인으로부터 받은 양도가액을 피합병법인의 합병등기일 현재의 순자산 장부가액으로 보아 양도손익이 없는 것으로 할 수 있다. (O, X)

13 적격합병이 아닌 경우 합병법인이 합병으로 피합병법인의 자산을 승계한 경우에는 그 자산을 피합병법인으로부터 합병등기일 현재의 시가로 양도받은 것으로 본다. (O, X)

14 적격합병의 경우 합병법인이 승계한 피합병법인의 결손금은 피합병법인으로부터 승계받은 사업에서 발생한 소득금액의 범위에서 합병법인의 각 사업연도의 과세표준을 계산할 때 공제한다. (O, X)

15 피합병법인의 합병등기일 현재 기부금한도초과액으로서 적격합병에 따라 합병법인이 승계한 금액은 합병법인의 각 사업연도의 소득금액을 계산할 때 피합병법인으로부터 승계받은 사업에서 발생한 소득금액한도 내에서 손금에 산입한다. (O, X)

16 적격합병을 한 합병법인은 피합병법인의 자산을 시가로 양도받은 것으로 하고, 양도받은 자산 및 부채의 가액을 합병등기일 현재의 장부가액으로 계상하되 시가에서 피합병법인의 장부상 장부가액을 뺀 금액은 자산조정계정으로 계상해야 한다. (O, X)

17 합병법인은 피합병법인의 자산을 장부가액으로 양도받은 경우 양도받은 자산 및 부채의 가액을 합병등기일 현재의 시가로 계상하되, 시가에서 피합병법인의 장부가액을 뺀 금액이 0보다 작은 경우에는 시가와 장부가액의 차액을 손금에 산입하고 이에 상당하는 금액을 자산조정계정으로 익금에 산입한다. (O, X)

18 적격합병을 한 합병법인은 5년 이내 합병법인이 피합병법인으로부터 승계받은 사업을 폐지하는 경우에는 그 사유가 발생한 날이 속하는 사업연도의 소득금액을 계산할 때 양도받은 자산의 장부가액과 시가와의 차액(시가가 장부가액보다 큰 경우만 해당), 승계받은 결손금 중 공제한 금액 등을 익금에 산입하고, 피합병법인으로부터 승계받아 공제한 감면·세액공제액 등을 해당 사업연도의 법인세에 더하여 납부한 후 해당 사업연도부터 감면 또는 세액공제를 적용하지 아니한다. (O, X)

정답 및 해설

10 X 피합병법인의 주주가 합병으로 인하여 받은 합병대가의 총합계액 중 합병법인의 주식의 가액이 80% 이상인 경우에는 적격합병의 요건을 충족한다. **11** O **12** O **13** O **14** O **15** X 기부금 각각의 손금산입 한도액의 범위에서 손금에 산입한다. **16** X 적격합병을 한 합병법인은 피합병법인의 자산을 장부가액으로 양도받은 것으로 한다. 이 경우 장부가액과 시가와의 차액을 자산조정계정으로 계상하여야 한다. **17** O **18** X 5년 이내 → 2년 이내

19 합병법인이 합병등기일이 속하는 사업연도의 종료일까지 피합병법인으로부터 승계받은 사업을 계속 영위하는 것도 적격합병의 요건 중 하나이다. (O, X)

20 적격합병이 아닌 경우 합병법인이 피합병법인에게 지급한 양도가액과 피합병법인의 합병등기일 현재의 순자산 시가가 서로 일치하지 않으면, 그 차액은 합병매수차익 또는 합병매수차손으로 한다. (O, X)

21 합병법인이 피합병법인의 자산을 시가로 양도받은 것으로 보는 경우로서 피합병법인에 지급한 양도가액이 피합병법인의 합병등기일 현재의 자산총액에서 부채총액을 뺀 금액보다 큰 경우, 합병법인은 그 차액을 합병등기일부터 5년간 균등하게 나누어 익금에 산입한다. (O, X)

02 분할의 과세구조

22 내국법인이 분할로 해산하는 경우(물적분할은 제외)에는 그 법인의 자산을 분할신설법인 또는 분할합병의 상대방 법인에 양도한 것으로 본다. (O, X)

23 적격분할이 아닌 경우 분할신설법인 등이 분할로 분할법인 등의 자산을 승계한 경우에는 그 자산을 분할법인 등으로부터 분할등기일 현재의 시가로 양도받은 것으로 본다. (O, X)

정답 및 해설
19 ○ **20** ○ **21** × 합병법인이 피합병법인의 순자산을 시가보다 더 많은 대가를 지급하고 취득하는 경우 합병매수차손이 발생한다. 합병매수차손은 합병매수차익과 달리 합병법인이 피합병법인의 상호·거래관계, 그 밖의 영업상의 비밀 등에 대하여 사업상 가치가 있다고 보아 대가를 지급한 경우에 한하여 손금으로 인정한다. (5년간 분할 손금) **22** ○ **23** ○

11 그 밖의 법인세

01 비영리법인의 각 사업연도에 대한 법인세

01 특별법에 의하여 설립된 법인으로서 「민법」 제32조에 규정된 목적과 유사한 목적을 가진 법인(법령에서 정하는 조합법인 등 외에 출자자에게 이익을 배당할 수 있는 법인은 제외)은 비영리내국법인에 해당한다.

(O, X)

02 「국세기본법」에 따라 법인으로 보는 단체로서 국내에 주사무소를 둔 단체는 「법인세법」상 비영리내국법인에 해당한다.

(O, X)

03 비영리외국법인이란 외국법인 중 외국의 정부 · 지방자치단체 및 영리를 목적으로 하지 아니하는 법인(법인으로 보는 단체를 포함함)을 말한다.

(O, X)

04 비영리외국법인의 각 사업연도의 소득은 국내원천소득 중 수익사업에서 생기는 소득만 해당한다. (O, X)

05 비영리내국법인의 각 사업연도의 소득에는 고유목적사업에 직접 사용하는 자산의 처분으로 인한 모든 수입을 포함한다.

(O, X)

06 비영리내국법인이 주식 또는 출자지분을 양도함에 따라 생기는 수입에 대하여는 각사업연도소득에 대한 법인세가 과세되지 아니한다.

(O, X)

07 비영리내국법인은 주식 또는 신주인수권의 양도로 인하여 생기는 수입에 대하여 각 사업연도의 소득에 대한 법인세 납세의무를 진다.

(O, X)

08 비영리내국법인은 토지 등 양도소득에 대한 법인세 납세의무가 있으나, 청산소득에 대한 법인세 납세의무는 없다.

(O, X)

09 비영리법인이 수익사업을 하는 경우에는 자산 · 부채 및 손익을 그 수익사업에 속하는 것과 수익사업이 아닌 그 밖의 사업에 속하는 것을 각각 다른 회계로 구분하여 기록하지 않을 수 있다.

(O, X)

정답 및 해설

01 O **02** O **03** O **04** O **05** X 비영리법인이 고유목적사업에 직접 사용하는 자산을 처분하여 얻은 수입은 과세대상이 아니다. **06** X 부동산을 취득할 수 있는 권리, 지상권, 전세권과 등기된 부동산임차권에 해당하는 부동산에 관한 권리, 회원권, 주식 및 출자지분, 특정법인주식, 토지, 건물과 함께 양도하는 이축권을 양도하는 것은 모두 수익사업에 속한다. **07** O **08** O **09** X 각각 다른 회계로 구분하여 기록하여야 한다.

10 고유목적사업에 3년 이상 계속하여 직접 사용한 유형·무형자산의 처분으로 인한 수입은 수익사업 소득에서 제외되나, 관람료 등 부수수익이 있는 경우에는 이를 고유목적사업에 직접 사용한 것으로 보지 아니한다.

(O, X)

11 출자지분의 양도로 인하여 생기는 수입은 비영리내국법인의 각 사업연도의 소득에 포함되지 않는다.

(O, X)

12 출자지분의 양도로 인하여 생기는 수입과 정기예금에서 발생한 이자소득은 수익사업에서 생기는 소득에 포함된다.

(O, X)

13 「소득세법」에 따른 이자소득만이 있는 비영리내국법인은 복식부기방식으로 장부를 기장할 의무가 없다.

(O, X)

14 비영리내국법인은 「소득세법」에 따른 이자소득(비영업대금의 이익은 제외하고 투자신탁의 이익은 포함)으로서 「법인세법」에 따라 원천징수된 이자소득에 대하여는 과세표준신고를 하지 아니할 수 있다. (O, X)

15 비영리내국법인은 원천징수된 투자신탁의 이익에 대하여 과세표준신고를 하지 아니할 수 있다. 이 경우 과세표준신고를 하지 아니한 투자신탁의 이익은 그 법인의 해당 각 사업연도 소득금액에 산입한다. (O, X)

16 비영리내국법인은 원천징수된 비영업대금의 이익에 대하여는 각사업연도소득에 대한 법인세 과세표준 신고를 하지 않을 수 있다.

(O, X)

17 토지·건물의 양도소득만 있는 경우 법인세 과세표준신고를 하지 않고 「소득세법」을 준용하여 계산한 금액을 법인세로 납부할 수 있다.

(O, X)

18 토지 또는 건물의 양도로 인하여 발생하는 소득만 있는 비영리내국법인(사업소득에 해당하는 수익사업을 하는 비영리내국법인은 제외함)은 과세표준신고를 하지 아니할 수 있다.

(O, X)

19 축산업을 영위하는 비영리내국법인은 지상권의 양도로 인하여 발생하는 소득이 있는 경우 법인세 과세표준신고를 하여야 한다.

(O, X)

20 비영리내국법인은 고유목적사업준비금을 손금에 산입한 날이 속하는 사업연도 종료일 이후 3년이 되는 날까지 고유목적사업에 사용하여야 한다.

(O, X)

해커스 세법 FINAL 핵심자료 OX

정답 및 해설

10 X 직접 사용한 것으로 본다.   **11** X 포함된다.   **12** O   **13** O   **14** O   **15** X 비영리내국법인은 이자소득(비영업대금의 이익은 제외하고, 투자신탁의 이익을 포함)으로서 원천징수된 이자소득에 대하여는 이 경우 과세표준신고를 하지 아니한 이자소득은 각 사업연도의 소득금액을 계산할 때 포함하지 아니한다. (완납적 원천징수)   **16** X 비영업대금의 이익에 대해서는 이자소득 분리과세 특례 규정을 적용할 수 없다.   **17** O   **18** O   **19** X 신고하지 않을 수 있다. ∵ 비영리법인의 자산양도소득에 대한 과세특례   **20** X 3년 → 5년

11. 그 밖의 법인세   **4-47**

21 직전 사업연도 종료일 현재의 고유목적사업준비금의 잔액을 초과하여 해당 사업연도의 고유목적사업 등에 지출한 금액은 그 사업연도에 계상할 고유목적사업준비금에서 지출한 것으로 본다. (○, ×)

22 해당 법인의 고유목적사업 또는 특례기부금에 지출하기 위하여 고유목적사업준비금을 손금으로 계상한 경우에는 법정한도까지 이를 손금에 산입한다. (○, ×)

23 비영리내국법인이 수익사업을 영위하는 경우 구분경리하지 않는 것을 원칙으로 한다. (○, ×)

24 수익사업을 하는 비영리내국법인은 유형자산인 토지의 양도로 인하여 발생하는 소득이 있는 경우에 과세표준 신고를 하지 아니한다. (○, ×)

25 고유목적사업준비금을 손금에 산입한 비영리내국법인이 사업에 관한 모든 권리와 의무를 다른 비영리내국법인에 포괄적으로 양도하고 해산하는 경우 해산등기일 현재의 고유목적사업준비금 잔액은 그 다른 비영리내국법인이 승계할 수 있다. (○, ×)

26 손금에 산입한 고유목적사업준비금의 잔액이 있는 비영리내국법인이 고유목적사업을 일부라도 폐지한 경우 그 잔액은 해당 사유가 발생한 날이 속하는 사업연도의 소득금액을 계산할 때 익금에 산입한다. (○, ×)

27 법인으로 보는 단체가 거주자로 변경된 경우 손금에 산입한 고유목적사업준비금 잔액을 익금에 산입하고 그 잔액에 대한 이자상당액을 법인세에 더하여 납부하여야 한다. (○, ×)

28 고유목적사업준비금은 「소득세법」상 이자소득금액 및 배당소득금액에 100분의 50을 곱하여 산출한 금액을 한도로 손금에 산입한다. (○, ×)

29 수익사업을 하는 비영리내국법인은 장부의 기록 · 보관 불성실가산세의 적용을 받지 않는다. (○, ×)

02 청산소득에 대한 법인세

30 외국법인과 비영리내국법인은 청산소득에 대한 법인세 납세의무가 없다. (○, ×)

31 청산소득에 대한 법인세의 납부의무가 있는 법인은 과세표준과 세액을 납세지 관할 세무서장에게 신고하여야 하나 청산소득의 금액이 없는 경우에는 그러하지 아니하다. (○, ×)

32 청산소득에 대한 법인세를 계산할 때 각사업연도소득에 대한 법인세율과 동일한 세율을 적용한다. (○, ×)

정답 및 해설

21 ○ **22** × 특례기부금 → 일반기부금 **23** × 구분경리하여야 한다. **24** × 사업소득에 해당하는 수익사업을 영위하는 비영리법인은 자산양도차익에 대하여 과세표준 신고를 하여야 한다. **25** ○ **26** × 고유목적사업을 전부 폐지한 경우에 한하여 익금산입한다. **27** × 고유목적사업준비금을 사용하지 않은 경우 등에 한하여 이자상당액을 추징한다. **28** × 이자소득금액 및 배당소득금액은 100%를 한도로 한다. **29** ○ **30** ○ **31** × 청산소득의 과세표준신고의무는 청산소득이 산출되지 아니할 경우에도 적용된다. **32** ○

33 해산(합병·분할에 의한 해산은 제외)에 의한 청산소득의 금액은 그 법인의 해산에 의한 잔여재산의 가액에서 해산등기일 현재의 자기자본의 총액을 공제한 금액으로 한다. (O, X)

34 청산소득의 금액을 계산함에 있어서 그 청산기간 중에 생기는 각 사업연도의 소득금액이 있는 경우에는 이를 청산소득의 금액에 가산한다. (O, X)

35 해산에 의한 청산소득의 금액을 계산함에 있어서 그 청산기간 중에 「국세기본법」에 의하여 환급되는 법인세 액이 있는 경우 이에 상당하는 금액은 자기자본의 총액에 가산한다. (O, X)

36 내국법인의 해산에 의한 청산소득의 금액을 계산할 때 그 청산기간에 생기는 각 사업연도의 소득금액이 있는 경우에는 그 법인의 해당 각 사업연도의 소득금액에 산입한다. (O, X)

37 청산소득에 대한 법인세의 납부의무가 있는 내국법인은 해산등기일이 속하는 달의 말일부터 3개월 이내에 청산소득에 대한 법인세의 과세표준과 세액을 신고하여야 한다. (O, X)

38 특별법에 따라 설립된 법인이 그 특별법의 개정이나 폐지로 인하여 「상법」에 따른 회사로 조직변경하는 경우 에는 청산소득에 대한 법인세를 과세하지 아니한다. (O, X)

03 법인과세 신탁재산의 각 사업연도의 소득에 대한 법인세 과세특례

39 하나의 법인과세 신탁재산에 「신탁법」에 따라 둘 이상의 수탁자가 있는 경우에는 수탁자 중 신탁사무를 주로 처리하는 수탁자로 신고한 자가 법인과세 신탁재산에 귀속되는 소득에 대하여 법인세를 납부하여야 한다. (O, X)

40 수탁자의 변경에 따라 수탁자가 그 법인과세 신탁재산에 대한 자산과 부채를 변경되는 수탁자에게 이전하는 경우 수탁자 변경일 현재의 공정가액을 그 자산과 부채의 이전가액으로 보고 장부가액과의 차이를 이전에 따른 손익으로 과세한다. (O, X)

41 법인과세 신탁재산은 설립일로부터 2개월 이내에 법인설립신고서를 납세지 관할 세무서장에게 신고하여야 한다. (O, X)

정답 및 해설

33 O **34** X 각사업연도소득에 가산한다. **35** O **36** O **37** X 잔여재산가액 확정일이 속하는 달의 말일부터 3개월 이내 청산소득에 대한 법인세를 신고하여야 한다. **38** O **39** O **40** X 장부가액으로 승계 하므로 과세하지 않는다. **41** O

04 투자·상생협력 촉진을 위한 조세특례

42 미환류소득에 대한 법인세 납부의무가 있는 법인은 각 사업연도의 소득에 대한 법인세액에 추가하여 미환류소득에 대한 법인세를 납부해야 한다. (O, X)

43 각 사업연도 종료일 현재 「독점규제 및 공정거래에 관한 법률」에 따른 상호출자제한기업집단에 속하는 내국법인이 미환류소득이 있는 경우 미환류소득에 대한 법인세를 납부해야 한다. (O, X)

44 비영리내국법인은 미환류소득에 대하여 법인세 납세의무가 있다. (O, X)

45 내국법인이 상호출자제한기업집단에 속하더라도 자기자본이 500억원 미만인 경우에는 미환류소득에 대한 법인세 납세의무가 없다. (O, X)

05 연결납세제도

46 연결가능모법인이 연결가능자법인을 포함하여 연결납세방식을 적용받기 위해서는 연결가능모법인의 납세지 관할 지방국세청장의 승인을 받아야 한다. (O, X)

47 연결납세방식의 적용을 포기한 연결법인은 연결납세방식이 적용되지 않는 최초 사업연도와 그 다음 사업연도의 개시일부터 4년 이내에 끝나는 사업연도까지는 연결납세방식의 적용 당시와 동일한 법인을 연결모법인으로 하여 연결납세방식을 적용받을 수 없다. (O, X)

48 연결모법인은 각 연결사업연도의 개시일이 속하는 달의 말일부터 4개월 이내에 해당 연결사업연도의 소득에 대한 법인세의 과세표준과 세액을 납세지 관할 세무서장에게 신고하여야 한다. (O, X)

49 각 연결사업연도의 기간이 6개월을 초과하는 연결모법인은 해당 사업연도 개시일부터 6개월간을 중간예납기간으로 하여 연결중간예납세액을 중간예납기간이 지난 날부터 3개월 이내에 납세지 관할 세무서에 납부하여야 한다. (O, X)

50 연결모법인이 연결자법인으로부터 지급받은 연결법인세액 할당 상당액은 익금에 산입하지 않으나, 연결자법인이 지급한 연결법인세액 할당 상당액은 연결자법인의 손금으로 산입할 수 있다. (O, X)

정답 및 해설
42 ○ **43** ○ **44** × 비영리내국법인은 납세의무 없다. **45** × 상호출자제한기업집단에 속하면 자기자본 규모에 관계없이 미환류소득에 대한 법인세 납세의무자에 해당한다. **46** ○ **47** ○ **48** × 종료일이 속하는 달의 말일부터 4개월 이내에 신고하여야 한다. **49** × 3개월 → 2개월 **50** × 손금불산입한다.

cpa.Hackers.com

회계사·세무사·경영지도사 단번에 합격!
해커스 경영아카데미 cpa.Hackers.com

제5편

국세기본법

1 총설

01 조세법의 기본원칙

01 국세의 납세의무 성립시기는 새로운 세법 또는 해석이나 관행의 적용 시 소급과세 여부를 판정하는 기준시점이 된다. (O, ×)

02 「국세기본법」은 새로운 입법에 의한 과세가 소급과세인지 여부를 판단하는 기준시점을 납세의무의 확정시점으로 규정하고 있다. (O, ×)

03 개별 납세자에게 유리한 소급입법이라고 하더라도 그것이 전체적으로 조세공평을 침해할 수 있는 경우에는 허용되지 않을 수 있다. (O, ×)

04 세법의 해석이 일반적으로 납세자에게 받아들여진 후에는 그 해석에 의한 계산은 정당한 것으로 보며, 새로운 해석에 의하여 소급하여 과세되지 아니한다. (O, ×)

05 부진정소급입법은 납세자에게 불리하더라도 통상의 경우에는 허용되지만, 납세자의 구법에 대한 신뢰가 보호할 가치가 있다고 할 특단의 사정이 있는 경우에는 허용되지 않을 수 있다. (O, ×)

06 국민의 기득권을 침해하지 않고 당사자의 법적 안정성 또는 신뢰보호에 위배되지 않는 일정한 경우에는 소급과세금지원칙의 예외가 인정될 수 있다. (O, ×)

02 「국세기본법」 개괄

07 가산세는 해당 의무가 규정된 세법의 해당 국세의 세목으로 한다. 따라서 해당 국세를 감면하는 경우에는 가산세도 감면대상에 포함한다. (O, ×)

08 '납세의무자'는 연대납세의무자, 제2차 납세의무자, 보증인, 원천징수의무자를 포함한다. (O, ×)

정답 및 해설

01 O　**02** × 확정시점 → 성립시점　**03** O　**04** O　**05** O　**06** O　**07** × 가산세는 감면대상에서 제외한다.　**08** × 원천징수의무자는 납세자에는 포함되나 납세의무자에는 포함되지 아니한다.

09 납세의무자란 세법에 따라 국세를 납부할 의무가 있는 자를 말하며 국세를 징수하여 납부할 의무가 있는 자도 포함한다. (O, X)

10 '공과금'이란 「국세징수법」에서 규정하는 강제징수의 예에 따라 징수할 수 있는 채권 중 국세, 관세, 임시수입 부가세, 지방세와 이에 관계되는 강제징수비를 제외한 것을 말한다. (O, X)

11 '세무공무원'에는 국세청장, 지방국세청장, 세무서장 또는 그 소속 공무원뿐만 아니라 세법에 따라 국세에 관한 사무를 세관장이 관장하는 경우의 그 소속 공무원도 포함한다. (O, X)

12 '과세표준'이란 세법에 따라 직접적으로 세액산출의 기초가 되는 과세대상의 수량 또는 가액을 말한다. (O, X)

13 「국세기본법」에서 규정하고 있는 실질과세의 원칙에 반하는 규정을 다른 세법에서 규정하고 있는 경우 「국세기본법」에서 규정하고 있는 실질과세의 원칙을 우선하여 적용한다. (O, X)

14 연대납세의무에 관한 「국세기본법」의 규정은 개별세법의 규정에 불구하고 항상 개별세법에 우선하여 적용한다. (O, X)

03 기간과 기한

15 홍수로 피해를 입어 세법에 규정하는 신고·납부를 정하여진 기한까지 할 수 없다고 인정되는 경우에는 납세자의 신청이 없어도 관할 세무서장은 신고·납부기한을 연장할 수 있다. (O, X)

16 납세자 동거가족의 사망으로 상중이어서 세법에 규정하는 신고·납부를 정하여진 기한까지 할 수 없다고 인정되는 경우에는 관할 세무서장은 신고·납부기한을 연장할 수 있다. (O, X)

17 납세자의 부도발생으로 사업이 중대한 위기에 처하여 세법에 규정하는 신고·납부를 정하여진 기한까지 할 수 없다고 인정되는 경우에는 관할 세무서장은 신고·납부기한을 연장할 수 있다. (O, X)

18 권한 있는 기관에 장부·서류가 압수되어 세법에 규정하는 신고·납부를 정하여진 기한까지 할 수 없다고 인정되는 경우에는 관할 세무서장은 신고·납부기한을 연장할 수 있다. (O, X)

19 관할 세무서장은 최장 6개월을 넘지 않는 범위에서 신고와 관련된 기한연장을 할 수 있다. (O, X)

정답 및 해설

09 X 국세를 징수하여 납부할 의무가 있는 자는 제외한다. **10** O **11** O **12** O **13** X 개별세법의 실질과세 원칙을 우선하여 적용한다. **14** X 개별세법을 우선 적용한다. **15** O **16** O **17** X 납부기한만 연장 가능하다. **18** O **19** X 6개월 → 9개월

20 세무공무원이 납세자를 방문해 서류를 교부하려고 하였으나 수취인이 부재중인 것으로 확인되어 납부기한까지 송달이 곤란하다고 인정되는 경우에는 공시송달을 할 수 있다.   (O, X)

21 「국세기본법」은 서류를 등기우편으로 송달하였으나 수취인이 부재중인 것으로 확인되어 반송됨으로써 납부기한 내에 송달이 곤란하다고 인정되는 경우에는 공시송달을 할 수 있다고 규정하고 있다.   (O, X)

22 납세의무자, 그 종업원 또는 동거인으로서 사리를 판별할 수 있는 사람이 부재하는 경우에는 송달할 장소에 서류를 둘 수 있다.   (O, X)

23 집배원이 아파트경비원에게 서류를 교부하는 방식의 송달은 적법한 송달이라고 볼 수 없다.   (O, X)

24 납부고지서의 우편송달은 등기우편으로만 하여야 한다.   (O, X)

25 연대납세의무자에게 서류를 송달할 때 대표자가 없으면 납부의 고지와 독촉에 관한 서류를 제외하고는 연대납세의무자 중 국세를 징수하기에 유리한 자를 명의인으로 한다.   (O, X)

26 상속이 개시된 경우 상속재산관리인이 있을 때에는 그 상속재산관리인의 주소 또는 영업소에 송달한다.
                                                                                             (O, X)

27 납부의 고지와 독촉에 관한 서류는 연대납세의무자 모두에게 각각 송달하여야 한다.   (O, X)

28 「소득세법」에 따른 중간예납세액의 납부고지서는 금액에 관계없이 일반우편으로 송달할 수 있다.
                                                                                             (O, X)

29 교부에 의한 서류 송달의 경우에 해당 행정기관의 소속 공무원은 송달을 받아야 할 자가 거부하지 않으면 송달할 장소 이외의 장소에서 서류를 교부할 수 있다.   (O, X)

30 서류를 송달받아야 할 자 또는 그 사용인이나 그 밖의 종업원 또는 동거인으로서 사리를 판별할 수 있는 사람이 정당한 사유 없이 서류 수령을 거부할 때에는 송달할 장소에 서류를 둘 수 있다.   (O, X)

정 답 및 해 설

20 X 2회 이상 방문해야 한다. **21** O **22** X 부재 → 정당한 사유 없이 서류 수령을 거부할 때 **23** X 묵시적 위임이 있는 경우라면 허용된다. **24** X 50만원 미만인 소액납부고지서는 일반우편으로 송달 가능하다.
25 O **26** O **27** O **28** X 50만원 미만인 경우에 한하여 일반우편으로 송달 가능하다. **29** O **30** O 유치송달

31 서류를 교부하였을 때에는 송달서에 수령인이 서명 또는 날인하게 하여야 하고, 수령인이 서명 또는 날인을 거부하면 그 사실을 송달서에 적어야 한다. (O, ×)

32 납세자가 전자송달된 납부고지서에 의한 세액을 그 납부기한까지 전액 납부하지 아니하고, 3회 연속하여 국세정보통신망에 송달된 서류를 법령에서 정한 기한까지 열람하지 아니하는 경우에는 전자송달의 신청을 철회한 것으로 본다. (O, ×)

33 국세정보통신망을 이용하여 공시송달을 할 때에는 다른 공시송달 방법과 함께 하여야 한다. (O, ×)

05 인격

34 법인으로 보는 법인 아닌 단체는 「법인세법」과 「상속세 및 증여세법」에 따른 비영리법인으로 본다. (O, ×)

35 법인 아닌 단체 중 공익을 목적으로 출연된 기본재산이 있는 재단으로서 등기되지 않고 수익을 구성원에게 분배하지 않는 것은 법인으로 본다. (O, ×)

36 주무관청의 허가 또는 인가를 받아 설립되거나 법령에 따라 주무관청에 등록한 단체로서 수익을 구성원에게 분배하지 아니하는 것은 등기를 하지 않았어도 법인으로 다루어지며 그 수익사업에서 발생하는 소득 및 「법인세법」에 따른 토지 등 양도소득에 대하여 법인세 납세의무를 진다. (O, ×)

37 법인으로 보는 단체의 국세에 관한 의무는 그 대표자나 관리인이 이행하여야 하며, 이를 위해 대표자나 관리자를 선임 또는 변경한 때에는 관할 세무서장에게 신고하여야 하나, 신고를 하지 아니하는 경우에는 관할 세무서장이 단체의 구성원 또는 관계인 중 1명을 국세에 관한 의무이행자로 지정할 수 있다. (O, ×)

정답 및 해설

31 O **32** O 전자송달신청의 자동철회 [개정] **33** O 서류를 공시송달하면서 국세정보통신망에만 서류의 내용을 게시하였다면 적법한 공시송달로 볼 수 없다. **34** O **35** O **36** O **37** O

2 국세부과와 세법적용

01 국세부과의 원칙

01 납세의무가 확정된 소득, 수익, 재산, 행위 또는 거래에 대해서는 그 납세의무가 성립될 당시의 세법에 따라 과세한다. (O, ×)

02 과세의 대상이 되는 소득, 수익, 재산, 행위 또는 거래의 귀속이 명의일 뿐이고 사실상 귀속되는 자가 따로 있을 때에는 사실상 귀속되는 자를 납세의무자로 하여 세법을 적용한다. (O, ×)

03 둘 이상의 거래를 거치는 방법으로 세법의 혜택을 부당하게 받기 위한 것으로 인정되는 경우에는 연속된 하나의 거래를 한 것으로 보아 세법을 적용한다. (O, ×)

04 제3자를 통한 간접적인 방법으로 세법의 혜택을 부당하게 받기 위한 것으로 인정되는 경우에는 그 경제적 실질내용에 따라 당사자가 직접 거래를 한 것으로 보아 세법을 적용한다. (O, ×)

05 둘 이상의 행위 또는 거래를 거치는 방법으로 세법의 혜택을 부당하게 받기 위한 것으로 인정되는 경우에는 각각의 행위 또는 거래를 기준으로 세법을 적용하여 과세한다. (O, ×)

06 사업자등록의 명의자와는 별도로 사실상의 사업자가 있는 경우에는 법적 형식이 경제적 실질에 우선하므로 사업자등록의 명의자를 납세의무자로 하여 세법을 적용한다. (O, ×)

07 거주자 갑이 PC방을 운영하면서 동생 을의 명의를 빌려 사업자등록을 하고 부가가치세 신고를 하였다면, 갑과 을은 PC방 사업장의 부가가치세에 대하여 연대납세의무를 진다. (O, ×)

08 공부상 등기가 타인의 명의로 되어 있더라도 사실상 당해 사업자가 취득하여 사업에 사용하였음이 확인되는 경우에는 이를 그 사실상 사업자의 사업용 자산으로 본다. (O, ×)

09 거래의 형식은 매매이나 그 실질이 증여이면 증여로 보아 증여세를 과세한다. (O, ×)

10 명의신탁부동산을 매각처분한 경우에는 양도의 주체 및 납세의무자는 명의수탁자가 아니고 명의신탁자이다. (O, ×)

11 신의·성실의 원칙은 세무공무원뿐만 아니라 납세자에게도 적용되는 원칙이다. (O, ×)

정답 및 해설

01 ○ **02** ○ **03** ○ **04** ○ **05** × 연속된 하나의 거래로 보아 세법을 적용한다. **06** × 사실상 사업자를 납세의무자로 하여 세법을 적용한다. **07** × 실질과세의 원칙에 따라 갑이 납세의무를 진다. **08** ○ **09** ○
10 ○ **11** ○

12 「조세실체법」에 대한 신의성실의 원칙 적용은 합법성을 희생하여서라도 구체적 신뢰보호의 필요성이 인정되는 경우에 한하여 허용된다. (O, X)

13 세무서 직원들이 명시적으로 부가가치세 면제대상으로 세무지도를 하여 납세자가 이를 믿고 부가가치세를 거래징수하지 않았으나 그 이후에 과세관청이 한 부가가치세 과세처분은 신의성실의 원칙에 위반된다. (O, X)

14 신의성실의 원칙은 과세관청이 과거의 언동에 반하여 소급 처분하는 것을 금지하는 것으로 과세관청이 과거의 언동을 시정하여 장래에 향하여 처분하는 것은 허용된다. (O, X)

15 납세의무자가 인터넷 국세종합상담센터의 답변에 따라 세액을 과소신고·납부한 경우 그 답변은 과세관청의 공식적인 견해표명에 해당하지 않는다. (O, X)

16 납세의무자가 자산을 과대계상하는 방법으로 분식결산을 하고 이에 따라 법인세를 과다신고·납부한 후 그 과다납부한 세액에 대한 감액을 주장하는 경우 납세의무자에게 신의성실의 원칙이 적용된다. (O, X)

17 납세의무자가 세법에 따라 장부를 갖추어 기록하고 있는 경우에는 해당 국세 과세표준의 조사와 결정은 그 장부와 이에 관계되는 증거자료에 의하여야 한다. (O, X)

18 납세의무자가 세법에 따라 장부를 갖추어 기록하고 있으나 장부의 기록에 일부 누락된 것이 있을 때에는 당해 납세의무자의 과세표준 전체에 대해서 정부가 조사한 사실에 따라 결정할 수 있다. (O, X)

19 국세를 조사·결정할 때 납세의무자가 세법에 따라 장부를 갖추어 기록하고 있는 경우 장부의 기록내용이 사실과 다르거나 누락된 것이 있을 때에는 그 부분에 대해서만 정부가 조사한 사실에 따라 결정할 수 있다. (O, X)

20 국세를 조사·결정할 때 장부의 기록 내용이 사실과 다르거나 장부의 기록에 누락된 것이 있을 때에는 그 부분에 대해서만 정부가 조사한 사실에 따라 결정할 수 있다. 이때는 정부가 조사한 사실과 결정의 근거를 결정서에 적어야 한다. (O, X)

21 근거과세의 원칙에 의하면 납세자가 세법에 따른 장부를 비치·기장하고 있지 아니하여 그에 의하여 수입금액 혹은 소득금액을 계산할 수 없는 경우에도 수입금액 혹은 소득금액을 추정하여 과세할 수 없다. (O, X)

22 행정기관의 장은 해당 납세의무자 또는 그 대리인이 요구하면 결정서를 열람 또는 복사하게 하거나 그 등본 또는 초본이 원본과 일치함을 확인하여야 한다. (O, X)

23 세무서장이 종합소득과세표준과 세액을 경정하는 경우 거주자가 추계신고한 경우에도 소득금액을 계산할 수 있는 장부 기타 증빙서류를 비치·기장하고 있는 때에는 그 장부 기타 증빙서류에 근거하여 실지조사결정하여야 한다. (O, X)

정답 및 해설

12 ○ **13** ○ **14** ○ **15** ○ **16** X 신의성실의 원칙에 위반될 정도로 심한 배신행위를 하였다고 볼 수 없다. **17** ○ **18** X 누락된 부분에 대해서만 정부가 조사한 사실에 따라 결정할 수 있다. **19** ○ **20** ○ **21** X 추계결정이 가능하다. **22** ○ **23** ○

02 세법적용의 원칙

24 세법 외의 법률 중 국세의 부과·징수·감면 또는 그 절차에 관하여 규정하고 있는 조항은 세법의 해석·적용에 있어서는 이를 세법으로 본다. (○, ×)

25 기획재정부장관, 국세청장(지방국세청장 포함) 및 세무서장은 세법의 해석과 관련된 질의에 대하여 「국세기본법」에 따른 세법해석의 기준에 따라 해석하여 회신하여야 한다. (○, ×)

26 세무공무원이 재량으로 직무를 수행할 때에는 과세의 형평과 해당 세법의 목적에 비추어 일반적으로 적당하다고 인정되는 한계를 엄수하여야 한다는 규정은 국세부과의 원칙의 예이다. (○, ×)

27 세법을 해석·적용할 때에는 과세의 형평과 해당 세법의 목적에 비추어 국가의 과세권이 침해되지 아니하도록 하여야 한다. (○, ×)

28 세무공무원이 재량으로 직무를 수행할 때에는 과세의 형평과 해당 세법의 목적에 비추어 일반적으로 적당하다고 인정되는 한계를 엄수하여야 한다. (○, ×)

29 세무공무원이 국세의 과세표준을 조사·결정할 때에는 세법에 특별한 규정이 없으면 납세의무자가 계속하여 적용하고 있는 기업회계의 기준 또는 관행으로서 일반적으로 공정·타당하다고 인정되는 것은 존중하여야 하나 세법에 특별한 규정이 있는 것은 그러하지 아니한다. (○, ×)

30 세무공무원이 국세의 과세표준을 조사·결정할 때에는 세법에 특별한 규정이 있는 경우에도 해당 납세의무자가 계속하여 적용하고 있는 기업회계의 기준 또는 관행으로서 일반적으로 공정·타당하다고 인정되는 것은 존중하여야 한다. (○, ×)

정답 및 해설

24 ○ **25** × 지방국세청장 및 세무서장은 제외한다. **26** × 세무공무원의 재량한계는 세법적용 원칙의 예이다.
27 × 국가의 과세권 → 납세자의 재산권 **28** ○ **29** ○ **30** × 세법에 특별한 규정이 없는 경우에 한하여 기업회계기준을 적용한다(보충적 적용).

납세의무의 성립, 확정 및 소멸

01 납세의무의 성립

01 기간과세되는 세목은 원칙적으로 그 과세기간이 종료하는 때에 납세의무가 성립한다.   (○, ×)

02 내국법인인 ㈜A의 제25기 사업연도(2025. 1. 1. ~ 2025. 12. 31.)의 법인세 납세의무는 2026. 3. 31.에 성립한다.   (○, ×)

03 국세에 부과되는 교육세는 당해 국세의 납세의무가 성립하는 때에 납세의무가 성립한다.   (○, ×)

04 증권거래세의 납세의무는 당해 매매거래가 확정되는 때 성립한다.   (○, ×)

05 금융·보험업자의 수익금액에 부과되는 교육세의 납세의무는 교육세의 법정과세기간이 끝나는 때에 성립한다.   (○, ×)

06 「소득세법」에서 과세대상으로 정하는 소득이 있으면 해당 과세기간이 끝나는 때에 소득세 납세의무가 성립한다.   (○, ×)

07 「상속세 및 증여세법」에서 과세대상으로 정하는 증여가 있으면 그 증여에 의하여 재산을 취득하는 때에 증여세 납세의무가 성립한다.   (○, ×)

08 납세조합이 징수하는 소득세는 과세기간이 끝나는 때 납세의무가 성립한다.   (○, ×)

09 원천징수하는 소득세·법인세를 납부할 의무의 성립시기는 과세기간이 끝나는 때이다.   (○, ×)

10 원천징수하는 소득세·법인세는 소득금액 또는 수입금액을 지급하는 때에 납세의무가 성립한다.   (○, ×)

정답 및 해설

01 ○ **02** × 2025. 12. 31.에 납세의무가 성립한다. **03** ○ **04** ○ **05** ○ **06** ○ **07** ○ **08** × 과세표준이 되는 금액이 발생한 달의 말일에 납세의무가 성립한다. **09** × 원천징수하는 소득세·법인세는 소득금액 또는 수입금액을 지급하는 때 납세의무가 성립한다. **10** ○

11 원천징수하는 소득세 또는 법인세는 소득금액 또는 수입금액을 지급하는 때에 납세의무가 성립하며, 동시에 특별한 절차 없이 납세의무가 확정된다. (O, ×)

12 내국법인인 ㈜신촌이 개인주주에게 지급하는 배당금에 대하여 원천징수하는 소득세의 납세의무는 해당 배당금을 지급하는 때에 성립한다. (O, ×)

13 법인세의 납세의무 성립시기는 과세기간이 끝나는 때이다. 다만, 청산소득에 대한 법인세의 납세의무 성립시기는 그 법인이 해산을 하는 때이다. (O, ×)

14 내국법인인 ㈜반포의 2025년 제1기 예정신고기간에 대한 부가가치세의 납세의무는 동 예정신고기간이 끝나는 때에 성립한다. (O, ×)

15 원천징수하는 소득세·법인세는 소득금액 또는 수입금액을 지급하는 달의 말일에 납세의무의 성립과 확정이 이루어진다. (O, ×)

02 납세의무 확정

16 납세의무자가 부가가치세의 과세표준과 세액을 법정신고기한 내에 신고하지 아니한 경우 당해 부가가치세는 확정되지 아니하고, 과세권자가 국세부과권에 의하여 과세표준과 세액을 확정한다. (O, ×)

17 납세의무자가 소득세의 과세표준과 세액의 신고를 하지 아니한 경우에는 정부가 과세표준과 세액을 결정하는 때에 그 결정에 따라 납세의무가 확정된다. (O, ×)

18 납세의무자가 종합부동산세의 과세표준과 세액을 신고하는 경우에도 정부가 종합부동산세의 과세표준과 세액을 결정하는 때에 그 세액이 확정된다. (O, ×)

19 소득세의 납세의무자가 과세표준 및 세액을 신고하지 아니한 경우에는 정부가 이를 결정하는 때에 납세의무가 확정된다. (O, ×)

정답 및 해설

11 O **12** O **13** O **14** O **15** × 지급하는 달의 말일 → 지급하는 때 **16** O **17** O **18** × 종합부동산세는 납세의무자가 신고납부방식을 선택한 경우에는 신고 시 납세의무가 확정된다. **19** O

20 원천징수하는 소득세 또는 법인세는 납세의무가 성립하는 때에 특별한 절차 없이 그 세액이 확정된다. (O, ×)

21 납세조합이 징수하는 소득세는 납세의무가 성립하는 때에 특별한 절차 없이 그 세액이 확정된다. (O, ×)

22 중간예납하는 법인세(세법에 따라 정부가 조사·결정하는 경우는 제외)는 납세의무가 성립하는 때에 특별한 절차 없이 그 세액이 확정된다. (O, ×)

23 중간예납하는 소득세는 납세의무가 성립하는 때에 특별한 절차 없이 그 세액이 확정된다. (O, ×)

24 교통·에너지·환경세는 납세의무가 성립하는 때에 특별한 절차 없이 그 세액이 확정된다. (O, ×)

25 당초 확정된 세액을 증가시키는 경정은 당초 확정된 세액에 관한 「국세기본법」 및 세법에서 규정하는 권리·의무관계에 아무런 영향을 미치지 아니한다. (O, ×)

26 세법에 따라 당초 확정된 세액을 감소시키는 경정은 그 경정으로 감소되는 세액 외의 세액에 관한 「국세기본법」 또는 세법에서 규정하는 권리·의무관계에 영향을 미치지 아니한다. (O, ×)

27 과세표준신고서를 법정신고기한까지 제출한 자가 하는 국세의 수정신고는 당초의 신고에 따라 확정된 과세표준과 세액을 감액하여 확정하는 효력을 가진다. (O, ×)

28 과세표준신고서를 법정신고기한까지 제출한 자의 부가가치세 수정신고는 당초 신고에 따라 확정된 세액에 관한 「국세기본법」 또는 세법에서 규정하는 권리·의무관계에 영향을 미치지 아니한다. (O, ×)

29 소득세는 납세의무자가 과세표준 및 세액을 정부에 신고하는 때에 그 납세의무가 확정되지만, 신고의 내용에 잘못이 있는 경우에는 정부가 새로이 확정시킬 수 있으나 정부가 스스로 확정한 세액을 다시 고칠 수 없다. (O, ×)

30 국세에 대한 경정청구는 당초 확정된 과세표준과 세액을 감액하여 확정하는 효력을 가진다. (O, ×)

31 상속세 및 증여세는 납세의무자가 과세표준과 세액을 정부에 신고했을 때에 확정된다. (O, ×)

정답 및 해설

20 O **21** O **22** O **23** × 중간예납기간이 끝나는 때 납세의무가 성립하며, 정부고지에 의해 납세의무가 확정된다. **24** × 교통·에너지·환경세는 납세의무자가 과세표준과 세액을 정부에 신고했을 때에 확정된다. **25** O **26** O **27** × 상속세 및 증여세는 해당 국세의 과세표준과 세액을 정부가 결정하는 때에 확정된다. **28** O **29** × 정부가 스스로 확정한 세액에도 오류가 있으면 이를 다시 재경정할 수 있다. **30** × 경정청구만으로는 국세를 확정하는 효력이 발생하지 않는다. **31** × 감액 → 증액

03 납세의무 소멸사유

32 국세 또는 강제징수비를 납부할 의무는 납부·충당되거나 부과가 취소된 때에 소멸한다. (O, ×)

33 납세의무자의 납세의무는 해당 납세의무자는 물론 연대납세의무자, 제2차 납세의무자, 납세보증인, 물적 납세의무자의 납부에 의하여 소멸하지만, 그 밖에 이해관계가 있는 제3자가 해당 납세의무자의 명의로 납부한 경우에는 소멸하지 아니한다. (O, ×)

34 납세의무자가 자신의 물건이나 권리의 소유권을 국가에 이전하고 납세의무에서 벗어날 수 있게 하는 물납은 세법에서 정함이 없는 경우에도 인정된다. (O, ×)

04 국세부과의 제척기간

35 국세를 부과할 수 있는 기간에 국세가 부과되지 아니하고 그 기간이 끝나면 해당 국세의 납세의무는 소멸한다. (O, ×)

36 내국법인이 역외거래에 대해서 이중장부 작성을 하고 법인세를 포탈한 경우, 국세부과제척기간은 법인세를 부과할 수 있는 날부터 15년간이다. (O, ×)

37 「국제조세조정에 관한 법률」에 의한 역외거래 중 국외 제공 용역거래에서 발생한 부정행위로 법인세를 포탈하거나 환급·공제받은 경우, 그 법인세를 부과할 수 있는 날부터 10년이 지나면 부과할 수 없다. (O, ×)

38 거주자가 종합소득세 법정신고기한까지 과세표준신고서를 제출하지 아니한 경우(사기나 그 밖의 부정한 행위는 없음)에는 종합소득세를 부과할 수 있는 날부터 7년이 끝난 날 후에는 이를 부과할 수 없다. (O, ×)

39 사기로 법인세를 포탈한 경우 그 법인세의 납세의무가 성립한 날부터 15년의 기간이 끝난 날 이후에는 부과할 수 없다. (O, ×)

정답 및 해설

32 O   **33** × 제3자가 납부한 것도 포함한다.   **34** × 물납은 법률상 그 요건을 충족하는 경우에만 가능하다.
35 O   **36** O   **37** × 10년 → 15년   **38** O   **39** × 15년 → 10년

40 법인이 역외거래가 아닌 거래에 대하여 사기나 그 밖의 부정한 행위로 법인세를 포탈한 경우 그와 관련하여 「법인세법」상 소득처분된 금액에 대한 소득세에 대해서는 그 소득세를 부과할 수 있는 날부터 10년이 끝난 날 후에는 이를 부과할 수 없다. (O, ×)

41 부담부증여에 따라 수증자에게 증여세가 과세되고, 증여자에게 양도소득세가 과세되는 경우 증여세와 양도소득세의 제척기간은 달리 적용된다. (O, ×)

42 부담부증여에 따라 증여세와 함께 양도소득세가 과세되는 경우로서 납세자가 부정행위로 해당 증여세를 포탈한 경우, 부담부증여와 관련되어 과세되는 양도소득세의 제척기간은 이를 부과할 수 있는 날부터 10년, 포탈한 증여세의 제척기간은 이를 부과할 수 있는 날부터 15년간이다. (O, ×)

43 심사청구에 대한 결정이 확정됨에 따라 그 대상이 된 과세표준과 연동된 다른 세목의 과세표준 조정이 필요한 경우 지방국세청장 또는 세무서장은 그 결정이 확정된 날부터 1년이 지나기 전까지 경정이나 그 밖에 필요한 처분을 할 수 있다. (O, ×)

44 부담부증여에 따라 증여세와 함께 과세되는 양도소득세에 대해서는 조세조약에 따라 상호합의절차가 진행 중인 경우가 아니라면 증여세와 동일한 제척기간을 적용한다. (O, ×)

45 부담부증여에 따라 증여세와 함께 양도소득세가 과세되는 때에 납세자가 법정신고기한까지 소득세 과세표준 신고서를 제출하지 아니한 경우 그 양도소득세의 부과제척기간은 7년으로 한다. (O, ×)

46 원칙적인 부과제척기간이 끝난 날이 속하는 과세기간 이후의 과세기간에 「법인세법」에 따라 이월결손금을 공제하는 경우 그 결손금이 발생한 과세기간의 법인세의 부과제척기간은 이월결손금을 공제한 과세기간의 법정신고기한으로부터 2년으로 한다. (O, ×)

정답 및 해설

40 O **41** × 동일하게 적용된다. **42** × 양도소득세의 제척기간도 15년이 된다. **43** O **44** O **45** ×
7년 → 15년 **46** × 2년 → 1년

47 납세자가 사기나 그 밖의 부정한 행위로 상속세를 포탈한 경우로서 국외에 소재하는 상속재산을 상속인이 취득한 경우에는 당해 재산의 상속이 있은 날부터 15년 이내에 상속세를 부과할 수 있다. (○, ×)

48 국외에 있는 상속재산을 상속인이 취득하면서 사기나 그 밖의 부정한 행위로 상속세를 포탈한 경우, 상속인이 사망하였더라도 해당 재산의 상속이 있음을 안 날부터 1년 이내에 상속세를 부과할 수 있다. (○, ×)

49 납세자가 부정행위로 상속세를 포탈하는 경우로서 제3자의 명의로 되어 있는 피상속인의 재산을 취득한 상속인이 사망한 때에는 과세관청은 해당 재산의 상속이 있음을 안 날부터 1년 이내에 상속세를 부과할 수 있다. (○, ×)

50 「국세기본법」상 경정청구가 있는 경우 경정청구일부터 2개월이 지나기 전까지는 해당 경정청구에 따라 경정결정이나 그 밖에 필요한 처분을 할 수 있다. (○, ×)

51 「행정소송법」에 따른 소송에 대한 판결이 있는 경우 그 판결이 확정된 날부터 3년이 지나기 전까지는 해당 판결에 따라 경정결정이나 그 밖에 필요한 처분을 할 수 있다. (○, ×)

52 「국세기본법」에 따른 이의신청·심사청구·심판청구에 대한 결정이 있는 경우에는 원칙적인 제척기간에도 불구하고 그 결정이 확정된 날부터 1년이 지나기 전까지는 해당 결정에 따라 경정결정을 할 수 있다. (○, ×)

53 조세쟁송에 대한 결정 또는 판결에서 명의대여 사실이 확인되는 경우 그 결정 또는 판결이 확정된 날부터 2년이 지나기 전까지는 명의자에 대한 부과처분을 취소하고 실제로 사업을 경영한 자에게 경정이나 그 밖에 필요한 처분을 할 수 있다. (○, ×)

54 내국법인의 2025년 제1기 부가가치세 예정신고세액에 대한 국세부과 제척기간의 기산일은 제1기 확정신고기한의 다음 날인 2025. 7. 26.로 본다. (○, ×)

정답 및 해설

47 × 상속·증여가 있음을 안 날로부터 1년 이내 부과할 수 있다. **48** × 상속인이 사망한 경우와 포탈세액 산출의 기준이 되는 재산가액이 50억원 이하인 경우에는 특례 제척기간이 배제된다. **49** × 상속인이나 증여자 및 수증자가 사망한 경우와 포탈세액 산출의 기준이 되는 재산가액이 50억원 이하인 경우에는 상속세 또는 증여세의 영구제척기간(안 날로부터 1년)이 적용되지 아니한다. **50** ○ **51** × 3년 → 1년 **52** ○ **53** × 2년 → 1년 **54** ○

55 과세표준과 세액을 신고하는 국세(종합부동산 세법 규정에 의해 신고하는 종합부동산세는 제외함)의 경우 해당 국세의 과세표준신고기한의 다음 날을 국세부과 제척기간의 기산일로 한다. 이 경우 중간예납·예정신고기한과 수정신고기한은 과세표준신고기한에 포함되지 아니한다. (○, ×)

56 과세표준과 세액을 신고하는 국세(종합부동산세 제외)의 제척기간 기산일은 과세표준신고기한의 다음 날이며, 이 경우 중간예납·예정신고기한과 수정신고기한도 과세표준신고기한에 포함한다. (○, ×)

57 종합부동산세의 납세의무자가 과세표준과 세액을 신고한 경우 당해 종합부동산세에 대한 국세부과 제척기간의 기산일은 납세의무 성립일로 한다. (○, ×)

58 소득공제를 받은 금액에 상당하는 세액을 의무불이행으로 인하여 징수하는 경우, 당해 세액에 대한 국세부과 제척기간의 기산일은 당해 세액을 징수할 수 있는 사유가 발생한 날로 한다. (○, ×)

59 공제세액을 의무불이행의 사유로 징수하는 경우 해당 공제세액의 부과제척기간 기산일은 과세관청이 의무불이행이 있음을 안 날이다. (○, ×)

60 국세 불복청구 시 납세자가 제척기간의 만료를 주장하지 않더라도 제척기간이 만료된 후의 부과처분은 당연히 무효이다. (○, ×)

05 국세징수권의 소멸시효

61 국세징수권은 이를 행사할 수 있는 때부터 5년(5억원 이상의 국세는 10년) 동안 행사하지 아니하면 소멸시효가 완성된다. 소멸시효에 관하여는 「국세기본법」 또는 세법에 특별한 규정이 있는 것을 제외하고는 민법에 따른다. (○, ×)

62 10억원의 국세에 대한 징수권은 이를 행사할 수 있는 때부터 5년 동안 행사하지 않으면 소멸시효가 완성된다. (○, ×)

해커스 세법 FINAL 핵심지문 OX

제3장

제5편 국세기본법

정답 및 해설

55 ○ **56** × 중간예납·예정신고기한과 수정신고기한은 과세표준신고기한에 포함되지 아니한다. **57** ○
58 ○ **59** × 해당 공제세액을 징수할 수 있는 사유가 발생한 날을 제척기간의 기산일로 한다. **60** ○
61 ○ **62** × 5억원 이상은 10년

3. 납세의무의 성립, 확정 및 소멸 **5-15**

63 소멸시효는 납부고지, 독촉, 교부청구, 압류의 사유로 중단된다. (O, ×)

64 소멸시효는 압류가 진행 중인 기간 동안에는 진행하지 아니하며, 압류해제 후 잔여기간이 경과하면 시효가 완성된다. (O, ×)

65 체납자가 국외에 6개월 이상 계속 체류하는 경우 국세징수권의 소멸시효는 해당 국외체류 기간이 지난 때부터 새로 진행한다. (O, ×)

66 「국세징수법」상 압류금지재산을 압류했다는 사유로 압류를 즉시 해제하는 경우 국세징수권의 소멸시효는 위 압류해제까지의 기간이 지난 때부터 새로 진행한다. (O, ×)

67 과세표준과 세액을 정부가 수시부과결정하는 경우에 고지한 당해 세액에 대하여는 그 납부고지에 의한 납부기한의 다음 날부터 소멸시효가 진행된다. (O, ×)

68 과세표준과 세액의 신고에 의하여 납세의무가 확정되는 국세에 있어서 신고한 당해 세액에 대하여는 납세의무가 확정된 날의 다음 날부터 소멸시효가 진행된다. (O, ×)

69 소멸시효는 납부고지, 독촉, 납세담보 제공, 교부청구의 사유로 중단된다. (O, ×)

70 원천징수의무자 또는 납세조합으로부터 징수하는 국세의 경우 납부고지한 원천징수세액 또는 납세조합징수세액에 대하여는 그 고지에 따른 납부기한의 다음 날을 소멸시효의 기산일로 한다. (O, ×)

71 소멸시효는 세무공무원이 「국세징수법」에 따른 사해행위 취소소송을 제기하여 그 소송이 진행 중인 기간에는 진행되지 아니한다. 다만, 이러한 사해행위 취소소송의 제기로 인한 시효정지의 효력은 소송이 각하·기각 또는 취하된 경우에는 효력이 없다. (O, ×)

72 「민법」 제404조에 따른 채권자대위 소송의 제기로 인한 국세징수권의 소멸시효정지의 효력은 소송이 기각된 경우에는 효력이 없다. (O, ×)

73 위법소득에 대한 납세의무가 성립한 후에는 「형법」에 따른 몰수가 이루어진 경우라 하더라도 「국세기본법」상 후발적 경정청구의 대상이 되지 않는다. (O, ×)

74 납부고지의 사유로 중단된 소멸시효는 고지한 납부기간이 지난 때부터 새로 진행한다. (O, ×)

75 국세징수권의 소멸시효와 관련하여, 법정 신고납부기한이 연장되는 경우 그 연장된 기한의 마지막 날을 국세징수권을 행사할 수 있는 때로 본다. (O, ×)

정답 및 해설

63 O **64** × 압류는 소멸시효 중단사유이다. **65** × 체납자가 국외에 6개월 이상 계속 체류하는 경우 해당 국외체류 기간에는 소멸시효가 진행되지 아니한다. (정지사유) **66** × 압류금지재산을 압류했다는 사유로 압류를 해제하는 것은 중단사유에서 제외한다. **67** O **68** × 확정된 날의 다음 날 → 신고납부기한의 다음 날 **69** × 납세담보 제공 → 압류 **70** O **71** O **72** O **73** × 후발적 경정청구대상이다. **74** O **75** × 법정 신고납부기한이 연장되는 경우 그 연장된 기한의 다음 날을 국세징수권을 행사할 수 있는 때로 본다.

4 조세채권 확보제도

01 납세의무의 승계

01 납세의무의 확정 여부에 관계없이 성립된 국세는 모두 승계될 수 있다. (O, ×)

02 법인이 합병한 경우 합병 후 존속하는 법인 또는 합병으로 설립된 법인은 합병으로 소멸된 법인에 부과되거나 그 법인이 납부할 국세 및 강제징수비를 납부할 의무를 진다. (O, ×)

03 법인이 합병한 경우에 합병으로 설립된 법인은 합병으로 소멸된 법인이 원천징수를 하여야 할 소득세를 납부하지 아니하면 그 소득세에 대한 납세의무를 진다. (O, ×)

04 상속이 개시된 경우 일단 성립된 피상속인의 납세의무는 확정 여부에 상관없이 법률상 당연히 승계된다. (O, ×)

05 태아에게 상속이 된 경우에는 상속이 개시된 시점에 상속으로 인한 납세의무가 승계된다. (O, ×)

06 피상속인에게 한 처분 또는 절차는 상속으로 인한 납세의무를 승계하는 상속인이나 상속재산관리인에 대해서도 효력이 있다. (O, ×)

02 연대납세의무

07 연대납세의무자 중 1인의 변제에 의하여 모든 연대납세의무자가 납세의무를 면하게 된 경우 그 1인은 다른 연대납세의무자 각자에게 전체 세액에 대하여 구상권을 행사할 수 있다. (O, ×)

08 법인이 「채무자 회생 및 파산에 관한 법률」에 따라 신회사를 설립하는 경우 기존의 법인에 부과되거나 납세의무가 성립한 국세 및 강제징수비는 신회사가 연대하여 납부할 의무를 진다. (O, ×)

09 법인이 분할 또는 분할합병한 후 소멸하는 경우 분할신설법인과 분할합병의 상대방 법인은 분할법인에 부과되거나 분할법인이 납부하여야 할 국세 및 강제징수비에 대하여 분할로 승계된 재산가액을 한도로 연대하여 납부할 의무가 있다. (O, ×)

정답 및 해설

01 O **02** O **03** O **04** O **05** × 상속이 개시된 시점 → 태아가 출생한 때 **06** O **07** × 다른 연대납세의무자의 부담부분에 대하여 구상권을 행사할 수 있다. **08** O **09** O

10 법인이 분할되거나 분할합병된 후 분할되는 법인이 존속하는 경우 분할법인, 분할신설법인 및 분할합병의 상대방 법인은 분할등기일 이후에 분할법인에 부과되거나 납세의무가 성립한 국세 및 강제징수비에 대하여 연대하여 납부할 의무가 있다. (O, ×)

11 어느 연대납세의무자에 대하여 소멸시효가 완성된 때에는 그 부담부분에 한하여 다른 연대납세의무자도 그 납부의무를 면한다. (O, ×)

12 공동상속인은 그 상속분에 따라 안분하여 계산한 피상속인의 국세 등을 상속으로 인하여 얻은 재산가액을 한도로 연대하여 납부할 의무를 진다. (O, ×)

13 「국세기본법」상 공동사업에 속하는 재산에 관계되는 국세 및 강제징수비는 약정된 손익분배비율에 해당하는 소득금액을 한도로 각 공동사업자가 연대하여 납부할 의무를 진다. (O, ×)

14 특수관계 있는 동거가족 간의 공동사업에서 발생한 소득세에 대하여 공동사업자는 그 합산되는 소득에 대하여 한도 없이 연대납세의무를 진다. (O, ×)

15 공유물, 공동사업 또는 그 공동사업에 속하는 재산과 관계되는 국세 및 강제징수비는 공유자 또는 공동사업자가 연대하여 납부할 의무를 진다. (O, ×)

16 공동사업에 관한 부가가치세는 공동사업자가 연대하여 납부할 의무를 진다. (O, ×)

17 사업소득이 발생하는 「소득세법」에 따른 공동사업의 소득금액에 대해서는 공동사업자가 연대하여 소득세 납세의무를 진다. (O, ×)

정답 및 해설
10 × 국세 등은 분할일 또는 분할합병일 이전에 부과되거나 납세의무가 성립한 것이어야 한다. 국세 등이 부과되거나 납세의무가 성립하였다는 것은 각각 국세 등이 확정되었거나 성립하였다는 의미이다. **11** O **12** O **13** × 「국세기본법」상 한도는 없다. **14** × 손익분배 비율을 한도로 한다. **15** O **16** O **17** × 「소득세법」 특칙이 적용되어 원칙적으로 연대납세의무가 없다.

18 주된 납세의무자의 국세가 소멸시효의 완성으로 인해 소멸하더라도 제2차 납세의무자로 지정된 자에게는 그 효력이 미치지 아니한다. (○, ×)

19 제2차 납세의무자란 납세자가 납세의무를 이행할 수 없는 경우에 납세자를 갈음하여 납세의무를 지는 자를 말한다. (○, ×)

20 청산인이 제2차 납세의무를 지는 경우 청산인은 분배하거나 인도한 재산의 가액을 한도로 제2차 납세의무를 진다. (○, ×)

21 해산법인(합병에 따른 해산 제외)이 납부할 국세 등에 대하여 미납 또는 부족분이 발생할 경우 청산인은 분배 또는 인도한 재산가액을 한도로 제2차 납세의무를 진다. (○, ×)

22 법인이 해산한 경우 그 법인에 부과된 세금을 다 내지 아니하고 잔여재산을 분배하였을 때에 해당 법인의 납세의무를 2차적으로 부담하는 자는 잔여재산의 분배업무를 처리한 청산인이 아니라 그 잔여재산을 가져간 출자자이다. (○, ×)

23 법인이 해산한 경우에 원천징수를 하여야 할 소득세를 징수하지 아니하였거나 징수한 소득세를 납부하지 아니하고 잔여재산을 분배하였을 때에는 청산인은 그 분배액을 한도로 하여 그 법인과 연대하여 납부할 의무를 진다. (○, ×)

24 회사의 재산으로 회사의 세금을 충당하여도 부족한 경우 무한책임사원은 그 부족한 세금에 대하여 한도 없이 납세의무를 진다. (○, ×)

25 무한책임사원 및 과점주주가 출자자의 제2차 납세의무를 지는 경우에는 징수 부족한 국세 및 강제징수비 전액에 대하여 납세의무를 진다. (○, ×)

26 법인이 과점주주의 조세채무에 대하여 부담하는 제2차 납세의무는 당해 법인의 순자산가액에 과점주주의 지분비율을 곱하여 산출한 금액을 한도로 한다. (○, ×)

27 법인의 재산으로 그 법인에 부과되거나 그 법인이 납부할 국세 및 강제징수비에 충당하여도 부족한 경우에는 그 국세의 납세의무 성립일 현재 과점주주 또는 무한책임사원은 제2차 납세의무를 진다. (○, ×)

28 합명회사의 재산으로 그 법인에 부과되거나 그 법인이 납부할 국세에 충당하여도 부족한 경우에는 그 국세의 납세의무 성립일 현재 그 합명회사의 사원에 해당하는 자가 그 부족한 금액에 대하여 제2차 납세의무를 진다. (○, ×)

정답 및 해설
18 × 부종성에 따라 효력이 미친다. **19** ○ **20** ○ **21** ○ **22** × 청산인도 제2차 납세의무를 진다.
23 × 청산인과 잔여재산을 분배받은 자가 연대하여 납부할 책임을 진다. **24** ○ **25** × 과점주주는 한도가 있다. **26** ○ **27** ○ **28** ○

29 과점주주 또는 무한책임사원에 대한 법인의 제2차 납세의무 한도를 계산하는 경우 법인의 자산총액과 부채총액의 평가는 해당 법인의 사업연도 종료일 현재의 시가에 의한다. (O, ×)

30 과점주주가 회사의 조세채무에 관하여 자신의 고유재산으로 책임을 져야 하는 경우, 그 책임의 한도는 해당 과점주주가 실질적으로 권리를 행사하는 주식 수를 발행주식 총수로 나눈 비율(의결권 없는 주식 제외)에 비례한다. (O, ×)

31 법인이 무한책임사원의 조세채무에 대하여 부담하는 제2차 납세의무는 당해 법인의 순자산가액에 무한책임사원의 출자지분비율을 곱하여 산출한 금액을 한도로 한다. (O, ×)

32 사업을 포괄양수한 자가 부담하는 제2차 납세의무는 양수일 이전에 이미 확정된 국세 등에 한한다. (O, ×)

33 사업양수인은 사업양도일 이전에 양도인의 납세의무가 성립되었으나 사업양도일까지 확정되지 않은 국세 및 강제징수비에 대하여 제2차 납세의무를 지지 아니한다. (O, ×)

34 사업이 일체로서 동일성을 유지한 채 양도되는 경우 양수인이 부담하는 제2차 납세의무는 양수인이 양수한 재산의 가액을 한도로 한다. (O, ×)

35 사업이 양도·양수된 경우에 양도일 이전에 양도인의 납세의무가 확정된 당해 사업에 관한 국세 및 강제징수비를 양도인의 재산으로 충당하여도 부족한 경우 사업의 양수인이 제2차 납세의무를 진다. (O, ×)

36 사업의 양도인이 사업용 부동산을 양도함으로써 납부하여야 할 양도소득세에 대하여는 그 양수인이 제2차 납세의무를 진다. (O, ×)

37 사업의 양수인이란 사업장별로 그 사업에 관한 모든 권리(미수금에 관한 것 제외)와 모든 의무(미지급금에 관한 것 제외)를 포괄적으로 승계한 자를 말한다. (O, ×)

38 둘 이상의 사업장 중 하나의 사업장을 양수한 자의 제2차 납세의무는 양수한 사업장과 관계되는 국세 및 강제징수비에 대해서만 진다. (O, ×)

39 강제집행절차에 의하여 경락된 재산을 양수한 자는 양도일 이전에 양도인의 납세의무가 확정된 국세 및 강제징수비를 양도인의 재산으로 충당하여도 부족할 경우 제2차 납세의무를 진다. (O, ×)

정답 및 해설

29 × 납부기간 종료일 현재의 시가에 의한다. **30** O **31** O **32** O **33** O **34** O **35** O **36** × 해당 사업에 관한 국세에 관해서만 책임이 있다. **37** O **38** O **39** × 사업의 포괄적 승계의 경우에만 제2차 납세의무를 진다.

04 양도담보권자의 물적 납세의무

40 「국세징수법」제7조 제1항에 따라 양도담보권자에게 납부고지가 있은 후 납세자가 양도에 의하여 실질적으로 담보된 채무를 불이행하여 해당 재산이 양도담보권자에게 확정적으로 귀속되고 양도담보권이 소멸하는 경우에는 납부고지 당시의 양도담보재산이 계속하여 양도담보재산으로서 존속하는 것으로 본다(납부지연가산세는 감안하지 아니함). (O, ×)

41 납세자가 국세 및 강제징수비를 체납한 경우에 그 국세의 법정기일 전에 담보의 목적이 된 그 납세자의 양도담보재산으로써 국세 및 강제징수비를 징수할 수 있다. (O, ×)

42 납세의무자의 재산양도일이 국세채권의 법정기일 이후인 경우 양수인은 물적 납세의무를 부담한다. (O, ×)

정답 및 해설

40 O   **41** × 징수할 수 없다.   **42** × 매매에 있어서는 물적 납세의무를 부담하지 않는다(양도담보가 아니다).

5 국세와 일반채권의 관계

01 국세의 우선권

01 현행법은 「주택임대차보호법」에 따라 대항요건과 확정일자를 갖춘 임차권 관련 보증금채권(소액임대차보증금 아님)에 대한 특칙을 두고 있지 아니하므로 국세채권이 위 보증금채권에 우선한다. (O, ×)

02 납세의무자를 채무자로 하는 임금채권, 국세채권(법정기일 2025. 3.), 근저당권부 채권(설정일 2025. 2.)이 있는 경우 국세채권은 임금채권에 우선한다. (O, ×)

03 국세상호 간의 우선관계는 압류에 관한 국세, 교부청구한 국세, 납세담보 있는 국세 순이다. (O, ×)

04 납세담보물을 매각하였을 때에는 압류 순서에 관계없이 그 담보된 국세 및 강제징수비는 매각대금 중에서 다른 국세 및 강제징수비와 지방세에 우선하여 징수한다. (O, ×)

05 납세담보물을 매각하였을 때에는 그 국세 및 강제징수비는 매각 대금 중에서 다른 국세 및 강제징수비와 지방세에 우선하여 징수한다. (O, ×)

06 국세 강제징수에 따라 납세자의 재산을 압류한 경우 다른 국세 및 강제징수비 또는 지방세의 교부청구가 있으면 압류와 관계되는 국세 및 강제징수비는 교부청구된 다른 국세 및 강제징수비 또는 지방세보다 우선하여 징수한다. (O, ×)

07 강제집행에 따라 재산을 매각할 때 그 매각금액 중에서 국세 및 강제징수비를 징수하는 경우, 그 강제집행에 든 비용은 국세 및 강제징수비에 우선하여 변제된다. (O, ×)

08 국세의 납세담보물을 매각한 경우 그 납세담보물을 지방세 강제징수에 의하여 압류한 경우에도 그 국세 및 강제징수비는 매각대금 중에서 지방세에 우선하여 징수한다. (O, ×)

09 공과금의 강제징수를 할 때 그 강제징수금액 중에서 국세를 징수하는 경우 공과금의 강제징수비는 국세에 우선한다. (O, ×)

정답 및 해설

01 × 대항요건과 확정일자를 갖춘 임차권 관련 보증금채권도 소액임대차보증금에 관한 특칙이 적용된다.
02 × 근저당권부 채권 > 임금채권 > 국세채권 **03** × ① 납세담보, ② 압류, ③ 교부청구 **04** ○ **05** ○
06 ○ **07** ○ **08** ○ **09** ○

10 국가의 조세채권은 공과금보다 우선한다. (○, ×)

11 국가의 조세채권은 담보물권이 설정되어 있지 아니한 민사채권보다 그 민사채권의 발생시기에 관계없이 우선한다. (○, ×)

12 국가의 결정에 의하여 납세의무가 확정되는 조세채권의 납부고지서가 저당권이 설정되어 있는 민사채권의 그 설정 등기일보다 먼저 발송된 경우 조세채권이 민사채권보다 우선한다. (○, ×)

13 법정기일 전에 전세권이 설정된 재산을 매각하여 그 매각금액에서 국세를 징수하는 경우 그 전세금은 국세 및 강제징수비에 우선한다. (○, ×)

14 납세조합으로부터 징수하는 소득세를 납세의무의 확정일 전에 저당권이 설정된 재산을 매각하여 그 매각금액에서 징수하는 경우 그 소득세는 저당권에 의하여 담보된 채권에 우선하여 징수한다. (○, ×)

15 공과금의 강제징수를 할 때 그 강제징수금액 중에서 국세 및 강제징수비를 징수하는 경우, 그 공과금 및 강제징수비는 국세 또는 강제징수비보다 우선하여 징수된다. (○, ×)

16 강제집행·경매 또는 파산 절차에 따라 재산을 매각할 때 그 매각금액 중에서 국세 및 강제징수비를 징수하는 경우 그 강제집행, 경매 또는 파산 절차에 든 비용은 국세 및 강제징수비보다 우선하여 징수한다. (○, ×)

17 법정기일 전에 저당권이 설정된 재산을 매각하여 그 매각금액에서 해당 재산에 대하여 부과된 종합부동산세를 징수하는 경우 그 저당권에 의하여 담보된 채권은 그 종합부동산세 및 강제징수비에 우선한다. (○, ×)

18 「주택임대차보호법」이 적용되는 임대차관계에 있는 주택을 매각할 때 그 매각금액 중에서 국세를 징수하는 경우 임대차에 관한 보증금 중 임차인이 우선하여 변제받을 수 있는 금액에 관한 채권은 국세보다 우선하여 징수한다. (○, ×)

19 소득세의 법정기일 전에 「주택임대차보호법」에 따른 대항요건과 확정일자를 갖춘 사실이 증명되는 재산을 매각할 때 그 매각금액 중에서 소득세를 징수하는 경우, 그 확정일자를 갖춘 임대차계약서상의 보증금은 소득세보다 우선 변제된다. (○, ×)

정답 및 해설

10 ○ **11** ○ **12** ○ **13** ○ **14** × 우선하지 못한다. **15** × 강제징수비만 우선하고 공과금은 우선하지 못한다. **16** ○ **17** × 당해세 및 강제징수비가 우선한다. **18** ○ **19** ○

20 법정기일 전에 전세권이 설정된 재산이 국세의 강제징수 또는 경매 절차 등을 통하여 매각되어 그 매각금액에서 국세를 징수하는 경우, 그 전세권에 의하여 담보된 채권 또는 임대차보증금반환채권은 해당 재산에 대하여 부과된 증여세보다 우선한다. (○, ×)

21 사용자의 재산을 매각할 때 그 매각금액 중에서 국세를 징수하는 경우에 「근로기준법」상 최종 3월분 임금채권은 법정기일에 관계없이 국세 또는 가산금에 우선하여 변제된다. (○, ×)

22 과세표준과 세액을 정부가 결정·경정 또는 수시부과 결정을 하는 경우 고지한 해당 세액에 대한 법정기일은 그 납부고지서의 발송일이다. (○, ×)

23 과세표준과 세액의 신고에 따라 납세의무가 확정되는 국세의 경우 신고한 해당 세액의 법정기일은 법정신고납부기한의 다음 날이다. (○, ×)

24 중간예납하는 법인세, 예정신고납부하는 부가가치세 및 양도소득과세표준을 예정신고하는 소득세의 경우 신고한 해당 세액에 대해서는 그 신고일을 법정기일로 한다. (○, ×)

25 양도담보재산에서 국세를 징수하는 경우에는 법령에 따른 납부고지서의 발송일을 법정기일로 한다. (○, ×)

26 원천징수의무자나 납세조합으로부터 징수하는 국세와 인지세의 경우에는 그 납세의무의 확정일을 법정기일로 한다. (○, ×)

27 「국세징수법」상 납부기한 전 징수 규정에 따라 납세자의 재산을 압류한 경우에 그 압류와 관련하여 확정된 세액에 대해서는 그 납세의무의 확정일을 법정기일로 한다. (○, ×)

28 「부가가치세법」에 따른 신탁 관련 수탁자의 물적 납세의무 규정에 따라 신탁재산에서 부가가치세 등을 징수하는 경우에는 법령에 따른 납부고지서의 발송일을 법정기일로 한다. (○, ×)

29 세무서장은 대물변제의 예약에 의하여 권리 이전 청구권의 보전을 위해 가등기된 재산을 압류할 때에는 그 사실을 가등기권리자에게 지체 없이 통지하여야 한다. (○, ×)

02 거짓 담보계약에 대한 사해행위 취소

30 세무서장은 납세자가 제3자와 짜고 거짓으로 재산에 저당권을 설정함으로써 그 재산의 매각금액으로 국세를 징수하기가 곤란하다고 인정할 때에는 그 행위의 취소를 법원에 청구할 수 있다. (○, ×)

정답 및 해설
20 × 증여세(당해세)의 법정기일 전에 저당권 등이 설정된 경우에도 증여세가 피담보채권에 우선한다.   **21** ○
22 ○   **23** × 신고일을 법정기일로 한다.   **24** ○   **25** ○   **26** ○   **27** × 압류등기(등록)일을 법정기일로 한다.   **28** ○   **29** ○   **30** ○

과세와 환급

01 관할관청

01 과세표준신고서는 신고(전자신고 제외) 당시 해당 국세의 납세지를 관할하는 세무서장에게 제출하여야 하나, 관할 세무서장 외의 세무서장에게 제출된 경우에도 그 신고의 효력에는 영향이 없다. (○, ×)

02 전자신고를 하는 경우에는 납세지 관할 세무서장이 아닌 지방국세청장이나 국세청장에게 과세표준신고서를 제출할 수 있다. (○, ×)

03 심사청구서는 해당 처분을 하였거나 하였어야 할 세무서장에게 제출하여야 하며, 소관 세무서장 외의 세무서장, 지방국세청장 또는 국세청장에게 직접 제출한 경우에는 심사청구의 효력이 발생하지 아니한다. (○, ×)

04 국세의 과세표준과 세액의 결정 또는 경정결정은 그 처분 당시 그 국세의 납세지를 관할하는 세무서장이 한다. (○, ×)

05 과세표준신고서는 신고 당시 해당 국세의 납세지를 관할하는 세무서장에게 제출하여야 한다. (○, ×)

06 과세표준신고서가 납세지 관할 세무서장 외의 세무서장에게 제출된 경우에도 그 신고의 효력에는 영향이 없다. (○, ×)

07 관할 세무서장 외의 세무서장이 한 국세의 과세표준과 세액의 결정 또는 경정결정 처분은 항상 적법하며 납세자는 소관 관할 세무서를 밝혀 납세의무를 이행하여야 한다. (○, ×)

정답 및 해설

01 ○ **02** ○ **03** × 효력에는 영향이 없다. **04** ○ **05** ○ **06** ○ **07** × 원칙적으로 관할 세무서장 외의 처분은 효력이 없다.

08 과세표준신고서를 법정신고기한까지 제출한 자는 과세표준신고서에 기재된 결손금액 또는 환급세액이 세법에 따라 신고하여야 할 결손금액이나 환급세액을 초과할 때에는 관할 세무서장이 각 세법에 따라 해당 국세의 과세표준과 세액을 결정 또는 경정하여 통지하기 전까지 과세표준수정신고서를 제출할 수 있다. (O, X)

09 과세표준신고서에 기재된 환급세액이 세법에 의하여 신고하여야 할 환급세액을 초과하는 때에는 결정 또는 경정을 청구할 수 있다. (O, X)

10 과세표준신고서를 법정신고기한까지 제출한 자는 과세표준신고서에 기재된 과세표준 및 세액이 세법에 따라 신고하여야 할 과세표준 및 세액에 미치지 못할 때에는 법정신고기한이 지난 후 6개월 이내에 수정신고를 하여야 한다. (O, X)

11 납세의무자 갑이 100만원의 소득세를 법에서 정한 기한까지 신고하였는데, 그 후 300만원으로 수정신고한 경우 세액이 300만원으로 확정된다. (O, X)

12 과세표준신고서를 제출한 자가 증액결정 또는 경정을 받지 아니하고 제기하는 감액경정청구기한은 법정신고기한이 지난 후 3년이다. (O, X)

13 국세의 과세표준 및 세액의 결정을 받은 자는 후발적 사유에 의한 경정청구를 제기하지 못한다. (O, X)

14 결정 또는 경정의 청구를 받은 세무서장은 그 청구를 받은 날부터 2개월 이내에 과세표준 및 세액을 결정 또는 경정하거나 결정 또는 경정하여야 할 이유가 없다는 뜻을 그 청구를 한 자에게 통지하여야 한다. (O, X)

15 기한후과세표준신고서를 제출한 자가 과세표준수정신고서를 제출한 경우 관할 세무서장은 신고일부터 2개월 이내에 해당 국세의 과세표준과 세액을 결정 또는 경정하여 신고인에게 통지하여야 한다. (O, X)

정답 및 해설

08 O **09** X 수정신고대상이다. **10** X 결정 또는 경정하여 통지하기 전까지가 신고기한이다. **11** O
12 X 3년 → 5년 **13** X 제기할 수 있다. **14** O **15** X 2개월 → 3개월

16 과세표준신고서를 법정신고기한까지 제출한 자는 과세관청의 결정 또는 경정으로 인하여 증가된 과세표준 및 세액에 대하여는 법정신고기한이 지난 후 5년이 경과하였더라도 해당 처분이 있음을 안 날부터 3개월 이내에 경정을 청구할 수 있다.　　　　　　　　　　　　　　　　　　　　　(○, ×)

17 과세표준신고서를 법정신고기한까지 제출한 자는 과세표준신고서에 기재된 과세표준 및 세액이 세법에 따라 신고하여야 할 과세표준 및 세액에 미치지 못할 때에는 경정을 청구할 수 있다.　　　　　　(○, ×)

18 최초의 신고·결정 또는 경정을 할 때 과세표준 및 세액의 계산근거가 된 거래 또는 행위 등의 효력과 관계되는 계약이 그 계약의 성립 후 발생한 부득이한 사유로 취소된 경우 후발적 사유에 해당한다.　　(○, ×)

19 과세표준신고서를 제출한 자는 최초의 신고·결정 또는 경정에서 과세표준 및 세액의 계산근거가 된 거래 또는 행위 등이 그에 관한 소송에 대한 판결에 의하여 다른 것으로 확정되었을 때에는 그 사유가 발생한 것을 안 날부터 3개월 이내에 결정 또는 경정을 청구할 수 있다.　　　　　　　　　　　(○, ×)

20 과세물건의 귀속을 제3자에게로 변경시키는 결정이 있는 경우에는 과세표준신고서를 제출한 자는 그 사유가 발생한 것을 안 날부터 3개월 이내에 경정을 청구할 수 있다.　　　　　　　　　　　(○, ×)

21 법정신고기한 후 최초 신고한 과세표준 및 세액의 계산근거가 된 거래의 효력에 관계되는 관청의 허가처분이 취소된 때에는 그 사유가 발생한 것을 안 날부터 3개월 이내에 경정을 청구할 수 있다.　　　(○, ×)

22 납세의무자 병이 200만원의 소득세를 법에서 정한 기한까지 신고하였는데, 그 후 100만원으로 감액경정을 청구한 경우 그 청구만으로는 세액이 100만원으로 확정되지 아니한다.　　　　　　　　　(○, ×)

23 원래 신고하였어야 할 세액보다 더 많은 세액을 신고하여 감액경정을 청구하려면 법에서 정한 기한 내에 과세표준신고서를 제출한 자이어야 한다.　　　　　　　　　　　　　　　　　　　　　(○, ×)

24 납세의무자 정이 2025년 한 해 동안의 소득에 대하여 2026년 5월 20일에 500만원의 소득세를 신고·납부한 후 신고 내용에 계산 오류가 있어 감액경정을 청구하는 경우, 이 경정청구는 2031년 5월 31일까지 할 수 있다.　　　　　　　　　　　　　　　　　　　　　　　　　　　　　　　　(○, ×)

정답 및 해설

16 × 5년 이내 경정청구하여야 한다.　**17** × 수정신고대상이다.　**18** ○　**19** ○　**20** ○　**21** ○　**22** ○
23 × 기한후신고한 자도 가능하다.　**24** ○

25 원천징수대상자에게 근로소득만 있어서 원천징수의무자가 연말정산에 의하여 그에 관한 소득세를 납부하고 지급명세서를 제출기한까지 제출한 경우, 원천징수영수증에 기재된 과세표준 및 세액이 세법에 따라 신고하여야 할 과세표준 및 세액을 초과할 때에는 원천징수의무자뿐만 아니라 원천징수대상자도 경정을 청구할 수 있다. (○, ×)

26 국세의 과세표준 및 세액의 결정을 받은 자는 해당 처분이 있음을 안 날부터 3개월이 지난 경우라도 최초의 결정을 할 때 과세표준 및 세액의 계산 근거가 된 행위의 효력과 관계되는 계약이 해제권의 행사에 의하여 해제된 것을 안 날부터 1년 이내에 경정을 청구할 수 있다. (○, ×)

27 법정신고기한까지 과세표준신고서를 제출하지 아니한 자로서 기한후과세표준신고서를 제출할 수 있는 자는 납부할 세액이 있는 자만을 의미한다. (○, ×)

28 기한후과세표준신고서를 제출한 자로서 세법에 따라 납부하여야 할 세액이 있는 자는 기한후과세표준신고서 제출일부터 1개월 이내에 그 세액을 납부할 수 있다. (○, ×)

29 법정신고기한까지 과세표준신고서를 제출하지 아니한 자는 관할 세무서장이 세법에 따라 해당 국세의 과세표준과 세액(가산세 포함)을 결정하여 통지하기 전까지 기한후과세표준신고서를 제출할 수 있다. (○, ×)

30 납세의무자 을이 300만원의 소득세를 법에서 정한 기한이 지난 후 6개월 내에 신고한 경우 세액이 300만원으로 확정된다. (○, ×)

31 법정신고기한이 지난 후 1개월 이내에 기한후신고·납부를 한 경우 무신고가산세의 50%를 감면한다. 다만, 과세표준과 세액을 결정할 것을 미리 알고 기한후과세표준신고서를 제출한 경우는 제외한다. (○, ×)

32 과세표준신고서를 법정신고기한까지 제출하였으나 과세표준 신고액에 상당하는 세액의 전부 또는 일부를 납부하지 아니한 자는 그 세액과 「국세기본법」 또는 세법에서 정하는 가산세를 세무서장이 고지하기 전에 납부할 수 있다. (○, ×)

정답 및 해설

25 ○ **26** × 안 날부터 3개월 이내 경정청구할 수 있다. **27** × 납부세액 유무에 관계없이 기한후신고 가능하다. **28** × 제출일부터 1개월 이내 → 세액을 결정하여 통지하기 전까지 **29** ○ **30** × 기한후신고는 확정력이 없다. **31** ○ **32** ○

03 **가산세**

33 가산세는 「국세기본법」 및 세법에서 규정하는 의무의 성실한 이행을 확보하기 위하여 세법에 따라 산출한 세액에 가산하여 징수하는 금액을 말한다. (O, ×)

34 정부는 「국세기본법」 또는 세법에서 규정한 의무를 위반한 자에게 가산세를 부과할 수 있다. (O, ×)

35 가산세는 납부할 세액에 가산하거나 환급받을 세액에서 공제한다. (O, ×)

36 정부는 「국세기본법」 또는 세법에 따라 가산세를 부과하는 경우 납세자가 의무를 이행하지 아니한 데 대한 정당한 사유가 있는 때에는 해당 가산세를 부과하지 아니한다. (O, ×)

37 가산세는 해당 의무가 규정된 세법의 해당 국세의 세목으로 하며, 해당 국세를 감면하는 경우에는 가산세도 그 감면대상에 포함한다. (O, ×)

38 납세의무자가 역외거래에서 발생한 부정행위로 법정신고기한까지 법인세 과세표준 신고를 하지 아니한 경우에는 그 신고로 납부하여야할 세액에 100분의 60을 곱한 금액을 가산세로 한다. (O, ×)

39 납세의무자가 법정신고기한까지 법인세의 과세표준 신고를 한 경우로서 착오에 의하여 과소신고를 한 때에는 과소신고납부세액의 100분의 10에 상당하는 금액을 가산세로 한다. (O, ×)

40 납세의무자가 법정신고기한까지 「종합부동산세법」에 따른 과세표준 신고를 하지 아니한 경우 무신고가산세를 부과한다. (O, ×)

41 과세표준신고서를 법정신고기한까지 제출한 자가 법정신고기한이 지난 후 1개월 이내에 수정신고한 경우에는 과소신고·초과환급신고가산세가 부과되지 아니한다. (O, ×)

42 납부지연가산세는 납세의무자가 환급받은 세액이 정당한 환급세액을 초과하는 경우에 부과하는 가산세이다. (O, ×)

정답 및 해설

33 O **34** O **35** O **36** O **37** × 감면대상에 포함시키지 않는다. **38** O **39** O **40** × 부과하지 아니한다. **41** × 가산세는 부과하되, 감면한다. **42** O

43 복식부기의무자가 거짓 기장한 경우는 거짓 기장으로 인한 과소신고납부세액의 100분의 40에 상당하는 금액과 거짓 기장으로 인하여 과소신고된 과세표준 관련 수입금액에 1만분의 14를 곱하여 계산한 금액 중 큰 금액을 과소신고·초과환급신고가산세로 한다.　　　　　　　　　　　　　　　　　　　　(○, ×)

44 「부가가치세법」에 따른 사업자가 아닌 자가 부가가치세액을 환급받은 경우는 납부지연가산세의 적용대상에 해당하지 아니한다.　　　　　　　　　　　　　　　　　　　　　　　　　　　　　　　(○, ×)

45 법정신고기한이 지난 후 1개월 이내 기한후신고를 한 경우 무신고 가산세액의 100분의 50에 상당하는 금액을 감면한다.　　　　　　　　　　　　　　　　　　　　　　　　　　　　　　　　　(○, ×)

46 가산세는 세법상 의무이행의 해태나 위반을 이유로 납세자에 대해 가해지는 제재로서의 성격을 가지므로 가산세는 관할 세무서장의 직권에 의하여만 감면된다.　　　　　　　　　　　　　　　　　　(○, ×)

47 정부는 과세전적부심사 결정·통지기간에 그 결과를 통지하지 아니한 경우에는 해당 가산세액을 전액 감면한다.　　　　　　　　　　　　　　　　　　　　　　　　　　　　　　　　　　(○, ×)

48 가산세는 해당 의무가 규정된 세법의 해당 국세의 세목으로 한다. 다만, 해당 국세를 감면하는 경우에도 가산세는 감면되지 않는다.　　　　　　　　　　　　　　　　　　　　　　　　　　(○, ×)

49 법정신고기한이 지난 후 1년 이내에 수정신고한 경우 과소신고·초과환급신고 가산세액의 100분의 50에 상당하는 금액을 감면한다.　　　　　　　　　　　　　　　　　　　　　　　　(○, ×)

50 세법에 따른 제출의 기한이 지난 후 1개월 이내에 해당 세법에 따른 제출 의무를 이행하는 경우 제출 의무 위반 관련 가산세액의 100분의 50에 상당하는 금액을 감면한다.　　　　　　　(○, ×)

51 법령에 따른 세법해석에 관한 질의·회신 등에 따라 신고·납부하였으나 이후 다른 과세처분을 하는 경우 가산세를 부과하지 아니한다.　　　　　　　　　　　　　　　　　　　　　　(○, ×)

52 납부지연가산세를 부과함에 있어 납세의무자가 법인세를 부정행위로 과소신고하면서 과세기간을 잘못 적용한 경우 실제 신고납부한 날에 실제 신고납부한 금액의 범위에서 신고납부하였어야 할 과세기간에 대한 법인세를 자진납부한 것으로 본다.　　　　　　　　　　　　　　　　　(○, ×)

53 세법에서 규정하는 의무를 고의적으로 위반한 경우에는 가산세 한도규정을 적용하지 아니한다.　(○, ×)

54 납세자가 의무를 이행하지 아니한 데에 정당한 사유가 있는 경우에 해당 가산세는 부과되지 아니한다.
　　　　　　　　　　　　　　　　　　　　　　　　　　　　　　　　　　　　　(○, ×)

정답 및 해설
43 ○　**44** × 해당한다.　**45** ○　**46** × 직권 또는 신청에 의한 감면이 가능하다.　**47** × 납부지연가산세 50%를 감면한다.　**48** ○　**49** × 1년 이내 → 3개월 초과 6개월 이내　**50** ○　**51** ○　**52** × 부정행위로 과소신고한 경우에는 자진납부한 것으로 보지 않는다.　**53** ○　**54** ○

04 환급

55 국세환급금의 발생원인으로서 '잘못 납부한 금액(오납금)'이라 함은 납부 또는 징수의 기초가 된 신고(신고납세의 경우) 또는 부과처분(부과과세의 경우)이 부존재하거나 당연무효임에도 불구하고 납부 또는 징수된 세액을 말한다. (O, ×)

56 국세환급금의 발생원인으로서 '초과하여 납부한 금액(과납금)'은 신고납세방식에 있어서 신고로 또는 부과과세방식에 있어서 부과결정으로 각 확정된다. (O, ×)

57 국세환급금의 발생원인으로서 '환급세액'이라 함은 세법에 따라 적법하게 납부 또는 징수되었으나 그 후 국가가 보유할 정당한 이유가 없게 되어 각 개별세법에서 환급하기로 정한 세액을 말한다. (O, ×)

58 원천징수의무자가 원천징수하여 납부한 세액에서 환급받을 환급세액이 있는 경우, 그 원천징수의무자가 그 환급액을 즉시 환급해 줄 것을 요구하는 경우나 원천징수하여 납부하여야 할 세액이 없는 경우에는 즉시 환급한다. (O, ×)

59 세무서장은 국세환급금에 관한 권리의 양도 요구가 있는 경우 양도인 또는 양수인이 납부할 국세 및 강제징수비가 있으면 그 국세 및 강제징수비에 충당하고 남은 금액에 대해서는 양도의 요구에 지체 없이 따라야 한다. (O, ×)

60 납세자의 국세환급금과 국세환급가산금에 관한 권리는 행사할 수 있는 때부터 5년간 행사하지 아니하면 소멸시효가 완성된다. (O, ×)

61 납세자는 국세환급금에 대한 권리를 타인에게 양도할 수 있다. (O, ×)

62 세무서장은 국세환급금에 관한 권리의 양도 요구가 있는 경우에 양도인 또는 양수인이 납부할 국세 및 강제징수비가 있으면 그 국세 및 강제징수비에 충당하고, 남은 금액에 대해서는 양도의 요구에 지체 없이 따라야 한다. (O, ×)

63 세무서장이 국세환급금으로 결정한 금액을 세법에 따라 자진납부하는 국세에 충당 시 납세자가 그 충당에 동의하는 경우에 한하여 충당할 수 있다. (O, ×)

해커스 세법 FINAL 핵심지문 OX

제6장

제5편 국세기본법

정답 및 해설

55 ○ **56** × 부과취소의 결정이 있어야 한다. **57** ○ **58** ○ **59** ○ **60** ○ **61** ○ **62** ○ **63** ○

64 세무서장은 국세환급금으로 결정한 금액을 다른 세무서에 체납된 국세 및 강제징수비에 충당할 수 없다.

(O, ×)

65 국세환급금으로 결정한 금액을 국세 및 강제징수비에 충당하는 경우 체납된 국세 및 강제징수비에 우선 충당하나, 납세자가 납부고지에 의하여 납부하는 국세에 충당하는 것을 동의한 때에는 납부고지에 의하여 납부하는 국세에 우선 충당한다.

(O, ×)

66 체납된 국세 및 강제징수비가 있는 납세자가 국세환급금을 납부고지에 따라 납부하는 국세에 충당하는 것을 동의하거나 신청한 경우에도 국세환급금을 그 체납된 국세 및 강제징수비에 우선 충당해야 한다. (O, ×)

67 납세의무자 갑이 100만원의 증여세 납부고지서를 받았고 소득세 100만원을 돌려받을 권리가 있는 경우, 갑이 이러한 권리를 납부고지서상의 세금에 충당할 것을 청구하면 그 청구한 날에 해당 세금을 납부한 것으로 본다.

(O, ×)

68 납세의무자 을이 200만원의 부가가치세를 체납하였고 소득세 200만원을 돌려받을 권리가 있는 경우, 국가가 을에게 소득세 200만원을 돌려주지 아니하고 이를 을의 체납된 부가가치세 200만원에 충당하려면 을의 동의를 받아야 한다.

(O, ×)

69 세무서장이 국세환급금으로 결정한 금액을 체납된 국세 및 강제징수비에 충당한 경우 체납된 국세 및 강제징수비와 국세환급금은 체납된 국세의 법정납부기한과 국세환급금 발생일 중 이른 때로 하여 대등액에 관하여 소멸한 것으로 본다.

(O, ×)

70 세무서장이 국세환급금의 결정이 취소됨에 따라 이미 지급된 금액의 반환을 청구하는 경우에는 「국세징수법」의 고지방법에 따른다.

(O, ×)

71 국세환급금 중 국세 및 강제징수비에 충당한 후 남은 금액이 20만원 이하이고, 지급결정을 한 날부터 1년 이내에 환급이 이루어지지 아니하는 경우에는 납부고지에 의하여 납부하는 국세에 충당할 수 있다.

(O, ×)

72 국세환급금 중 국세 및 강제징수비에 충당한 후 남은 금액은 국세환급금의 결정을 한 날부터 30일 내에 납세자에게 지급하여야 한다.

(O, ×)

정답 및 해설

64 × 다른 세무서에 체납된 국세 및 강제징수비에도 충당할 수 있다. **65** ○ **66** × 국세환급금을 충당할 경우에는 체납된 국세 및 강제징수비에 우선 충당해야 한다. 다만, 납세자가 납부고지에 따라 납부하는 국세에 충당하는 것을 동의하거나 신청한 경우에는 납부고지에 따라 납부하는 국세에 우선 충당해야 한다. **67** ○ **68** × 체납액이 있는 경우 납세자의 의사와 관계없이 직권으로 충당한다. **69** × 이른 때 → 늦은 때 **70** ○ **71** ○ [개정] **72** ○

73 세무서장이 납세자의 환급청구를 촉구하기 위하여 납세자에게 환급청구의 안내·통지를 하면 국세환급금에 관한 권리의 소멸시효는 중단된다. (O, X)

74 납세자가 상속세를 물납한 후 부과를 취소하거나 환급하는 경우에는 해당 물납재산과 국세환급가산금을 환급하여야 한다. (O, X)

75 납세자가 상속세를 물납한 후 그 부과의 일부를 감액하는 경정결정에 따라 환급하는 경우에는 해당 물납재산으로 환급하여야 하며, 이 경우 국세환급가산금을 포함하여 지급한다. (O, X)

76 납세자가 상속세를 물납한 후 그 부과의 전부 또는 일부를 취소하거나 감액하는 경정결정에 따라 환급하는 경우에 해당 물납재산의 성질상 분할하여 환급하는 것이 곤란한 경우 금전으로 환급하여야 한다. (O, X)

77 물납재산을 환급하는 경우에 국가가 물납재산을 유지 또는 관리하기 위하여 지출한 비용은 납세자의 부담으로 한다. (O, X)

78 명의대여자에 대한 과세를 취소하고 실질귀속자를 납세의무자로 하여 과세하는 경우 명의대여자 대신 실질귀속자가 납부한 것으로 확인된 금액은 실질귀속자의 기납부세액으로 먼저 공제하고 남은 금액이 있으면 실질귀속자에게 환급한다. (O, X)

79 적법하게 납부된 후 법률이 개정되어 발생한 국세환급금의 국세환급가산금 기산일은 개정된 법률의 시행일의 다음 날로 한다. (O, X)

정답 및 해설
73 X 시효중단의 효력이 없다. **74** X 국세환급가산금은 지급하지 아니한다. **75** X 국세환급가산금은 지급하지 아니한다. **76** O **77** X 국가가 물납재산을 유지 또는 관리하기 위하여 지출한 비용은 국가의 부담으로 한다. 다만, 국가가 물납재산에 대하여 자본적 지출을 한 경우에는 이를 납세자의 부담으로 한다. **78** O **79** O

7 조세쟁송

01 과세전적부심사

01 세무서장은 세무조사에서 확인된 것으로 조사대상자 외의 자에 대한 과세자료 및 현지 확인조사에 따라 세무서장이 과세하는 경우에는 미리 납세자에게 그 내용을 서면으로 통지하여야 한다. (O, X)

02 세무서장에게 과세전적부심사를 청구할 수 있는 자가 법령과 관련하여 국세청장의 유권해석 변경이 필요한 경우 국세청장에게 과세전적부심사를 청구할 수 있다. (O, X)

03 세무조사결과에 대한 서면통지를 받은 자는 사전구제제도의 일종인 과세전적부심사를 청구할 수 있는데, 납기전징수 사유가 있는 경우에는 과세전적부심사를 청구할 수 없다. (O, X)

04 세무조사 결과 통지 및 과세예고 통지를 하는 날부터 국세부과 제척기간의 만료일까지 2개월이 남은 경우에는 과세전적부심사를 청구할 수 있다. (O, X)

05 과세전적부심사 청구를 받은 세무서장은 국세심사위원회의 심사를 거쳐 결정을 하고 그 결과를 청구를 받은 날부터 30일 이내에 청구인에게 통지하여야 한다. (O, X)

06 세무공무원은 과세전적부심사의 재조사 결정에 의한 조사를 마친 경우 조사결과를 납세자에게 설명하고, 이를 서면으로 통지하여야 한다. (O, X)

07 과세예고통지를 받은 자가 과세전적부심사를 청구하지 아니하고 통지를 한 세무서장에게 통지받은 내용에 대하여 과세표준 및 세액을 조기에 결정해 줄 것을 신청한 경우, 해당 세무서장은 신청받은 내용을 검토하여 2개월 이내에 결정하여야 한다. (O, X)

정답 및 해설

01 O **02** O **03** O **04** X 청구제외대상이다. **05** O **06** X 재조사결정에 따른 조사를 마친 경우는 세무조사 결과 통지 예외 사유에 해당한다. **07** X 즉시 결정이나 경정결정하여야 한다.

08 국세에 관한 행정소송은 「국세기본법」에 따른 심사청구나 심판청구 또는 「감사원법」에 따른 심사청구와 그에 대한 결정을 거치지 아니하면 제기할 수 없다. (O, X)

09 심사청구 또는 심판청구에 대한 재조사 결정에 따른 처분청의 처분에 대해서는 심사청구 또는 심판청구를 거치지 않을 경우 행정소송을 제기할 수 없다. (O, X)

10 「국세기본법」 또는 세법에 의해 부당한 처분을 받아 권리 또는 이익의 침해를 당한 자로서 「국세기본법」에서 열거하고 있는 경우에 해당하는 자는 불복청구를 할 수 있다. (O, X)

11 동일한 처분에 대하여 심사청구를 한 후 인용되지 않을 경우 심판청구를 제기할 수 있다. (O, X)

12 심사청구의 대상이 된 처분에 대한 재조사 결정에 따라 처분청의 처분이 있는 경우 해당 재조사 결정을 한 재결청에 대하여 심사청구 또는 심판청구를 제기할 수 없다. (O, X)

13 「조세범처벌절차법」에 따른 통고처분에 대해서는 「국세기본법」에 따른 심사청구를 할 수 없다. (O, X)

14 「감사원법」에 따라 심사청구를 한 처분이나 그 심사청구에 대한 처분에 대하여는 「국세기본법」상 불복청구를 할 수 없다. (O, X)

15 심사청구는 천재 등으로 인한 기한의 연장사유에 해당되어 정한 기간에 심사청구를 할 수 없을 때에는 그 사유가 소멸한 날부터 14일 이내에 심사청구를 할 수 있다. (O, X)

16 「국세기본법」 또는 세법에 따른 처분이 국세청장의 과세표준 조사·결정에 따른 처분인 경우에는 그 처분에 대하여 심사청구 또는 심판청구에 앞서 이의신청을 할 수 있다. (O, X)

정답 및 해설

08 O **09** X 재조사 결정에 대해서는 행정심판전치주의가 적용되지 아니한다. **10** X 개괄주의 **11** X 중복제기가 불가하다. **12** X 제기할 수 있다. **13** O **14** O **15** O **16** X 할 수 없다.

17 세법에 따라 국세청장이 하여야 할 처분에 대하여는 이의신청을 할 수 없다. (O, X)

18 「감사원법」에 의하여 심사청구를 한 처분에 대해서는 「국세기본법」에 따른 불복을 할 수 없다. (O, X)

19 불복청구는 처분의 직접적 당사자인 납세자뿐만 아니라 제2차 납세의무자로서 납부고지서를 받은 자와 납세보증인 등도 가능하다. (O, X)

20 「국세기본법」에 의해 위법한 처분을 받음으로써 권리의 침해를 당한 자뿐만 아니라 이로 인해 이익의 침해를 받게 될 납세보증인 또한 위법한 처분을 받은 자의 처분에 대하여 불복청구를 할 수 있다. (O, X)

21 물적 납세의무를 지는 자로서 납부고지서를 받은 자는 위법 또는 부당한 처분을 받은 자의 처분에 대하여 해당 처분의 상대방이 아니므로 그 처분의 취소 또는 변경을 청구할 수 없다. (O, X)

22 제2차 납세의무자로서 납부고지서를 받은 자가 세법에 따른 처분으로 인하여 권리나 이익을 침해당하게 될 이해관계인에 해당하는 경우 위법 또는 부당한 처분을 받은 자의 처분에 대하여 불복청구를 할 수 있다. (O, X)

23 이의신청인은 세무사를 대리인으로 선임할 수 있으며 선임된 세무사는 본인을 위하여 그 신청에 관한 모든 행위를 할 수 있으나, 그 신청의 취하는 특별한 위임을 받은 경우에만 할 수 있다. (O, X)

24 이의신청인, 심사청구인 또는 심판청구인은 불복신청 또는 청구금액이 5천만원(지방세의 경우는 2천만원) 미만인 경우에는 그 배우자, 4촌 이내의 혈족 또는 그 배우자의 4촌 이내의 혈족을 대리인으로 선임할 수 있다. (O, X)

25 심사청구인이 법정요건을 모두 갖추어 국선대리인을 선정하여 줄 것을 재결청에 신청하면 재결청은 지체 없이 국선대리인을 선정하고 그 결과를 신청을 받은 날부터 5일 이내에 심사청구인과 국선대리인에게 각각 통지하여야 한다. (O, X)

26 종합부동산세의 결정 고지세액 1천만원에 대하여 심판청구를 하려는 자가 재결청에 변호사 등을 국선대리인으로 선정하여 줄 것을 신청하는 경우, 재결청은 지체 없이 국선대리인을 선정하고 신청을 받은 날부터 5일 이내에 그 결과를 심판청구인과 국선대리인에게 각각 통지하여야 한다. (O, X)

정답 및 해설
17 O **18** O **19** O **20** O **21** X 불복청구할 수 있다. **22** O **23** O **24** O **25** O **26** X
상속세·증여세·종합부동산세는 국선대리인 신청 불가 세목이다.

27 불복청구를 하더라도 당해 처분의 집행에는 효력을 미치지 않으므로 압류 및 공매에 제한이 없다.

(O, X)

28 이의신청, 심사청구 또는 심판청구는 세법에 특별한 규정이 있는 것을 제외하고는 해당 처분의 집행에 효력을 미치지 아니한다. 다만, 해당 재결청이 필요하다고 인정할 때에는 그 처분의 집행을 중지하게 하거나 중지할 수 있다.

(O, X)

29 이의신청에 따른 결정기간 내에 결정의 통지를 받은 자가 심사청구를 하려면 이의신청에 대한 결정의 통지를 받은 날부터 90일 이내에 제기하여야 한다.

(O, X)

30 심사청구는 해당 처분이 있음을 안 날(처분의 통지를 받은 때에는 그 받은 날)부터 90일 이내에 제기하여야 하고, 심사청구에 대한 결정은 심사청구를 받은 날부터 90일 이내에 하여야 한다.

(O, X)

31 조세심판원이 심판청구에 대한 결정기간이 지나도 결정을 하지 못한 경우 심판청구인은 결정의 통지를 받기 전이라도 그 결정기간이 지난 날부터 행정소송을 제기할 수 있다.

(O, X)

32 청구기한까지 우편으로 제출한 심사청구서가 청구기간을 지나서 도달한 경우에는 그 기간의 만료일에 적법한 청구를 한 것으로 본다.

(O, X)

33 심사청구의 대상이 되는 처분으로 권리나 이익을 침해당하지 않는 경우에는 그 심사청구가 이유 없다고 인정되므로 청구인의 주장을 받아들이지 아니하는 각하결정을 한다.

(O, X)

34 불복청구의 내용이나 절차가 「국세기본법」 또는 세법에 적합하지 아니하나 보정할 수 있다고 인정하는 때에는 20일 내의 기간(심판청구의 경우는 상당한 기간)을 정하여 보정을 요구할 수 있는데 이러한 보정기간은 청구기간 및 결정기간에 산입되지 않는다.

(O, X)

35 심사청구의 보정요구를 받은 심사청구인은 보정할 사항을 서면으로 작성하여 국세청장에게 제출하거나, 국세청에 출석하여 보정할 사항을 말하고 그 말한 내용을 국세청소속 공무원이 기록한 서면에 서명 또는 날인함으로써 보정할 수 있다.

(O, X)

정답 및 해설

27 X 불복청구를 하더라도 당해 처분의 집행에는 효력을 미치지 않지만 원칙적으로 공매를 할 수 없다. **28** O
29 O **30** O **31** O **32** O **33** O **34** O **35** O

36 심판청구를 제기한 후 심사청구를 제기한 경우에는 그 심사청구를 각하하는 결정을 한다. (O, ×)

37 조세심판원장은 심판청구의 내용이 세법에 적합하지 아니하나 보정할 수 있다고 인정되면 상당한 기간을 정하여 보정할 것을 요구할 수 있다. (O, ×)

38 심사청구의 재결청은 그 청구에 대한 결정기간이 지나도 결정을 하지 못하였을 때에는 심사청구인은 결정의 통지를 받기 전이라도 그 결정기간이 지난 날부터 행정소송 제기를 할 수 있다는 내용을 서면으로 지체 없이 그 청구인에게 통지하여야 한다. (O, ×)

39 이의신청에 대한 결정을 함에 있어서는 반드시 국세심사위원회의 심의를 거쳐야 하나 그 결정은 관할 세무서장을 구속하지 아니한다. (O, ×)

40 불복청구에 대한 결정에 오기·계산착오 기타 명백한 잘못이 있는 경우 재결청은 직권 또는 불복청구인의 신청에 의하여 이를 경정할 수 있다. (O, ×)

41 심판청구에 대한 결정이 있으면 해당 행정청은 결정의 취지에 따라 즉시 필요한 처분을 하여야 한다. (O, ×)

42 심사청구인은 송부받은 의견서에 대하여 항변하기 위하여 국세청장에게 증거서류나 증거물을 제출할 수 있으며, 국세청장이 요구하는 경우 정한 기한까지 해당 증거서류 또는 증거물을 제출하여야 한다. (O, ×)

43 국세청장은 국세심사위원회의 의결이 법령에 명백히 위반된다고 판단하는 경우 구체적인 사유를 적어 서면으로 국세심사위원회로 하여금 한 차례에 한정하여 다시 심의할 것을 요청할 수 있다. (O, ×)

44 조세심판관의 임기는 2년으로 하고 한 차례만 중임할 수 있다. (O, ×)

45 심판청구사건에 대한 결정이 국세행정에 중대한 영향을 미칠 것으로 예상되어 국세청장의 요청이 있고 조세심판원장이 필요하다고 인정하는 경우에는 조세심판관합동회의가 심리를 거쳐 결정하여야 한다. (O, ×)

46 조세심판관회의는 담당 조세심판관 과반수 이상의 출석으로 개의하고, 출석조세심판관 과반수의 찬성으로 의결한다. (O, ×)

정답 및 해설

36 O **37** O **38** O **39** O **40** O **41** O **42** O **43** O **44** × 3년 **45** O **46** × 담당 조세심판관 3분의 2 이상의 출석으로 개의하고, 출석조세심판관 과반수의 찬성으로 의결한다.

47 국세의 심판청구금액이 5천만원 미만인 것으로 청구사항이 법령의 해석에 관한 것이 아닌 경우 조세심판관회의의 심리를 거치지 아니하고 주심조세심판관이 심리하여 결정할 수 있다. (○, ×)

48 조세심판관이 심판청구일 전 최근 5년 이내에 불복의 대상이 되는 처분, 처분에 대한 이의신청 또는 그 기초가 되는 세무조사에 관여하였던 경우에는 심판관여로부터 제척된다. (○, ×)

49 담당 조세심판관에게 공정한 심판을 기대하기 어려운 사정이 있다고 인정될 때에는 심판청구인은 그 조세심판관의 기피를 신청할 수 있다. (○, ×)

50 담당 조세심판관은 필요하다고 인정하면 여러 개의 심판사항을 병합하거나 병합된 심판사항을 여러 개의 심판사항으로 분리할 수 있다. (○, ×)

51 조세심판관회의 또는 조세심판관합동회의는 심판청구에 대한 결정을 할 때 심판청구를 한 처분보다 청구인에게 불리한 결정을 하지 못한다. (○, ×)

52 국세청장은 심사청구에 대한 결정을 할 때 심사청구를 한 처분 외의 처분에 대하여도 그 처분의 전부 또는 일부를 취소 또는 변경하는 결정을 할 수 있다. (○, ×)

53 조세심판관회의는 심판청구에 관한 결정을 할 때 심판청구를 한 처분 외의 처분에 대해서는 그 처분의 전부 또는 일부를 취소 또는 변경하거나 새로운 처분의 결정을 하지 못한다. (○, ×)

54 조세심판원장은 심판청구를 받으면 이에 관한 조사와 심리를 담당할 주심조세심판관 1명과 배석조세심판관 2명 이상을 지정하여 조세심판관회의를 구성하게 한다. (○, ×)

55 조세심판관합동회의는 조세심판원장과 상임조세심판관 모두와 상임조세심판관과 같은 수 이상으로 조세심판원장이 지정하는 비상임조세심판관으로 구성한다. (○, ×)

정답 및 해설

47 ○   **48** ○   **49** ○   **50** ○   **51** ○   **52** × 할 수 있다. → 할 수 없다. (불고불리의 원칙)   **53** ○
54 ○   **55** ○

8 납세자의 권리 및 보칙

01 납세자의 권리

01 세무공무원은 세무조사를 시작할 때 조사원증을 납세자 또는 관련인에게 제시한 후 납세자권리헌장을 교부하고 그 요지를 직접 낭독해 주어야 한다. (○, ×)

02 세무공무원은 사업자등록증을 발급하는 경우 납세자권리헌장의 내용이 수록된 문서를 납세자에게 내주어야 한다. (○, ×)

03 세무공무원은 납세자에 대한 구체적인 탈세제보가 있는 경우에는 납세자가 제출한 신고서 등이 진실한 것으로 추정하지 않는데, 이는 납세자의 성실성 추정원칙의 예외규정이다. (○, ×)

04 세무공무원은 「공공기관의 운영에 관한 법률」에 따른 공공기관이 급부·지원 등을 위한 자격의 조사·심사 등에 필요한 과세정보를 당사자의 동의를 받아 요구하는 경우에는 그 사용목적에 맞는 범위에서 납세자의 과세정보를 제공할 수 있다. (○, ×)

05 납세자 본인의 권리 행사에 필요한 정보를 납세자가 요구하는 경우 세무공무원은 신속하게 정보를 제공하여야 한다. (○, ×)

02 세무조사

06 정기선정방식에 의한 세무조사를 실시함에 있어서 세무공무원은 객관적 기준에 따라 공정하게 그 대상을 선정하여야 한다. (○, ×)

07 세무공무원은 과세관청의 조사결정에 의하여 과세표준과 세액이 확정되는 세목의 경우 과세표준과 세액을 결정하기 위하여 세무조사를 할 수 있다. (○, ×)

08 세무공무원은 적정하고 공평한 과세의 실현을 위하여 필요한 최소한의 범위 안에서 세무조사를 하여야 하며, 다른 목적 등을 위하여 조사권을 남용해서는 아니된다. (○, ×)

정답 및 해설
01 ○   02 ○   03 ○   04 ○   05 ○   06 ○   07 ○   08 ○

09 세무조사의 적법요건으로 객관적 필요성, 최소성, 권한남용의 금지 등을 규정하고 있는 「국세기본법」 제81조의 4 제1항은 그 자체로서는 구체적인 법규적 효력이 없다. (○, ×)

10 세무공무원은 적정하고 공평한 과세를 실현하기 위하여 필요한 최소한의 범위에서 세무조사를 하여야 하며, 세무조사는 「조세범처벌절차법」에 따른 조세범칙조사를 포함한다. (○, ×)

11 세무공무원은 2개 이상의 과세기간과 관련하여 잘못이 있는 경우에는 같은 세목 및 같은 과세기간에 대하여 재조사를 할 수 있다. (○, ×)

12 세무공무원이 부동산투기를 통한 세금탈루혐의가 있는 자에 대하여 일제조사를 하는 경우에는 같은 세목 및 같은 과세기간에 대하여도 재조사를 할 수 있다. (○, ×)

13 세무공무원은 거래상대방에 대한 조사가 필요한 경우에는 같은 세목 및 같은 과세기간에 대한 재조사를 할 수 없다. (○, ×)

14 세무공무원은 납세자가 2 이상의 사업연도와 관련하여 잘못이 있는 경우에는 세무조사권 남용금지원칙의 예외로서 같은 세목에 대하여 재조사를 할 수 있으나, 같은 과세기간에 대하여는 재조사를 할 수 없다. (○, ×)

15 국세환급금의 결정을 위한 확인조사를 하는 경우 같은 세목 및 같은 과세기간에 대하여 재조사를 할 수 없다. (○, ×)

16 세무공무원의 조사행위가 국세청의 사무처리규정에 따라 실시한 사업장 현지확인이더라도 재조사가 금지되는 세무조사에 해당할 수 있다. (○, ×)

17 재조사의 허용 사유인 '조세탈루의 혐의를 인정할 만한 명백한 자료가 있는 경우'란 조세의 탈루사실이 확인될 상당한 정도의 개연성이 있는 경우를 말하며 객관성과 합리성이 뒷받침되는 자료는 필요하지 않다. (○, ×)

정답 및 해설

09 × 구체적인 법규적 효력을 가진다. **10** ○ **11** ○ **12** ○ **13** × 할 수 있다. **14** × 같은 과세기간에 대해서도 재조사가 가능하다. **15** × 할 수 있다. **16** ○ **17** × 객관성과 합리성이 뒷받침되는 자료에 의하여 인정되는 경우이다.

18 납세자에 대한 구체적인 탈세 제보가 있는 경우로서 해당 탈세 혐의에 대한 확인이 필요한 사유로 인한 부분 조사는 같은 세목 및 같은 과세기간에 대하여 2회를 초과하여 실시할 수 있다. (○, ×)

19 서울지방국세청이 실시한 세무조사에서 작성하거나 취득한 과세자료의 처리를 위해 종로세무서는 같은 세목 및 같은 과세기간에 대하여 재조사를 할 수 있다. (○, ×)

20 과세관청 외의 기관이 직무상 목적을 위해 작성하거나 취득하여 과세관청에 제공한 자료의 처리를 위해 조사 하는 경우 같은 세목 및 같은 과세기간에 대하여 재조사를 할 수 있다. (○, ×)

21 세무공무원은 무작위추출방식에 의하여 표본조사를 하려는 경우 정기적으로 신고의 적정성을 검증하기 위하 여 대상을 선정하여 세무조사를 할 수 있다. (○, ×)

22 세무공무원은 부분조사를 실시한 후 해당 조사에 포함되지 아니한 부분에 대하여 조사하는 경우에는 같은 세목 및 같은 과세기간에 대하여 재조사를 할 수 있다. (○, ×)

23 세무공무원은 최근 4과세기간 또는 4사업연도 이상 동안 동일 세목의 세무조사를 받지 아니한 납세자에 대하 여 필요한 최소한의 범위 내에서 세무조사를 할 수 있다. (○, ×)

24 납세자가 세법이 정하는 신고 등의 납세협력의무를 이행하지 아니한 경우 정기선정에 의한 조사 외에 세무조 사를 실시할 수 있다. (○, ×)

25 납세자가 세무공무원에게 직무와 관련하여 금품제공을 알선한 경우에는 정기선정에 의한 조사 외에 세무조사 를 할 수 있다. (○, ×)

26 세무공무원은 정기선정에 의한 조사 외에 납세자에 대한 구체적인 탈세 제보가 있는 경우에는 세무조사를 할 수 있다. (○, ×)

27 성실신고확인서를 제출하면 세무조사를 면제해 준다. (○, ×)

28 세무공무원은 납세자가 납세관리인을 정하지 아니하고 국내에 주소 또는 거소를 두지 아니한 경우에도 세무 조사결과를 통지하여야 한다. (○, ×)

정답 및 해설

18 × 2회를 초과하여 실시할 수 없다. **19** × 할 수 없다. **20** ○ **21** ○ **22** ○ **23** ○ **24** ○
25 ○ **26** ○ **27** × 면제대상이 아니다. **28** × 통지서 교부를 생략한다.

29 세무조사의 사전통지를 받은 납세자가 화재로 사업상 심각한 어려움에 처해 있어 조사를 받기 곤란한 경우에는 법령에 따라 세무조사의 연기신청을 할 수 있다. (○, ×)

30 세무공무원은 세무조사를 함에 있어 거래처 조사, 거래처 현지확인 또는 금융거래 현지확인이 필요한 경우에는 세무조사기간을 연장할 수 있다. (○, ×)

31 조사대상 과세기간 중 연간 수입금액이 가장 큰 과세기간의 연간 수입금액이 100억원 미만인 납세자에 대해 명의위장의 방법으로 세금을 탈루한 혐의가 있어 세무조사를 하는 경우에는 법령에 따른 세무조사 연장기간의 제한을 받지 아니한다. (○, ×)

32 세무공무원은 납세자가 장부·서류 등의 제출거부 등 조사를 기피하는 행위가 명백한 경우 세무조사기간을 연장할 수 있다. (○, ×)

33 세금탈루혐의가 포착되거나 조사 과정에서 「조세범 처벌절차법」에 따른 조세범칙조사를 개시하는 경우에는 세무조사기간을 연장할 수 있다. (○, ×)

34 역외거래를 이용하여 세금을 탈루하거나 국내 탈루소득을 해외로 변칙유출한 혐의로 조사하는 경우에는 세무조사 기간의 제한 및 세무조사 연장기간의 제한을 받지 아니한다. (○, ×)

35 무자료거래, 위장·가공거래 등 거래 내용이 사실과 다른 혐의가 있어 실제 거래 내용에 대한 조사가 필요한 경우에는 세무조사기간의 제한을 받지 아니한다. (○, ×)

36 세무공무원은 세무조사 기간을 연장하는 경우에는 그 사유와 기간을 납세자에게 문서 또는 구두로 통지하여야 한다. (○, ×)

37 세무공무원은 납세자가 자료의 제출을 지연하여 세무조사를 진행하기 어려운 경우에는 세무조사를 중지할 수 있으며, 이 경우 그 중지기간은 세무조사기간에 산입한다. (○, ×)

정답 및 해설

29 ○ **30** ○ **31** ○ **32** ○ **33** ○ **34** ○ **35** ○ **36** × 문서로만 통지하여야 한다. **37** × 조사기간에 산입하지 아니한다.

38 세무공무원은 세무조사의 중지기간 중에는 납세자에 대하여 국세의 과세표준과 세액을 결정 또는 경정하기 위한 질문을 하거나 장부 등의 검사·조사 또는 그 제출을 요구할 수 없다. (○, ×)

39 세무공무원은 세무조사의 중지기간 중에도 납세자에게 국세의 과세표준과 세액을 결정 또는 경정하기 위한 질문을 할 수 있다. (○, ×)

40 세무공무원은 장부기록 및 회계처리의 투명성 등 납세성실도를 검토하여 더 이상 조사할 사항이 없다고 판단될 때에는 조사기간 종료 전이라도 조사를 조기에 종결할 수 있다. (○, ×)

41 세무공무원은 구체적인 세금탈루혐의가 당해 과세기간 이외의 다른 과세기간에도 있어 그 다른 과세기간에 대한 조사가 필요한 경우에는 이미 진행 중인 세무조사의 범위를 확대할 수 있다. (○, ×)

42 세법 적용에 착오가 있는 조사대상 과세기간의 특정 항목이 다른 과세기간에도 있어 동일·유사한 세법 적용의 착오가 있을 것으로 의심되어 다른 과세기간의 그 항목에 대한 조사가 필요한 경우에는 조사진행 중 세무조사의 범위를 확대할 수 있다. (○, ×)

43 세무공무원은 법에 따라 세무조사의 범위를 확대하는 경우 그 사유와 범위를 납세자에게 문서로 통지하여야 한다. (○, ×)

44 세무공무원은 세무조사의 목적으로 납세자의 장부 또는 서류 등을 납세자의 동의 유무에 관계없이 세무관서에 보관할 수 없다. (○, ×)

45 세무공무원은 「조세범처벌절차법」에 따른 조세범칙조사를 제외하고는 세무조사의 목적으로 납세자의 장부등을 세무관서에 임의로 보관할 수 없다. (○, ×)

46 세무공무원은 납세자에 대한 구체적인 탈세 제보가 있는 경우에는 조사목적에 필요한 최소한의 범위에서 납세자, 소지자 또는 보관자 등 정당한 권한이 있는 자가 임의로 제출한 장부 등을 납세자의 동의 없이 세무관서에 일시 보관할 수 있다. (○, ×)

47 납세자가 세무공무원에게 직무와 관련하여 금품을 제공하거나 금품제공을 알선한 경우 세무공무원은 조사목적에 필요한 최소한의 범위에서 납세자, 소지자 또는 보관자 등 정당한 권한이 있는 자가 임의로 제출한 장부 등을 납세자의 동의를 받아 세무관서에 일시 보관할 수 있다. (○, ×)

48 납세자 등은 조사목적이나 조사범위와 관련이 없는 등의 사유로 일시 보관에 동의하지 아니하는 장부 등에 대해서는 세무공무원에게 일시 보관할 장부 등에서 제외할 것을 요청할 수 있다. 이 경우 세무공무원은 어떠한 사유로도 해당 장부 등을 일시 보관할 수 없다. (○, ×)

정답 및 해설

38 ○ **39** × 질문할 수 없다. **40** ○ **41** ○ **42** ○ **43** ○ **44** × 납세자의 동의를 받은 경우에 한하여 보관 가능하다. **45** × 조세범칙조사도 포함한다. **46** × 납세자의 동의가 필요하다. **47** ○ **48** × 어떠한 사유로도 → 정당한 사유없이

49 세무공무원은 법령에 따라 일시 보관하고 있는 장부 등에 대하여 납세자가 반환을 요청한 날부터 14일 이내에 반환하여야 하나, 조사목적 달성을 위해 필요한 경우에는 납세자보호위원회의 심의를 거쳐 한 차례만 14일 이내의 범위에서 보관기간을 연장할 수 있다. (O, ×)

50 세무조사 중 세무공무원의 위법·부당한 행위가 있는 경우 납세자는 세무조사 기간이 끝나는 날까지 세무서 장 또는 지방국세청장에게 세무조사 중지를 세무서 납세자보호위원회 또는 지방국세청 납세자보호위원회에 서 심의하여 줄 것을 요청할 수 있다. (O, ×)

51 세무공무원은 법령에 따라 일시 보관하고 있는 장부 등의 반환을 납세자가 요청한 경우로서 세무조사에 지장 이 없다고 판단될 때에는 요청한 장부 등을 7일 이내에 반환하여야 한다. (O, ×)

52 세무조사는 납세자의 사업과 관련하여 세법에 따라 신고·납부의무가 있는 세목을 통합하여 실시하는 것을 원칙으로 한다. (O, ×)

53 세무조사는 특정한 세목만을 조사할 필요가 있는 등 대통령령으로 정하는 경우를 제외하고는 납세자의 사업 과 관련하여 세법에 따라 신고·납부의무가 있는 세목을 통합하여 실시하는 것을 원칙으로 한다. (O, ×)

54 세무공무원은 세무조사를 마쳤을 때에는 납세자가 폐업한 경우에도 그 조사 결과를 서면으로 납세자에게 통 지하여야 한다. (O, ×)

03 보칙

55 고지할 국세(본세와 함께 고지하는 교육세, 농어촌특별세를 본세와 합한 것을 말하며 인지세는 제외함) 및 강제징수비를 합친 금액이 1만원 미만일 때에는 그 금액은 없는 것으로 본다. (O, ×)

56 「국제조세조정에 관한 법률」에 따른 해외금융계좌 신고의무 위반행위를 적발하는 데 중요한 자료를 제공한 자에게는 최대 30억원의 포상금을 지급할 수 있다. (O, ×)

정답 및 해설

49 O **50** O **51** × 즉시 반환하여야 한다. **52** O **53** O **54** O **55** O **56** × 최대 20억원의 포상금을 지급할 수 있다.

2025 최신개정판

해커스
세법
FINAL
핵심지문 OX

개정 4판 1쇄 발행 2025년 1월 17일

지은이	원재훈
펴낸곳	해커스패스
펴낸이	해커스 경영아카데미 출판팀

주소	서울특별시 강남구 강남대로 428 해커스 경영아카데미
고객센터	02-537-5000
교재 관련 문의	publishing@hackers.com
학원 강의 및 동영상강의	cpa.Hackers.com

ISBN	979-11-7244-664-2 (13320)
Serial Number	04-01-01

저작권자 ⓒ 2025, 원재훈

이 책의 모든 내용, 이미지, 디자인, 편집 형태는 저작권법에 의해 보호받고 있습니다. 서면에 의한
저자와 출판사의 허락 없이 내용의 일부 혹은 전부를 인용, 발췌하거나 복제, 배포할 수 없습니다.

**회계사 · 세무사 · 경영지도사
단번에 합격,**
해커스 경영아카데미 cpa.Hackers.com

해커스 경영아카데미

- 원재훈 교수님의 **본 교재 인강**(교재 내 할인쿠폰 수록)
- **공인회계사 · 세무사 기출문제, 시험정보/뉴스** 등 추가 학습 콘텐츠
- 선배들의 성공 비법을 확인하는 **시험 합격후기**